共同研究開発契約の法律実務

宇佐美善哉 [編著]
Yoshiya Usami

倉賀野伴明 [著]
Tomoaki Kuragano

鳩貝真理 [著]
Mari Hatogai

青林書院

はしがき

　企業における研究開発活動は，新規事業分野への進出や新製品の開発等，個々の企業の浮沈につながるだけでなく，新たな市場の開拓等産業全体にとっても重要な役割を担ってきた。研究開発活動の高度化・専門化・国際化が進む中で，今日では，複数の企業や大学等の研究機関による共同研究開発が活発に行われている。また，製・創薬や医療機器開発等の分野をはじめ，大学等の研究機関や企業内の研究部門に由来するスタートアップが増加しており，そのようなスタートアップが大企業や外国企業と共同研究開発を行う例も枚挙に暇がない。

　共同研究開発は異なる利害関係を持つ複数の当事者が研究開発活動を分担するという性質上，単独で研究開発活動を行う場合と異なり，紛争を未然に防止するため業務分担や成果の帰属等様々な事項を適切且つ明確に契約書に落とし込む必要がある。また，共同研究開発契約の締結に際しては，特有の論点や留意点がある。しかし，共同研究開発に特化して論じた書籍は思いのほか少なく，外国企業や外国研究機関，大学等との間に共同研究開発契約を締結する日本企業の法務担当者にとって，参考となる英文契約書式を見つけることは必ずしも容易でないのが実情である。

　そこで本書では，企業法務の最前線において法的課題に取り組んでいる外資系製薬会社や外資系医療機器メーカーに属する社内弁護士及び企業の外から共同研究開発契約やそれに付随する各種契約について助言する立場にある法律事務所に所属する弁護士が執筆を担当し，企業内外のそれぞれの立場から日々検討し，対処している事項を中心に，共同研究開発契約の実務に照らして実践的な内容を論じている。また，実際の契約に応用可能な条項例，とりわけ英文の条項例を主に盛り込んでいる。具体的には，第1章（Chapter 01）の「共同研究開発の概要」では，共同研究開発の目的，共同研究開発におけるパートナー選定，共同研究開発の相手方に応じた留意点，共同研究開発におけるその他の留意点（発明者の認定，契約類型論，共同著作等）について概観し，第2章（Chapter 02）

i

の「共同研究開発契約締結までのプロセスと付随する契約」では，主に共同研究開発契約の締結まで交わされることの多い秘密保持契約，マテリアル・トランスファー（Material Transfer）契約，フィージビリティ・スタディ（Feasibility Study）契約・PoC（Proof of Concept〔技術検証〕）契約，レター・オブ・インテント（Letter of Intent：LOI）・メモランダム・オブ・アンダスタンディング（Memorandum of Understanding：MOU）・タームシート等の共同研究開発契約に付随する各種契約について条項例とともに解説し，第3章（Chapter 03）の「共同研究開発契約の内容」では，共同研究開発契約の法的性質について再論した後，共同研究開発契約について条項例とともに解説し，第4章（Chapter 04）の「共同研究開発と独占禁止法上の留意点」では，主に公正取引委員会が策定した「共同研究開発に関する独占禁止法上の指針」（共同研究開発ガイドライン）や，スタートアップと大企業との事業連携にスポットを当てて公正取引委員会及び経済産業省が共同で策定した「スタートアップとの事業連携及びスタートアップへの出資に関する指針」（スタートアップ事業連携ガイドライン）に基づく留意点について解説した。また，第1章から第3章では，過去の裁判例から実務上参考になる事例をコラム形式で紹介し，第4章では，事例検討として公正取引委員会に寄せられた相談事例を題材とした仮想事例を紹介している。さらに，別添として，各章で解説した条項例を中心に各種契約の参考書式を添付した。

　なお，本書の意見にわたる部分は，執筆者各個人の意見であり，それぞれが属する企業又は法律事務所を代表するものではない。また，本書の企画・編集に多大なご協力を頂いた青林書院の高橋照明様，長島晴美様及び松本千佳様にこの場を借りて御礼を申し上げる。

　本書が，共同研究開発に携わる関係者，とりわけ企業の法務担当者にとって有益なものとなれば望外の喜びである。

2024年12月

執筆者代表

弁護士・ニューヨーク州弁護士

宇佐美　善哉

執筆者略歴

宇佐美 善哉　　Yoshiya Usami

2004年10月　第二東京弁護士会登録（57期）
2013年5月　コーネル大学法科大学院（Cornell Law School）LL.M. 修了
2014年1月　ニューヨーク州弁護士登録

都内法律事務所勤務後，米国の独占禁止法（反トラスト法）関連のNPOである American Antitrust Institute リサーチフェロー，米国の公正取引委員会に当たる Federal Trade Commission（連邦取引委員会）コンサルタント，Lane Powell 法律事務所（米国）カウンセル，日系法律事務所パートナー等を経て，現在，モリソン・フォースター法律事務所パートナー。
第二東京弁護士会 経済法研究会 会員，競争法フォーラム 会員，米国法曹協会・反トラスト法部会・国際委員会日本代表，各国の競争当局のネットワークである International Competition Network（ICN）の前非政府アドバイザー，湘南ヘルスイノベーションパーク（湘南アイパーク）アドバイザー（iPark SAMURAI）

【著書・論文】

- 「Why Did They Cross The Pacific? Extradition: A Real Threat To Cartelist?（邦題：なぜ彼らは太平洋を渡ったのか？逃亡犯罪人引渡：カルテル犯に対する現実的脅威か？）」（American Antitrust Institute 2014年3月）
- 「国際カルテルで米国へ史上初の犯人引渡し―日本人ビジネスパーソンへの示唆」（インテグレックス 2014年7月）
- 「Overview of the Amendment of the Japanese Antimonopoly Act and Its Practical Points（邦題：独占禁止法改正の概要とその実務的ポイント）」（Federal Bar Association 2015年4月）共著
- 「Japan's New Antimonopoly Act: Two Developments Practitioners Should Know（邦題：改正独占禁止法：実務家が知っておくべき2つのポイント）」（International Antitrust Bulletin 2015年7月）
- 「欧米の事例に見るM&Aにおける"ガン・ジャンピング"規制と日本企業の採るべき対応」（ディスクロージャー&IR 2018年2月号）
- 『フリーランスハンドブック』（労働開発研究会 2021年）共編著
- 『Q&A 改正独占禁止法実務入門』（青林書院 2022年）共編著

倉賀野 伴明　　Tomoaki Kuragano

2006年3月　東京大学法学部卒業
2008年3月　東京大学法科大学院修了（Cum Laude，東京大学法科大学院ローレビュー編集委員）
2009年12月　第二東京弁護士会登録（62期）

2015年5月　ノースウェスタン大学法科大学院（Northwestern University Pritzker School of Law）LL.M.（Honors）修了
2017年1月　ニューヨーク州弁護士登録

アンダーソン・毛利・友常法律事務所，スキャデン・アープス法律事務所（東京・パロアルト），外資医療機器企業及び外資製薬企業を経て，医療機器分野で世界一のマーケットシェアを有するメドトロニックにおいて，日本三法人の法務部長を務める。Thomson Reuters 主催の ALB Japan Law Awards 2024において Young Lawyer of the Year（In-House）を受賞。The Legal 500（国際的な法律事務所評価機関）が監修する法務責任者名鑑である「GC Powerlist Japan 2024」に選出。医療機器業公正競争規約インストラクター等の狭義の法務分野に限られない資格や知見を有し，製薬及び医療機器をはじめとするヘルスケア分野に通暁する。

【著書・論文】
- 「会社分割に対する詐害行為取消に関する裁判例の検討」（判例タイムズ1369号〔2012年6月15日号〕）共著
- 「判例ナビ　保険料の払込みがなされない場合に履行の催告なしに保険契約が失効する旨を定める約款の条項が消費者契約法10条に反しないとされた事例」（ビジネス法務 2012年7月号）
- 『精選 金融判例解説』（日本加除出版 2013年）共著
- 『Q&A でわかる業種別法務 医薬品・医療機器』（中央経済社 2019年）共著
- 「基礎からわかる医療機器法務 Q&A」（薬事日報2019年10月9日号〜2021年8月23日号）
- 『Q&A でわかる業種別法務 医薬品』（中央経済社 2024年）共著
- 『Q&A でわかる業種別法務 医療機器』（中央経済社 2024年）共著
- 『医療機器ビジネスの法律実務〔第2版〕』（中央経済社 2024年）

鳩貝 真理　Mari Hatogai

2012年12月　第一東京弁護士会登録（65期）

慶應義塾大学法学部政治学科卒業，慶應義塾大学法科大学院修了後，EUSI 研究員，欧州司法裁判所でのインターンシップ等を経て，第一東京弁護士会登録。渉外法律事務所に勤務後，外務省国際法局経済条約課にて条約締結業務に従事。2018年，グラクソ・スミスクライン株式会社に入社し，現在，シニアリーガルマネージャー。
日本 EU 学会 会員

【著書・論文】
- 『Q&A でわかる業種別法務 医薬品・医療機器』（中央経済社 2019年）共著

本書の解説について

●参照資料

本書は，次の2つのガイドラインに準拠して解説を行っている。適宜参照のうえ読み進められたい。

☞ **共同研究開発ガイドライン**

正式名称：
共同研究開発に関する独占禁止法上の指針（平成5年4月20日公正取引委員会，最終改定：平成29年6月16日）

https://www.jftc.go.jp/dk/guideline/unyoukijun/kyodokenkyu.html　　　　　※巻末に全文を掲載

☞ **スタートアップ事業連携ガイドライン**

正式名称：
スタートアップとの事業連携及びスタートアップへの出資に関する指針（令和4年3月31日公正取引委員会・経済産業省）

https://www.jftc.go.jp/dk/guideline/unyoukijun/startup.html

●凡　　例

【判例・裁判例】

　次の略語を用い，例えば「名古屋地方裁判所平成11年3月31日判決（判例時報1676号155頁登載）」の裁判例は「名古屋地判平11・3・31判時1676号155頁」のように表した。

最	最高裁判所
高	高等裁判所
知財高	知的財産高等裁判所
地	地方裁判所
判	判決
裁判集民	最高裁判所裁判集民事
知財集	知的財産関係民事・行政裁判例集
判タ	判例タイムズ
判時	判例時報
裁判所HP	裁判所ウェブサイト
LEX/DB	LEX/DB インターネット（TKC 法律情報データベース）
WLJ	Westlaw Japan 判例・法令検索・判例データベース

【法令】

原則として，①地の文の引用では正式名称（ただし，「私的独占の禁止及び
公正取引の確保に関する法律」は「独占禁止法」と表記），②カッコ内の引
用では次の略語を用いて表した。なお，同一法令の条項番号は「・」で，異
なる法令の条項番号は「，」で併記した。

刑	刑法
著作	著作権法
特許	特許法
独禁	私的独占の禁止及び公正取引の確保に関する法律（独占禁止法）
民	民法
一般指定	不公正な取引方法（昭和57年公正取引委員会告示第15号）であっ て平成21年公正取引委員会告示第18号による改正後のもの

目　次

Chapter 01　共同研究開発の概要 ━━━━━━━━━━ **001**

Ⅰ　共同研究開発とその目的 ……………………………………………… **003**

Ⅱ　共同研究開発のパートナー選定 …………………………………… **007**

　1　はじめに ……………………………………………………………… 007

　2　大学・公的研究機関 ……………………………………………… 008

　3　企　業　間 ………………………………………………………… 009

Ⅲ　共同研究開発の相手方に応じた留意点 ……………………… **011**

　1　大学・公的研究機関 ……………………………………………… 011

　　❶　概　　要　011

　　❷　大学・公的研究機関特有の問題点　012

　2　企　業　間 ………………………………………………………… 020

　　❶　企業間の共同研究開発に伴う問題　020

　　❷　スタートアップとの共同研究開発　021

　　❸　外国企業との共同研究開発　022

Ⅳ　共同研究開発のその他の留意点 ………………………………… **024**

　1　発明者の認定 ……………………………………………………… 024

　2　契約類型論 ………………………………………………………… 026

　3　共同著作 …………………………………………………………… 027

Chapter 02　共同研究開発契約締結までのプロセスと ━━━ **029**
　　　　　　　　付随する契約

Ⅰ　共同研究開発契約締結までのプロセス ……………………… **031**

Ⅱ　秘密保持契約 ……………………………………………………… **034**

　1　秘密保持契約の概要 ……………………………………………… 034

vii

■ 秘密保持契約の必要性　034

　　　■ 実務上の留意事項　035

　　2　秘密保持契約の内容 ……………………………………………… 036

　　　■ 目　　的　036

　　　■ 秘密情報の定義　037

　　　■ 秘密保持義務　039

　　　■ 目的外使用の禁止　042

　　　■ 秘密情報からの除外　043

　　　■ 義務的な開示　044

　　　■ 複製の制限　046

　　　■ 秘密情報の返還・破棄　046

　　　■ 知的財産権　048

　　　■ 有効期間　049

　　　■ 救済方法　050

　　　■ 表明保証　051

　　　■ 準拠法及び紛争解決　052

Ⅲ　マテリアル・トランスファー契約 ………………………………**055**

　　1　マテリアル・トランスファー契約とは ……………………………… 055

　　2　契約の内容 ………………………………………………………… 056

　　　■ 対　　象　056

　　　■ 使用目的等　057

　　　■ 譲渡等の禁止　059

　　　■ 秘密保持　059

　　　■ 不　保　証　060

　　　■ 検討結果の報告　061

　　　■ 知的財産権の取扱い　062

　　　■ 検討・評価結果の公表　063

Ⅳ　フィージビリティ・スタディ契約及び PoC 契約 ………………**064**

　　1　フィージビリティ・スタディ契約及び PoC 契約とは ……………… 064

　　2　契約の内容 ………………………………………………………… 065

　　　■ 目　　的　065

　　　■ フィージビリティ・スタディの内容　066

3 委託者の責任　069

4 フィージビリティ・スタディの実施基準　070

5 知的財産権　071

6 オプション（次段階への移行について）　074

7 契約期間及び終了　075

Ⅴ LOI，MOU 及びタームシート ……………………………079

Chapter 03　共同研究開発契約の内容 ———————— 085

Ⅰ 共同研究開発契約の法的性質 …………………………087

Ⅱ 共同研究開発契約の内容………………………………089

1 目　　的 ……………………………………………089

2 定　　義 ……………………………………………090

3 業務分担 ……………………………………………093

4 意思決定方法 ………………………………………098

5 費用負担 ……………………………………………101

6 情報の提供 …………………………………………103

7 報　　告 ……………………………………………104

8 第三者への業務委託 ………………………………105

9 秘密保持 ……………………………………………106

10 競業避止 ……………………………………………111

11 成果・改良の帰属 …………………………………113

1 通知・報告　114

2 成果の帰属　114

3 特許出願等　116

4 改良の帰属　117

12 成果の公表 …………………………………………117

13 成果の利用 …………………………………………119

14 期間・終了 …………………………………………121

1 有効期間　123

ix

2 有効期間の終了　123

3 存続条項　124

15 共同研究開発終了後の取扱い ………………………………… 128

16 一般条項 …………………………………………………………… 130

1 一般条項　134

2 完全合意条項　134

3 準拠法及び紛争解決条項　134

Chapter 04　共同研究開発と独占禁止法上の留意点 ———— 137

Ⅰ **共同研究開発と独占禁止法に関するガイドライン** …………139

Ⅱ **共同研究開発ガイドライン** …………………………………142

1 研究開発の共同化自体に関する独占禁止法上の留意点 …………142

1 基本的な考え方　142

2 不当な取引制限等に関する留意点　143

3 私的独占等に関する留意点　148

2 共同研究開発の実施に伴う取決めに関する独占禁止法上の

留意点 ……………………………………………………………… 149

1 基本的な考え方　149

2 共同研究開発の実施に関する事項　151

3 共同研究開発の成果である技術に関する事項　158

4 共同研究開発の成果である技術を利用した製品に関する事項　160

3 欧米のガイドライン等 ……………………………………………… 165

1 米　　国　165

2 欧　　州　166

Ⅲ **事例検討** …………………………………………………………167

1 研究開発の共同化 …………………………………………………… 167

● 事 例 1　167

● 事 例 2　170

● 事 例 3　172

2　共同研究開発の実施に伴う取決め ……………………………… 176

　　●事　例 4　　176

　　●事　例 5　　178

　　●事　例 6　　181

Ⅳ　スタートアップ事業連携ガイドライン ……………………………184

　1　ガイドラインの概要 ……………………………………………… 184

　2　秘密保持契約（NDA）に関する留意点 ……………………… 185

　　❶　営業秘密の開示　　185

　　❷　片務的な秘密保持契約等　　186

　　❸　秘密保持契約違反　　187

　3　PoC（技術検証）契約に関する留意点 ……………………… 188

　4　共同研究開発契約に関する留意点 …………………………… 189

　　❶　知的財産権の一方的帰属・名ばかり共同研究　　189

　　❷　成果物利用の制限　　191

　5　ライセンス契約に関する留意点 ……………………………… 191

　　❶　ライセンスの無償提供　　191

　　❷　特許出願の制限　　192

　　❸　販売先の制限　　193

　6　その他の留意点 ………………………………………………… 194

　　❶　報酬の減額・支払遅延　　194

　　❷　損害賠償責任の一方的負担　　195

　　❸　最恵待遇条件　　195

〖契約書式〗 ……………………………………………………………… 197

　秘密保持契約 …………………………………………………………… 199

　マテリアル・トランスファー契約 …………………………………… 207

　フィージビリティ・スタディ契約 …………………………………… 211

　レター・オブ・インテント …………………………………………… 230

　共同研究開発契約 ……………………………………………………… 235

〖参考資料〗 ……………………………………………………… 255
　　共同研究開発ガイドライン ……………………………… 257

キーワード索引……………………………………………………… 269
判例索引……………………………………………………………… 271

☞ コラム

013 ❶不実施補償該当性と対価算定方法
　　　－大阪地判平16・3・25（平成12年（ワ）第5238号）裁判所HP

015 ❷共同研究において発明の新規性喪失の例外規定の適用を認めなかった事例
　　　－東京高判平4・3・16判時1443号137頁・知財集24巻1号372頁

017 ❸治験をめぐる共同研究について贈収賄が認定された事例
　　　－名古屋地判平11・3・31判時1676号155頁

019 ❹目的外使用された研究経費の返還請求が認められた事例
　　　－モノクローナル抗体事件：大阪地判平21・10・8判タ1333号244頁・判時
　　　2078号124頁

025 ❺オプジーボに係る特許発明について発明者が争われた事例
　　　－オプジーボ事件：知財高判令3・3・17（令和2年（ネ）第10052号）裁判所
　　　HP

082 ❻共同開発契約締結前の協定に基づく開発がなされ，契約締結上の過失が地裁
　　　で肯定，高裁で否定された事例
　　　－東京地判平10・12・21判タ1045号194頁・判時1681号121頁，東京高判平
　　　12・5・31（平成11年（ネ）第635号ほか）WLJ

095 ❼アプリの共同開発と債務不履行責任
　　　－東京地判平25・9・10（平成23年（ワ）第28592号）D1-law.com判例体系
　　　29026430

125 ❽契約終了後の成果帰属条項の有効性
　　　－大阪地判平20・8・28（平成18年（ワ）第8248号）裁判所HP

Chapter 01

•••

共同研究開発の概要

Ⅰ　共同研究開発とその目的 ——————————————— 003

Ⅱ　共同研究開発のパートナー選定 ————————————— 007

Ⅲ　共同研究開発の相手方に応じた留意点 ————————— 011

Ⅳ　共同研究開発のその他の留意点 ————————————— 024

I

共同研究開発とその目的

　共同研究開発とは何なのかについて，文脈に応じて様々な説明がなされてきた。そのなかで，「共同研究開発に関する独占禁止法上の指針」（共同研究開発ガイドライン）の定義である「複数の事業者が参加して研究開発を共同で行うこと」は，最大公約数としての考え方を示すものと考えられる[1]。同ガイドラインでは，研究開発の共同化の方法として，以下の4類型を挙げている[2]。

---

① 参加者間で研究開発活動を分担するもの
② 研究開発活動を実施する組織を参加者が共同で設立するもの
③ 研究開発活動を事業者団体で行うもの
④ 主として，一方の参加者が資金を提供し，他方の参加者が研究開発活動を行うもの（一方のみが研究開発活動を行い，他方はその成果を一定の対価ですべて取得する場合のように，単に技術開発を目的とする請負契約類似の関係と考えられ，事業者間の共同行為という性質を持たないものは除かれる。）

　また，同ガイドラインは，共同研究開発の性格に着目すると，段階的に基礎研究，応用研究及び開発研究に一応類型化されることにも言及している[3]。
　日本の特に製造業においては，かつて，研究開発プロセスを全て内製する，

---

[1] 共同研究開発ガイドライン「はじめに」2(1)。
[2] 共同研究開発ガイドライン「はじめに」2(2)。
[3] 共同研究開発ガイドライン「はじめに」2(3)。

Chapter

01 共同研究開発の概要

いわゆる「自前主義」がとられてきた。しかし，グローバル化の進展に伴い，製品の高度化・複雑化とモジュール化，国際的競争の激化，そして製品のライフサイクルの短期化が進み，自社資源のみに依存した商品開発は急速に困難となり，その結果，企業は，他企業や大学等の研究機関の技術を導入する方策を模索するようになった。

共同研究開発を通して実現すべき目的は，「(1)研究開発のコスト軽減，リスク分散又は期間短縮，(2)異分野の事業者間での技術等の相互補完等，により研究開発活動を活発で効率的なものとし，技術革新を促進する」ことである[4]。特に後者は，オープン・イノベーション，つまり，従来の自前主義（クローズド・イノベーション）に代わり，企業内外のアイデアを有機的に結合させて価値を創造することについて，共同研究開発という有力なオプションが存在することを意味する。

他社の技術資源を導入する代表的な方策としては合併や株式取得といった企業結合（M&A）があり，実際に，特別な技術やシーズを有するスタートアップや他企業の事業部門に対する買収は，現在に至るまで多数みられる。しかし，M&Aに比較すれば金銭的コストや人的負担の低い方策として，本書の主題である共同研究開発が選択される場合がある。

共同研究開発とM&Aのいずれを選択すべきかについてはケースバイケースの判断が必要となる。共同研究開発を含む業務提携は，M&Aほどではないものの，一定程度，パートナー間の意思決定及び行動が一体化する点で共通しているが， 図1-1 に記載するような差異も存在しており，共同研究開発からどのような成果を得ようとしているのか，その活用目的は何なのか等の各点をふまえ，表中の各項目を検討することとなる（なお，実務上は，特定資産〔アセット〕の売買，研究開発委受託，技術提携，業務提携，資本提携やジョイントベンチャー設立を含む出資等様々なバリエーションがあり得るが，本書では省略する。）。

成果の帰属については，共同研究開発では，所有権・知的財産権を事業ごと引き受けて独占できるM&Aとは異なり，共同研究開発契約の規定によるものの，共有としたり，実施権の許諾を受けたりするにとどまる場合がある。ま

---

[4] 共同研究開発ガイドライン「はじめに」1。

Ⅰ　共同研究開発とその目的

図1-1　共同研究開発と M&A の比較

	共同研究開発	M&A
成果帰属	成果を独占できない場合がある。	所有権・知的財産権を移転して独占できる。
情報管理	開示技術がパートナーから流出するリスクがある。	取引完了すれば技術流出のリスクは小さい。
パートナーのコントロール	契約条項上のコントロールにとどまる（契約条項により自社事業への制約を伴う場合がある。）。	取引完了すれば完全にコントロールできる。
コスト・負担	共同研究開発の経費にとどまり低い傾向がある。	デューデリジェンスと事後の PMI に要する費用とともに対象事業自体の対価を要するため重い傾向。また，潜在債務の承継リスクがある。
独占禁止法上の考え方	共同研究開発に関する独占禁止法上の指針（共同研究開発ガイドライン）	企業結合審査に関する独占禁止法の運用指針（企業結合ガイドライン）

た，技術情報については共同研究開発に伴う開示を行わざるを得ないため，秘密保持契約や共同研究開発契約中の秘密保持義務条項で一定のリスクコントロールを行ったとしても，事実上の情報流出リスクが生じる。さらに，事業ごと移転する M&A と異なり，契約条項の規律によるコントロールにとどまることからパートナーのコントロールも完全とはいいがたく，一方で契約条項は自社の事業に対する制約をも伴う。

　一方で，共同研究開発は，M&A に比して一般にコスト・負担が軽く，独占禁止法上の制約についても企業結合審査のような厳格な手続に服す必要性が少ないという大きな利点がある。共同研究開発を進めるにあたっては，共同研究開発に関する諸契約のドキュメンテーション及び交渉を通じて，M&A との比較における共同研究開発の問題点に適切に対処することが求められる。

Chapter

01　共同研究開発の概要

　共同研究開発に関する諸契約において一貫して重要となるポイントは，①共同研究開発の目的と対象を明確に定めること（契約の規律の及ぶ範囲とイコールとなる。），②研究開発成果の帰属及び利用について目的に合致したものとすること，③各パートナーの役割分担（業務・費用負担）と責任範囲について明確に定めること，そして④秘密保持義務及び競業避止義務について独占禁止法に留意して規定することであり，本書では繰り返しこれらに言及することになる。

〔倉賀野　伴明〕

Ⅱ

共同研究開発のパートナー選定

1 はじめに

　共同研究開発においては，パートナー選定が最も重要となる。パートナーと連携して共同研究開発を進めるにあたっては，交渉によって一定程度手当てできる事項（例えば共同研究開発の目的及び対象，役割分担等）以外の，そもそもの研究レベルやシーズの有無，共同研究開発の経験，充てることのできるリソースといった事項が重要となるし，実務担当者同士の接触により技術情報等がやりとりされてしまうと，単に自社の秘密情報が漏えいされ不正利用されるにとどまらず，いわゆる情報コンタミネーション（他社技術等の外部秘密情報が自社情報に混入すること）が生じ，自社開発等において使用可能な情報の特定が困難となり，情報の使用に制約が生じたり，他社の営業秘密を不正使用してしまったりするリスクが高まることも危惧される。

　これらに対する対処としては，秘密保持契約（Non-Disclosure Agreement：NDA），マテリアル・トランスファー（Material Transfer〔成果有体物移転〕）契約，フィージビリティ・スタディ（Feasibility Study〔実現性・可能性調査〕）契約・PoC（Proof of Concept〔技術検証・実証実験〕）契約といった種々の付随的な契約が重要となる（☞ Chapter02 参照）。そして，以下に説明するとおり，共同研究開発が研究開発のどの段階についてのものであるかをふまえ，パートナーの研究開発能力等について吟味することとなる。

Chapter

01 共同研究開発の概要

2 大学・公的研究機関

　事業分野によって事情は異なるものと考えられるものの，例えば製薬分野においては，調査・研究段階（OECD分類における基礎研究〔Basic Research〕及び応用研究〔Applied Research〕が相当する[5]。）においては，大学・公的研究機関との共同研究（開発の要素が含まれないため「共同研究」と呼称されることがある。）が模索されることが多い。

　大学や研究機関をパートナー候補とするにあたっては，従前からの「お付き合い」に依拠して（あるいは当該企業の所属する業界における当該大学等の影響力の大きさや当該分野の研究者との今後の関係の発展を期待して），共同研究開発の候補を探索することとなりがちである。

　しかし，共同研究開発から実質的な成果を得るためには，例えば，経済産業省が文部科学省及び一般社団法人日本経済団体連合会とともにとりまとめた「大学ファクトブック2024（2024年3月29日公開）」によって各大学の産学連携等実施状況を確認し，大学ごとの共同研究実績及び考え方等について把握することが考えられる[6]。大学ファクトブックでは，民間企業との共同研究実施件数・受入額，受託研究実施件数・受入額，研究者数，大型共同研究実施件数，特許保有件数，ベンチャー数，インキュベーション施設，クロスアポイントメント，特別試験研究費税額控除制度の活用，といった項目による検索が可能である。

---

[5]　文部科学省「戦略的な基礎研究の在り方に関する検討会」第1回の「配付資料3-2 戦略的な基礎研究に関する現状整理」によれば，OECDのFrascati Manual 2002や科学技術研究調査（平成20年総務省）において，基礎研究とは，「特別な応用，用途を直接に考慮することなく，仮説や理論を形成するため，又は現象や観察可能な事実に関して新しい知識を得るために行われる理論的又は実験的研究」を，応用研究とは，「基礎研究によって発見された知識を利用して，特定の目標を定めて実用化の可能性を確かめる研究や，既に実用化されている方法に関して，新たな応用方法を探索する研究」をいう（https://www.mext.go.jp/b_menu/shingi/chousa/shinkou/036/attach/1348514.htm）。

[6]　経済産業省「大学ファクトブック2024」（https://www.meti.go.jp/policy/innovation_corp/daigaku_factbook.html）。

また，大学や研究機関の場合，その多くは産学連携に関するウェブサイトを有している。当該ウェブサイトでは，当該大学の共同研究取扱規程，知的財産ポリシーや発明規程とともに，共同研究標準契約書やその他の付随する契約のひな型を公開していることが多い**7**。アカデミアとの共同研究開発を検討するにあたっては，候補となる大学について，これらウェブサイトの確認を通じ，知的財産権を含む成果についての考え方を確認しておくことが望ましい。

3 企 業 間

　開発段階（OECD 分類における「開発研究（Experimental Development）」）においては，主に他企業との共同研究開発が模索される**8**。他企業との共同研究開発にあたっては，単に研究開発を実施するだけにとどまらず，市場における優位性を確保することが企図されるため，当該目的に照らして独占禁止法上の検討を行ったうえでパートナーの選定を行うことが必要である。パートナー選定段階から，共同研究開発ガイドラインをはじめとして，公正取引委員会が公表している各種指針・ガイドラインに即した検討を行うことが求められる（☞ Chapter04 参照）。

　他企業との共同研究開発は，競争関係（水平的関係）にある企業間での共同研究開発（水平型共同研究開発）とサプライチェーンにおいて取引関係（垂直的関係）にある企業間での共同研究開発（垂直型共同研究開発）とに大きく分けられる（このほか，水平型と垂直型のいずれにも該当しない混合型の共同研究開発もある。）。前者はサプライチェーンにおける同段階のいわゆる競争事業者同士による共同研究開発であり，後者は，例えば部品メーカーと完成品メーカーのような取引関係にある企業同士による共同研究開発である。共同研究開発で目指す成果に照らし

7　例として，京都大学産官学連携本部 HP 参照（https://www.saci.kyoto-u.ac.jp/）。

8　前掲**5**「戦略的な基礎研究に関する現状整理」によれば，開発研究とは，「基礎研究，応用研究及び実際の経験から得た知識の利用であり，新しい材料，装置，製品，システム，工程等の導入又は既存のこれらのものの改良をねらいとする研究」をいう。

Chapter

01 共同研究開発の概要

てどの類型が必要となるかを検討することとなるが，同じ業界内における水平的関係や垂直的関係にあるプレーヤーは限定される場合も多いことから，パートナー候補の選定にも制約を生じることとなる。また，水平的関係にある競争事業者同士による共同研究開発の場合，独占禁止法上問題となる可能性も相対的に高くなるため，この点の留意も必要となる。

　共同研究開発においてどのような成果が予想されるか，成果のもととなった既存の知的財産の帰属はどこか，といった事情をふまえ，事業化のフェーズにおいて，当該パートナー候補との間で，どのような状態を目指すのかを精査することとなる。成果に係る技術の標準化を目指すとすれば当該パートナーにもある程度市場における影響力があることが求められるであろうし，他企業，特に競争事業者は，大学や公的研究機関の場合と異なり，研究成果について自ら実施する能力及び意欲を有していることが多いのであるから，成果の実施を独占することを目指すのであれば先方に実施に係る能力（リソースを含むがそれに限られない。）がないことが重要となるであろう。近年は，新規性の高いシーズを求めたM&Aが活発に実施されていることから，共同研究開発のパートナー候補が競争事業者に買収されてしまうことも考えられる。共同研究開発契約では成果物や知的財産権の自社内での利用を制限することは難しいため，競争事業者による買収により競争上支障が生ずるようであれば，共同研究開発に代えて，自社が先にパートナー候補を買収する現実的可能性を検討することも考えられるだろう。

　なお，パートナー選定とは異なるが，共同研究開発の目的達成のために，当初の共同研究開発契約の当事者のみでは補いきれない要素技術が多数存在しているとか，市場を大きくするために事業者を広く巻き込む必要があるといった場合には，共同研究開発の後に，多数の参加企業を巻き込んでコンソーシアムを設立することが考えられる。その場合，参加企業を選ぶに際しては，必要な貢献を果たせるかの能力を吟味することになる。また，多数の企業がコンソーシアムに参加する場合には，独占禁止法上の問題（私的独占等）にも目を配る必要がある。

〔倉賀野　伴明〕

Ⅲ　共同研究開発の相手方に応じた留意点
1　大学・公的研究機関

Ⅲ

共同研究開発の相手方に応じた留意点

1　大学・公的研究機関

1　概　　要

　本来，大学や公的研究機関は教育，研究及びそれらの公表を通じた社会貢献を目的とした機関であることから，研究開発の成果の事業化を通じた利益獲得の優先順位が高い私企業とは，共同研究開発の対象の選定や目的の設定において見解の相違が生じやすい。そのため，従来は，基礎研究において，製品開発を目的とせず，学会とのネットワーク構築のためのいわゆる「お付き合い」としての共同研究がみられた。こういった共同研究は，企業にとっては事業化を通じた利益獲得を目的とせず，研究助成や奨学寄附金と同様に機能する。しかし，近年では，「産学官連携による共同研究強化のためのガイドライン【追補版】」[9]において示された大学・研究機関が産学連携機能を強化するための方策，具体的には大学側で共同研究の調整にあたるオープンイノベーション機構の設立等の変革が進んでいる。本書が対象とする共同研究開発契約の窓口としても，従来の知財部門のみならず，大学等技術移転促進法に基づく TLO

---

[9]　文部科学省・経済産業省「産学官連携による共同研究強化のためのガイドライン【追補版】」（令和2年6月30日公開，令和5年3月29日更新。https://www.meti.go.jp/policy/innovation_corp/sangakurenkei/230329_UPDATED_guideline_add.pdf）。

011

Chapter
01
共同研究開発の概要

（Technology Licensing Organization〔技術移転機関〕）があたることも多い。

2 大学・公的研究機関特有の問題点

(1) 知的財産と不実施補償

　企業と大学・公的研究機関との共同研究においては，後述するとおり，共同研究開発の成果の帰属を発明者主義とする（研究者単独で発明した場合に単独所有とする）ことが一般的であるが，両当事者の研究者が共同でなした成果については共有となるし，あらかじめ全ての成果について共有と定めることもある。

　　図1-2 に示したとおり，共有の特許権については，各共有持分権者は単独で自己実施することが可能であり，相手方の許諾を要しない（特許73条2項）。しかし，大学・公的研究機関との共同研究においては，大学・公的研究機関は法令の定めや事実上の実施能力の不足により知的財産を実施して利益を上げることができないため，民間企業同士が共有知的財産について互いに自由に実施する場合と異なる。そのため，共有者たる民間企業が知的財産の実施により得られる利益を独占することに対する補償として，民間企業から大学・公的研究機関に対して実施料相当額（不実施補償）が支払われる実務慣行があった。

　　しかし，特許法の規定上必要のない支払を行うことに対する企業からの批判

図1-2　共有の特許権・著作権における同意の要否

	自己実施 （製造・販売等）	実施許諾 （ライセンス）	持分譲渡 質権設定	差止・ 損害賠償請求
特許権	不要 （特許73条2項）	要 （特許73条3項）	要 （特許73条1項）	不要 （特許100条1項，民252条ただし書・709条）
著作権	要 （著作65条2項・3項）	要 （著作65条2項・3項）	要 （著作65条1項）	不要 （著作117条）

は強く，近年では見直しの動きがみられる。例えば，国立研究開発法人産業技術総合研究所（産総研）では，平成26年11月1日以降に締結する共同研究契約において，民間企業が産総研との共有知的財産を非独占的に実施する場合（共有特許を産総研が第三者に許諾することを認める場合），原則として不実施補償料を請求するという従前の取扱いを廃止した（ただし，民間企業が産総研との共有知的財産を独占的に実施する場合には，独占実施料を請求する。）[10]。この取扱いは京都大学や九州大学等の主要大学にも広がりをみせている。

☞ コラム‥‥‥‥‥‥‥‥‥‥‥‥‥‥‥❶

不実施補償該当性と対価算定方法
── 大阪地判平16・3・25（平成12年（ワ）第5238号）裁判所 HP

　本事例では，原告及び被告はいずれも企業であるが，原告の設立時の代表者は京都大学医用高分子研究センターで研究活動をしていた工学博士であり，口頭弁論終結時点の原告の代表取締役はその妻である。原告と被告は，医療機器に関する発明について共同で特許出願したものであり，原告被告間の「特許共同出願契約書」第2条は「乙〔原告〕は，本発明を実施しないものとする。甲〔被告〕が本発明を実施するときは，甲〔被告〕は乙〔原告〕に別途協議して定める対価を支払うものとする。」と規定していた。裁判所は，対価が，原告が本発明を実施しないことを約する文言に続いて規定されていること，及び，被告による本発明の実施時に対価が支払われるべきものとされていることを摘示し，本条項は，法律上は共有特許権者として他の共有者の同意を要しないで自ら本発明を実施することができる（特許73条2項）原告が，自らはこれを実施しないということを約することによって，被告のみに本発明を実施する権利を専有させようとするものであるとした。そして，同条の定める「対価」とは，他の共有者である被告との

---

[10]　国立研究開発法人産業技術総合研究所 HP「産総研：ニュース　11月より不実施補償を廃止 ─企業との連携，成果の普及を加速するため，共有知財の取扱い方針を見直し─」（平成26年10月30日，同年11月1日施行。https://www.aist.go.jp/aist_j/news/pr20141030.html）。

Chapter
01 共同研究開発の概要

競業という条件下で，仮に自ら本発明を実施すれば得られたであろう利益を得られなくなることに対する代償であると解するのが相当であると判断した。

さらに，裁判所は，対価の額を具体的に算定するにあたっては，本件出願に基づき特許権設定登録のされた本発明の実施につき第三者に実施権を設定する際の実施料を基礎としつつ，純然たる第三者ではなく，共有者としての地位を有する被告において，本発明を実施する権原を本来的に有していること，医療用具としての製造販売に伴う種々のリスクを被告のみが負担し，原告においてこれを一切負担せず，対価を享受し得ること等，本件における種々の要素を勘案して相当な割合を定め，これを本発明の実施品である被告製品における総売上高に乗じて算定するのが相当である，と判断した。

本事例では，これに基づき対価の額を計算し，被告の債務不履行により原告は同額の損害を被ったとして，原告の請求を一部認容している。

本事例は企業間の特許共同出願契約に係るものであるが，不実施補償の該当性認定方法及び不実施補償の対価が明示されていない場合の具体的算定方法という点で，不実施補償全般について参考になる。なお，本事例では，医療機器に関する発明であることによって，現実に実施するにあたり製造販売承認を受けて販売することに伴う負担が生じ，参入が困難となることについて，対価の計算にあたって減額要素とすべきと判断されており，そのほかに示された各減額要素とともに実務上注目される。

⑵ 成果の公表

研究成果の公表は大学・公的研究機関の根本的目的である学術の発展及び社会への還元と密接に関連するため，大学・公的研究機関やそこに所属する研究者は学会や学術雑誌等において研究成果を公表することを強く希望する場合がある。一方で，企業としては研究成果を独占することによって利潤を得ることが望まれるし，特に成果が特許性のある発明である場合には，当該公表によって特許申請の要件である新規性が失われてしまう場合すらある。

企業としては，大学・公的研究機関による成果の公表について，共有の場合はもちろん，特定の当事者による発明であっても，事前に内容を確認する権利を確保し，事前の書面による同意がない限り公表できない旨を契約上明記することが望ましい。この場合，特許性のある研究成果については，特許出願手続

Ⅲ 共同研究開発の相手方に応じた留意点
1 大学・公的研究機関

を済ませた後にのみ公表に同意することとなる。確認する権利を確保するため，成果の公表の内容案については企業に対し提出を義務づけることとなるが，何日前の提出を求めるか（すなわち，かかる公表内容案の確認に何日を要するか）は，共同研究の内容や想定される公表の媒体によって異なる。

　なお，企業の同意の有無にかかわらず公表を認める場合であっても，双方当事者が意図しない新規性の喪失やその他の不利益を回避し，且つ，公表内容の正確性を担保するため，成果公表の内容案について事前の提出を義務づけるプロセスは確実に契約に規定する必要がある。その際に適切な確認を行えば，**コラム❷**の裁判例のように，特許法30条1項による発明の新規性喪失の例外規定の適用が認められないといった事態は回避できたはずと考えられる。

☞ **コラム**……………………………………❷

共同研究において発明の新規性喪失の例外規定の適用を認めなかった事例
──東京高判平4・3・16判時1443号137頁・知財集24巻1号372頁

　共同研究の成果である発明について特許出願をしたところ先行する研究集会における報告文書により公知であったとして拒絶査定を受けた原告企業が，拒絶査定不服審判を請求したところ拒絶審決を受けたため，それに対して審決取消訴訟を提起した事案について，特許を受ける権利を有する者が特許庁長官の指定する学術団体が開催する研究集会において文書をもって発表したとすることはできないとして，平成23年改正前特許法30条1項の規定の適用を否定して拒絶査定が維持された事例である。

　裁判所は，「特許法第30条第1項は，同法第29条第1項の新規性喪失に関する例外を定めた規定であると解されるから，特許法第30条第1項にいう『特許を受ける権利を有する者が特許庁長官が指定する学術団体が開催する研究集会において文書をもって発表する』とは，特許を受ける権利を有する者が主体的にその発明について発表行為（公表行為）をしたものと社会通念上認め得る場合をいうものと解するのを相当とし，当該文書の発表の態様が社会通念上，その趣旨に当たらない場合は同法上の発表に該当せず，その規定の適用を受けないものというべ

015

Chapter 01 　共同研究開発の概要

きである。」と判示した。

　裁判所は，共同研究につき発明者全員の氏名を共同研究者として明記し，そのうちの一部の者が発表した場合，あるいは単独研究であっても発明者名を明記し，発明者の名前において発明者以外の者が発表した場合には，特許を受ける権利を有する者が発表したものというべきとした。一方で，発明の発表の許諾や発表の監督管理では発表と同視することはできず，本事例においてそうであるように，発表者である大学教授らによる研究発表会での発表において原告の試験体等の提供に関する謝辞があることをもって共同発表者であると解することはできないとした。

　本事例では，本願発明の発明者は原告代表者であるところ，本願発明についての特許を受ける権利を承継していない大学教授ら３名が，研究発表会において実験結果について発表したものであり，発明者又は原告企業は，発表者から発表に際して事前に通知を受け承諾していたとされる。

　なお，本事例は平成23年特許法改正前の事案であり，新規性喪失の例外規定に係る文言は現在と異なるものの，現行の特許法30条１項・２項の解釈にあたり「特許を受ける権利を有する者の意に反して」又は「特許を受ける権利を有する者の行為に起因して〔公報掲載によるものを除く〕」公知・公用となったといえるかの判断にあたっても参考になると考えられる。実務上は，特許性のある発明について新規性喪失の例外規定の適用要件に配慮した確実な内容確認が必要であるとの教訓を得られる事例である。

(3)　贈収賄規制

　特に国立大学や公的研究機関の研究者との共同研究を実施するにあたっては，彼らが公務員又はみなし公務員であることから，刑法の贈収賄罪（刑197条～198条）に当たることのないよう留意を要する。また，彼らが当該企業の製品の顧客ともなる場合は，業界によって景品類に関する公正競争規約の検討も要する。例えば，「医療用医薬品製造販売業における景品類の提供の制限に関する公正競争規約」（医療用医薬品公正競争規約）[11]は，「医療用医薬品製造販売業者は，医療機関等に対し，医療用医薬品の取引を不当に誘引する手段として，景品類を提供してはならない。」（同規約３条）と規定しているが，ここでいう医療機関等は公務員又はみなし公務員に限られず，病院及び診療所，介護老人保健

施設，薬局その他医療を行うもの並びにそれらの役員，医療担当者その他従業員が広く含まれる（同規約2条3項）。そして，国家公務員について国家公務員倫理法及び国家公務員倫理規程上，利害関係者からの利益供与が厳格に禁止されていることについても留意しなくてはならない。地方公務員については同様の内容が各地方公共団体の公務員倫理条例や職員倫理規程などで規制されている。

☞ コラム ⋯⋯⋯⋯⋯⋯⋯⋯⋯⋯⋯⋯⋯⋯❸

治験をめぐる共同研究について贈収賄が認定された事例
── 名古屋地判平11・3・31判時1676号155頁

　国立大学医学部教授の被告人が製薬会社から新薬開発の共同研究（治験）を実施するにあたり合計2億5600万円を収受した事案において，私的な労力を費やして新薬開発に関する指導助言を行った部分について本来の職務には当たらないものの，職務に密接に関連する行為として収賄罪の成立を認めた事例である。

　国立大学の教授個人が共同研究の報酬を受けていたこと，被告人の専門分野と密接に関連する分野であること，別途製薬会社からの高額な奨学寄附金が大学に納付されていること，研究会議への出席に際し個人的な報酬として講師料を受け取っていること，上記報酬がこれらと比較しても著しく高額であることが認定されている。民間会社において社員や民間の研究者に対して高額の報奨金が支払われることがあるとしても，全体の奉仕者である公務員の場合には同様に考えることはできないこと，そして本件報酬の供与方法（自己の支配する3社に対するコンサルタント料を仮装した。）が極めて不当であることなどの事情に照らせば，本件各報酬の供与が社会通念に照らして合理的で相当なものであるなどとは到底いうことができないとされた。

---

[11]　医療用医薬品製造販売業公正取引協議会「医療用医薬品製造販売業における景品類の提供の制限に関する公正競争規約」（昭和59年3月10日公正取引委員会認定〔最終改定：平成28年4月1日公正取引委員会・消費者庁長官認定〕）。

Chapter

01 共同研究開発の概要

　本件事例は個人に対する不相当な報酬が支払われた事例であり結論に異論はないところと思われるが，近年では，国立大学に対する奨学寄附金の提供について，処方の見返りであるとして有罪判決（贈賄罪）が下された裁判例（三重大学オノアクト事件〔津地判令3・6・29（令和3年（わ）第54号）裁判所HP〕）がある。個人ではなく国立大学に対して金員が供与された場合であっても，職務に関し一定の行為を行うことの依頼（請託）が認定される事案において贈収賄となる場合があることを理解する必要がある（なお，本件では医師側にも第三者供賄罪〔刑197条の2〕等で有罪判決が下されている〔津地判令5・1・19（令和3年（わ）第16号ほか）裁判所HP，名古屋高判令5・10・23（令和5年（う）第59号）LEX/DBにて控訴棄却〕）。

⑷　費用負担

　大学やその他の研究機関との共同研究開発については，大学が要する費用を企業が負担することが通例だが，具体的な内容については大学ごとに取扱いが異なる場合がある。例えば京都大学の場合，令和3年4月1日以降に開始する新たな共同研究については，直接経費（共同研究遂行に直接必要な経費及び研究料〔大学に共同研究員を派遣する場合に納入が求められる受入料〕）及び直接経費の30％以上とされる間接経費（産官学連携推進経費）の負担が求められることとなった。従前は直接研究に要する経費のほかに知的財産権の管理や契約相談等の法務業務等に要する経費として直接経費の10％の負担が求められていたところ，「この他の施設等維持管理費，光熱水料，プロジェクトの管理的な業務を行うための教職員人件費等」についても企業への負担を求める趣旨と説明されている[12]。

　多くの共同研究契約において，企業が大学に支払う研究経費の使途が定められ，解除や中止に伴い不要な部分が出たときは，対応する研究経費の返還をなすべき旨が規定されている。このような規定は，大学に対する不当な利益供与を防ぐ観点から，贈収賄防止のみならず各公正競争規約（例として，医療機関等

---

[12]　京都大学HP「共同研究における間接経費（産官学連携推進経費）の見直しについて」（令和2年7月1日公表，令和3年4月1日施行。https://www.kyoto-u.ac.jp/ja/news/2020-07-01）参照。

018

Ⅲ　共同研究開発の相手方に応じた留意点
1　大学・公的研究機関

に対する不当な利益供与を禁じる前掲医療用医薬品公正競争規約がある。）からも必要と考えられるところであり，裁判例においても，目的外利用が認定された経費について返還請求が認められたものがある（☞コラム❹の裁判例参照）。

☞ コラム・・・・・・・・・・・・・・・・・・・・・・・❹

目的外使用された研究経費の返還請求が認められた事例
── モノクローナル抗体事件：大阪地判平21・10・8判タ1333号244頁・判時2078号124頁

　国立大学法人である原告が，原告と共同研究を行った被告に対し，被告の特許出願が原告出願に対して先願たる地位を有しないこと及び本発明の特許を受ける権利についての共有持分の確認等並びに未払研究経費の支払を求めた事例である。本事例の主要な争点は本発明の発明者と寄与の割合の認定であり，本発明に至る過程と，そこにおいて各人が果たした役割の具体的な認定方法，そして各発明者の寄与の割合の認定方法について参照されることが多い。

　一方で，本事例では間接的な証拠からの目的外支出の認定がなされ，本訴請求との相殺という形ではあるものの，返還請求権が認められた。裁判所は，原告が共同研究に使用したと主張する遺伝子工学試薬・器材及び組織染色器材について，それらをどう共同研究に用いたか原告が具体的内容を明らかにしないことをもって，本件共同研究で行われるべき実験であったか不明であるとして，目的外支出に当たると認定している。また，消耗品について，購入時期と数量に照らして目的外支出と疑われるものの半分，さらには共同研究に関与しない納入先に納品されたものについて目的外支出と認定した。目的外支出に係る返還請求権は，未払研究経費支払請求と対当額で相殺された。なお，本事例では「使用されたことを示す記録がないことや，実際に使用された数量がわずかであること，結果的に使用されなかったことだけでは，必要数量以上の購入ということはできない。」とも判断されている。

　共同研究における目的外支出の返還請求に際しては，大学その他の研究機関との関係性等の事情もあって難しい場合が多いものの，訴訟において返還請求が認められた事例があることは実務上参考になる。

Chapter 01 共同研究開発の概要

(5) 学生との関係

特に大学において無視できない問題として，学生（特に研究室に所属して研究協力者として稼働する大学院生）の存在がある。学生は，情報管理の観点から事実上のリスクがあるにとどまらず，大学の秘密保持義務や職務発明取扱規程を含む就業規則等の対象とならないことから，その共同研究開発参加中の発明についてどう対応すべきか問題となる。

現実的な対応策としては，学生が発明した場合の特許を受ける権利を大学に譲渡させる旨や秘密保持義務，大学の許可をとらずに研究成果の公表を行わないこと，といった内容を盛り込んだ誓約書を提出させることが考えられる。誓約書の提出を行わない学生については共同研究開発から外すか，リサーチ・アシスタント等として大学が雇用することも検討される。

2 企 業 間

1 企業間の共同研究開発に伴う問題

企業間の共同研究開発においても，共同研究開発の目的や範囲を明確にすること，責任分担や知的財産権の取扱い，機密保持，共同研究開発の期間と終了条件等に留意すること，といった点が重要なことは大学・公的研究機関とのものと同様である。これらに加えて，企業間の場合，共に利益追求を目的とし，成果を実施可能な立場にあることから，共同研究開発に要する資金やリソースの配分，さらには共同研究開発から得られる成果についての利益配分（これは債務不履行の際の損害賠償請求にあたっての逸失利益の問題ともリンクする。）がセンシティブな問題となり得る。

企業間の共同研究開発が行われる目的としては，①共同で技術の標準化に向けた取組みを行う場合，②多額の投資を必要とする事業に対し単独企業で不足する人的物的リソースを糾合する場合（これは，スタートアップとのものであれば，大企業が資金を，スタートアップがその独自技術を提供するものとなろう。将来的な統合に備え予備的検討期間として実施するものも多いと考えられる。），③強みを持つ技術分野

を組み合わせることで具体的製品の開発を行う場合，といったものが考えられる。しかし，これらのいずれについても，競争制限的効果を生ずる場合があるほか，取引上の力関係を反映した不公正な契約条項が規定されてしまう場合があるなど，独占禁止法をはじめとする競争法規に照らした慎重な検討が必要となる。この点，公正取引委員会は共同研究開発ガイドラインにおいて独占禁止法に係る同委員会の判断基準を明示しており，検討にあたってはここから始める必要があろう（☞独占禁止法上の問題点や対処については Chapter04 で詳述）。以下，相手方の類型別にその他の留意点を紹介する。

❷　スタートアップとの共同研究開発

　スタートアップとの共同研究開発を行う場合，その独自の技術（シーズ）に注目する場合と，スタートアップが具体的な製品開発プランを有していることに対して不足する資金や知見を含むリソースの提供を行う場合が典型的と考えられる。いずれの場合においても，スタートアップは通常少数の研究者により運営されていることから，規模の大きい企業において，資金提供とともにプロジェクトマネジメントの負担を負うこととなる。

　また，スタートアップにおいてはしばしばあることではあるが，十分なマネタイズ手段を有していない段階において資金のショートにより運営に支障を来す（又は他社に支配権を与えかねない方法での資金調達に及ぶ）リスクがあり，共同研究開発契約期間中にそのような事態が生じないよう，又はそのような事態となった場合に対処できるように，契約上の規定を準備しておくことが考えられる。これは，ケースバイケースではあるが，具体的には，資金の拠出に関する別途の契約（ローン，出資，保証契約が典型的）における一定の条件の下での追加資金拠出条項や，一定の行為を行わない旨の特約条項（コベナンツ）が考えられる。また，共同研究開発契約本体における支配権の変動（Change of Control）があった場合やキーとなる研究者が移籍した場合における契約解除条項，損害賠償の予定条項といったものも考えられる。

> ☞なお，スタートアップとの共同研究開発については，公正取引委員会及び経済産業省連名の「スタートアップとの事業連携及びスタートアップへの出資に関する指針」

Chapter

01 共同研究開発の概要

（スタートアップ事業連携ガイドライン）も参考になる。この点の詳細は，Chapter04 Ⅳを参照されたい。

❸ 外国企業との共同研究開発

外国企業との共同研究開発にあたっては，事実上の問題として，先方が自社に相当程度有利な英文契約書テンプレートを利用して契約交渉を行ってくることがある。英米では秘密保持契約レベルの段階であっても外部弁護士が介在することも多く，交渉に労力を要することもある。先方に大幅な譲歩を行った段階から交渉を始めなくて済むように，こちらから英文契約書ドラフトを提示することを心がけるべきだろう。時差に起因するリアルタイムコミュニケーションの難しさに加え，言語特性や文化に起因する行き違いも多く，また，特に知的財産権について外国法が適用されることにより予想しない帰結となる場合があるため（例えば，特許発明が共有とされた場合に，実施許諾や持分譲渡について他の共有者の同意が必要であるかについて，日本法と違う帰結の国が多いことがしばしば指摘される。），特許法や著作権法の任意規定による契約の補充を期待せず，事前に明確な合意を得て契約書に反映することが重要となる。

外国企業との共同研究開発にあたっては，準拠法条項において日本法を準拠法とするよう交渉して合意される場合もあるが，その場合であっても，知的財産法や独占禁止法，税法，輸出管理といった分野のいわゆる強行法規を排除することはできない（逆に，外国法を準拠法とする場合であっても，日本法の強行法規を排除することはできない。）。そのため，相手方当事者の所在国の法令や運用状況についての調査が不可欠となる。

特に注意しなくてはならないポイントとしては，①研究開発成果の開示・持出しに関する輸出入管理規制や外国特許出願に関する規制，②知的財産の帰属や利用に関する現地知的財産法制（職務発明や職務著作に関する規制を含む。），③当該外国企業が関連会社である場合の移転価格税制の適用，④現地競争法規制（各種ガイドラインや運用状況を含む。），といったものが考えられる。さらに，国内の規制と文言上は大きく異なることがないため言及されることが少ないものの，贈収賄に関する現地の規制について運用実態とあわせて特に注意を要す

022

Ⅲ　共同研究開発の相手方に応じた留意点
2　企　業　間

る。これは，国公立大学や公的研究機関が参加する共同研究において米国や英国といった贈収賄規制の域外適用（例として米国 FCPA 及び英国 Bribery Act）に留意するといった自社側の問題にとどまらず，相手方外国企業が共同研究開発において当局や公的機関（病院等も公的機関とみなされる場合がある。）とどのように関わるのかの確認や，贈収賄規制に対応する体制整備状況の精査を含む。日本国内でさえ，共同研究開発をめぐりアドバイザリー契約やコンサルティング契約を名目とした支払が問題視されることが後を絶たないのであって，外国企業との共同研究開発においては最大限の留意を要する。

〔倉賀野　伴明〕

Chapter
01 共同研究開発の概要

Ⅳ

共同研究開発のその他の留意点

1 発明者の認定

　発明者について特許法には定義規定が置かれていない。一方で，特許法2条1項は「発明」とは「自然法則を利用した技術的思想の創作のうち高度のもの」をいうと規定しており，同法70条1項は「特許発明の技術的範囲は，願書に添付した特許請求の範囲の記載に基づいて定めなければならない。」と規定している。これらの規定から，オプジーボ事件知財高裁判決[13]では，特許発明の「発明者」といえるためには，「特許請求の範囲の記載によって具体化された特許発明の技術的思想（技術的課題及びその解決手段）を着想し，又は，その着想を具体化することに創作的に関与したことを要するものと解するのが相当」であるとしている。また，同判決では，「その具体化に至る過程の個々の実験の遂行に研究者として現実に関与した者であっても，その関与が，特許発明の技術的思想との関係において，創作的な関与に当たるものと認められないときは，発明者に該当するものということはできない。」とされた。

　課題解決技術の具体化について創作的な関与の有無があったかの判断にあたっては，具体化にあたった者の作業が実験手技上の工夫と評価されるような補助的なものであったのかとともに，指導者や着想者から与えられたアイデアや

---

[13]　知財高判令3・3・17（令和2年（ネ）第10052号）裁判所HP。なお，本事件については後掲の**コラム❺**に詳述しているので，参照されたい。

助言・指導が一般的且つ抽象的なものにとどまっていたのか（それとも実験の設計や構築に至ると評価されるものであったのか）についても考慮する必要がある。

オプジーボ事件においては、教授による実験の設計や構築に至る助言・指導があったということができるであろうが、例えば、医療機器の医工連携としての共同研究開発において、医療従事者から医療現場のニーズに関する知見が提供されたとしても、それだけで医療従事者が発明者に該当するということはできないであろう。

なお、企業が適切に従業員の職務発明について特許を取得するためには、使用者が原始的に特許を受ける権利を取得する旨について、確実に職務発明規程を整備することが必要である（特許35条3項）。職務発明規程では、発明の対価たる相当の利益について適切な規定を置くことで、発明者の認定にあたり従業員の十全な協力を得ることができよう。

☞ **コラム**………………………………………❺

オプジーボに係る特許発明について発明者が争われた事例
── オプジーボ事件：知財高判令3・3・17（令和2年（ネ）第10052号）裁判所HP

当時大学院に在籍していた原告が、オプジーボに係る特許発明の完成のために重要な実験を行ったこと等を根拠として、共同発明者に当たると主張したが、認められなかった事例である。

原告が大学院に入学する前には、オプジーボに係る特許発明の作用機序で抗がん剤を開発する着想自体は存在しており、原告は課題解決のアイデア自体に関与していなかったと認定されている。原告は、発明者である教授から指導及び助言を受けながら実験条件の設定や方法の選択等を行ったが、裁判所は、原告が独自に行った試行錯誤は実験手技上の工夫にすぎない等と認定し、本件発明の技術的思想との関係において、創作的な関与をしたと認めることはできず、原告は共同発明者に当たらないとした。

共同研究開発においては、成果物に係る知的財産の帰属について、発明者に帰属すると規定することや帰属先の規定を行わないことがあり、発明者が誰である

Chapter 01 共同研究開発の概要

かが争われる場合がある。本件は，共同発明者該当性についての裁判所の判断基準が明らかにされた事例として実務上参考になる。企業としては自社の従業員が発明者に当たることを示すためにどのような前提（発明当時の知見等）や証拠が有用であるかを判断することで実効的な証拠化につなげることが考えられる。

2 契約類型論

　日本の民法典において，共同研究開発契約あるいは共同研究契約について規定する条項は存在しないが，準委任契約，請負契約又は組合契約といった民法典に定めのある契約類型（典型契約）のいずれかに当たるとする議論がなされる場合がある。このような，典型契約該当性の議論の実益としては，当事者間の契約において明確に規定しなかった事項について，該当する典型契約についての民法の規定を補充・補完して解釈することができる点がある。

　しかし，典型的な共同研究開発契約において，準委任契約，請負契約又は組合契約のいずれかの法律要件の全てを充足することは考えにくく，典型契約に当たるとして規定外の事項について民法による補充・補完を期待することはできないと考えるのが自然である。この点について明確に判断する裁判例は見当たらないが，見当たらないこと自体が，通常の共同研究開発契約を典型契約と捉えるべきでないことを示しているものと考えることができる。共同研究開発契約の締結を検討する当事者としては，補充・補完を期待せず，起こり得る問題に対して当事者間での検討を尽くし，それを契約の条項に反映することが期待される。

　なお，別論として，各パートナーが共同でジョイントベンチャーとしての会社や組合をつくる場合がある。共同研究開発にあたるビークルの選択にあたっては，株式会社や民法上の組合を含め，管理コストやリスクの遮断可能性等を検討することになる。また，特別法である技術研究組合法により技術研究組合（CIP：Collaborative Innovation Partnership）が制度化されている。CIP は，産業活動において利用される技術に関して，組合員が自らのために共同研究を行う相

互扶助組織（非営利共益法人）であり，各組合員は，研究者，研究費，設備等を出し合って共同研究を行い，その成果を共同で管理し，組合員相互で活用する。もっとも，CIP の活用例は多くないと思われる。

3　共同著作

　著作権法2条1項12号は，共同著作物について，①二人以上の者が共同して創作した著作物であって（共同創作性），②その各人の寄与を分離して個別的に利用することができないものをいう，としている。共同著作物の著作権は共有の著作権となり，共同著作物の著作者人格権の行使（著作64条）及び共有著作権の行使（著作65条）の制約に服することとなる。

　共同研究開発においては，多数の研究者等が研究開発に参加することとなるため，分野ごとの担当者が異なることはごく一般的であり，学会報告や文献執筆について実際には一部の参加者のみによって行われることがある。共同研究開発以外の事案においては，原案を提供したが脚本を自ら執筆していない者について，脚本についての共同創作性が認められないとされた事例[14]がみられるが，共同研究開発の一環として作成される著作物においては，著作の内容は共同研究開発そのものやその成果であるから，事実行為たる著作行為を行っていない者にも著作物に対する寄与分があり，共同著作物性を認めるべき場合があると考えられる。

　しかし，著作権については，特許と異なり，共有になってしまうと自身の著作権・著作者人格権行使に関しても他の共有者との合意が必要となるため（著作64条1項・65条2項），著作権の共有については特許権の共有以上に慎重に検討する必要がある。実務的には，仮に共有とせざるを得ない場合であっても，あらかじめ利用範囲を明確に合意しておくことで将来の紛争を回避することが重要となろう。なお，著作権法64条2項及び65条3項は，共同著作者は「信義に反して」著作者人格権行使の合意の成立を妨げることができず，「正当な理

---

[14]　私は貝になりたい事件：東京地判昭50・3・31判タ328号362頁。

Chapter

01 共同研究開発の概要

由」なく著作権行使の同意を拒み，又は合意の成立を妨げることができない旨を規定しているが，いずれの要件の範囲も不明瞭であり，かかる規定に基づく同意取得を過度に期待すべきではないだろう。

〔倉賀野 伴明〕

Chapter 02
•••

共同研究開発契約
締結までのプロセスと
付随する契約

Ⅰ	共同研究開発契約締結までのプロセス ————————	031
Ⅱ	秘密保持契約 ———————————————————————	034
Ⅲ	マテリアル・トランスファー契約 ———————————	055
Ⅳ	フィージビリティ・スタディ契約及び PoC 契約 ————	064
Ⅴ	LOI，MOU 及びタームシート ———————————————	079

I

共同研究開発契約締結までの
プロセス

　共同研究開発契約締結までの典型的な過程としては，①共同研究開発対象・パートナー候補探索，②パートナー選定，③共同研究開発契約締結準備・交渉，④共同研究開発契約締結，の各段階がある。各段階に要する時間については個々の共同研究開発の規模や業界，その共同研究開発が製品のライフサイクルにおけるどの段階についてのものであるか，といった事情によって大きく異なるが，典型的なフローと各段階において締結される契約等は，次ページの 図2−1 に示すとおりとなる。

　共同研究開発対象・パートナー候補探索（①）では，そもそも共同研究開発の対象が何であるか，パートナーに求める要件にどのようなものがあるかを画定したうえで，パートナー候補について各要件の充足の有無を精査することとなる。本段階がおろそかとなると，共同研究開発契約において共同研究開発対象をあいまいに規定せざるを得ない結果を招き，ひいては知的財産の帰属に関する紛争や共同研究開発目的の未達にもつながる等重要な段階であることから，慎重な検討が必要となる。パートナー候補が会社等であれば，候補の数が絞り込まれた段階（又は1つに定まった段階）で，秘密保持契約を締結し，社内資料等の提出を求め，デュー・デリジェンスを実施して社内体制や利益相反の有無等を確認し，製品や開発パイプラインの開示を受けて独占禁止法上の問題の有無を検討する場合もある（☞ Chapter04 参照）。

　付随契約の観点からは，パートナー選定（②）段階が最も重要となる。パートナーと連携して共同研究開発を進めるにあたっては，交渉によって一定程度手当てできる事項（例えば共同研究開発の目的及び対象，役割分担等）以外の，そも

Chapter 02　共同研究開発契約締結までのプロセスと付随する契約

図2-1　共同研究開発の典型的フロー

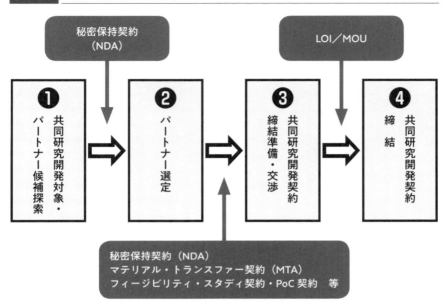

そもの研究レベルやシーズの有無，共同研究開発の経験，充てることのできるリソースといった事項が重要となるし，実務担当者同士の接触により技術情報等がやりとりされてしまうと，単に自社の秘密情報が漏えいし，不正利用されるにとどまらず，いわゆる情報コンタミネーション（他社技術等の外部秘密情報が自社情報に混入すること）が生じ，自社開発等において使用可能な情報の特定が困難となり，さらには他社営業秘密の不正使用のリスクが高まることも危惧される。これらに対する対処としては，秘密保持契約，マテリアル・トランスファー（Material Transfer）契約，フィージビリティ・スタディ（Feasibility Study）契約・PoC（Proof of Concept〔技術検証〕）契約といった種々の付随的な契約が重要となる。

　なお，秘密保持契約中に，又は独立して，これらの契約のほかに，一定の期間現状維持を約するスタンド・スティル（Stand Still）契約（SS契約）が締結されることがあり，一定期間，他社との連携やライセンス（又はそれらに向けた交

渉）を行わないことを約して対価を支払うことがあり得る。

　共同研究開発契約締結準備・交渉（③）においては，まず，レター・オブ・インテント（Letter of Intent：LOI）やメモランダム・オブ・アンダスタンディング（Memorandum of Understanding：MOU）の形式で双方の要望事項や考え方の理解を書面化することが一般的と思われる（より早期の段階でこれらの書面のいずれかが締結されている場合も多い。）。そのうえで，これらの書面の内容に沿って共同研究開発契約の各条項の文言を詰めていくこととなる。具体的な契約文言への落とし込みにおいては，LOI や MOU において既に合意された条件（Terms and Conditions）であっても，文言のニュアンスや予期していなかった交渉事項の出現等によりさらなる交渉が必要となる場合がある。また，前述したデュー・ディリジェンスを実施している場合，表明保証条項や誓約条項（コベナンツ）等のドラフト及び交渉やデュー・ディリジェンスを通じて特定されたリスクへの対処を行うこととなる。

　なお，共同研究開発契約は，実際には共同研究契約が先行して締結され，その後に共同開発契約が締結されることがある。また，共同研究開発契約締結後には，ライセンス契約（実施許諾契約）や企業化に関する契約（供給契約等）が締結されることとなるが，これらについては本書では取り扱わない。

　本章では，以下，共同研究開発において典型的にみられる付随的な契約等について，実際の条文例の紹介とともに解説を行う。

〔倉賀野　伴明〕

Chapter

02 共同研究開発契約締結までのプロセスと付随する契約

Ⅱ

秘密保持契約

1 秘密保持契約の概要

1 秘密保持契約の必要性

　共同研究開発の実施を検討し始めるにあたっては，まず，候補となる相手方との間でどのような共同研究開発が可能か，また，その候補となる相手方が共同研究開発のパートナーとして適しているか等を吟味することになる。公表されているデータ等のみでそのような検討が済むことはまれであり，通常は，相手方の秘密情報を開示してもらって評価する必要がある。そして，共同研究開発の場合は，「共同」というその性質上，一方のみが秘密情報を開示するというよりは，相互に自己の秘密情報を開示して，共同研究開発の可能性をお互いに検討することが多い。

　一般に，自己の秘密情報を他者に開示することには，その秘密情報が他者から漏えいしたり開示した目的とは異なる形で使用されたりするリスクを伴うが，特に共同研究開発の可能性を検討する際には，コア技術やノウハウといった自社のビジネスにとってクリティカルな秘密情報を開示することが想定される。秘密情報は，いったん漏えいしてしまうとそれをなかったことにするのは困難であるから，自社の秘密情報を守るために，相手方に秘密情報を開示するに先立って秘密保持契約を締結して，相手方が秘密保持契約上の義務に違反したことにより自社に損害が生じた場合には相手方に損害賠償請求できるように

する等そのようなリスクに対応しておくことが肝要である。

　なお，大企業とスタートアップとの共同研究開発においては，スタートアップがスタートアップとの事業連携を目的とする事業者（以下「連携事業者」という。）から，秘密保持契約を締結しないまま営業秘密の開示を要請されたり[1]，スタートアップ側にのみ秘密保持・開示義務が課される片務的な秘密保持契約の締結を要請されたりすることがあり得るが[2]，スタートアップと連携事業者の双方が秘密情報を出し合う際には，互いに提示される情報の重要性を認識したうえで秘密保持契約を締結し，適切に情報を管理・利用し，互いの事業を不当に阻害することがないよう努めることが重要である[3]。

2　実務上の留意事項

　実務においては，早急に共同研究開発に着手すべく，秘密保持契約の締結にあたってはスピードが求められることが多い。そのため，全ての条項について自己が満足するまで交渉にじっくりと時間をかけられないこともままある。そこで，メリハリをつけて交渉を進めることができるよう，秘密保持契約の中でもその案件において譲れないポイントをあらかじめ見極めて交渉を進めるとスムーズである。

　また，状況によっては，秘密保持契約締結後，まだ共同研究開発契約を締結する前の段階で，本来は共同研究開発契約の下で実施されるべき実質的な議論や検討が開始されることもあり得る。そのため，秘密保持契約の策定段階から，共同研究開発契約についても見通しを立てて全体像を把握しておき，スムーズに共同研究開発契約の締結に進めるよう準備しておくことが望ましい。その際に，共同研究開発に関する独占禁止法上のリスク（☞ Chapter04）についてもこの段階で目配りしておけると，後々のリスクを軽減することができる。

　なお，秘密保持契約においてどのように定めるにせよ，それが絵に描いた餅

---

[1]　スタートアップ事業連携ガイドライン第2・1(2)ア。

[2]　スタートアップ事業連携ガイドライン第2・1(2)イ。

[3]　スタートアップ事業連携ガイドライン第2・1(2)イ②。

Chapter
02　共同研究開発契約締結までのプロセスと付随する契約

になってしまわぬよう，秘密情報を開示する段階でその開示が本当に必要なのか慎重に検討することも実務上の重要なポイントである。

2　秘密保持契約の内容

　秘密保持契約とは，相手方に開示する秘密情報の取扱いを定める契約であり，Non-Disclosure Agreement（NDA）や Confidential Disclosure Agreement（CDA）とも呼ばれる。秘密保持契約は，秘密情報の第三者への開示の禁止や目的外利用の禁止等を定める比較的定型的な契約であり，実務ではひな型をベースとして締結することも多い。共同研究開発の可能性を検討する際の秘密保持契約についても，契約に含むべき基本的な条項は一般の秘密保持契約と共通することが多いことから，ひな型の活用をすることも十分可能である。もっとも，共同研究開発の可能性を検討する際の秘密保持契約については，その策定段階ではまだ共同研究開発の目的や対象がみえておらず，開示する秘密情報のスコープを具体的に定めるのが難しいことが多い等の特有の状況があることから，本項では，秘密保持契約で一般的に核となる条項を中心に，共同研究開発契約の準備として締結する場合に特に留意すべきポイントを解説する。

■1　目　　的

The Parties shall exchange information held by each Party with each other for the limited purpose of allowing the Parties to consider the possibility of joint research and development of effective pharmaceutical products for ●● disease by the Parties (the "**Purpose**").

【対訳】　両当事者は，●●病に対する有効な治療薬を両当事者が共同して研究開発することの可能性を検討するための限定的な目的（以下「本目的」という。）で，各当事者が保有する情報を相互に交換するものとする。

秘密保持契約の目的は，それによって秘密保持契約の対象を画することになることから，秘密保持契約における重要なポイントの一つである。

秘密保持契約の目的を規定する場所は様々であり，本条項例のように独立した目的条項を定める場合もあれば，目的について定義を置く場合や秘密保持契約の前文に規定する場合もある。

共同研究開発の実施を検討する段階では，共同研究開発で目指すべき成果やその実現可能性はもちろんのこと，そもそも当該相手方との間でどのような共同研究開発が可能かすらわからない状況であることも多い。そのため，共同研究開発の実施の適否・可否の検討のためには，検討の深化に応じて柔軟な情報開示が必要となり，秘密保持契約締結の段階で目的を詳細に書き込むことが難しいことが想定される。

他方で，秘密保持契約の対象となる秘密情報を受領することには，受領した秘密情報がもともと自己の有していた情報に混じってしまい（いわゆる情報のコンタミネーション），本来であれば自由に使えたはずの自己が保有する情報の利用に制約が生じてしまったり，受領した秘密情報の取扱いに過度な負担を課されてしまったりするリスクがある。そのようなリスクに対応するため，具体的な事案に応じて，可能な限り目的を特定しておくことが望ましい。

❷ 秘密情報の定義

"**Confidential Information**" shall mean any and all information relating to the Purpose disclosed by one party ("**Disclosing Party**") to the other party ("**Receiving Party**"), as well as the fact of entering into this Agreement and the terms of this Agreement. The Confidential Information disclosed in written form shall be clearly marked by the Disclosing Party as "Confidential." In order to be considered Confidential Information, any information that is provided orally shall be identified as such by the Disclosing Party at the time of disclosure and identified in writing to the Receiving Party as the Confidential Information within thirty (30) business

Chapter
02 共同研究開発契約締結までのプロセスと付随する契約

days after such oral disclosure.

【対訳】「秘密情報」とは，一方の当事者（以下「開示当事者」という。）が他方の
当事者（以下「受領当事者」という。）に対して開示した本目的に関するあ
らゆる情報，並びに本契約締結の事実及び本契約の内容を意味する。書面に
より開示された秘密情報は，開示当事者によって「秘密」であることが明示
されるものとする。口頭で開示された情報が秘密情報となるためには，開示
の時に開示当事者によってそのように特定され，そのような口頭による開示
の後30営業日以内に受領当事者に秘密情報として書面で特定されるものと
する。

秘密情報の定義も，前項に述べた秘密保持契約の目的と同様，それによって
秘密保持契約の対象となる秘密情報を画することになることから，秘密保持契
約における重要な条項の一つである。また，日本の不正競争防止法で保護され
る「営業秘密」に該当するためには，当該情報の①秘密管理性，②有用性及び
③非公知性の要件を満たす必要があるところ，秘密保持の対象となる情報を明
確にしておくことで①の秘密管理性の要件充足に資することになる。

共同研究開発の場合，相互に自己の秘密情報を開示することが多いものの，
秘密情報の定義を定めるにあたっては，秘密情報を開示する立場に立つ場合と
秘密情報の開示を受ける立場に立つ場合のどちらが自己にとってより重要な意
味を持つことが見込まれるかを意識し，開示をする立場を重視するのであれば
秘密情報として保護されることになる情報の範囲をより広くし，開示を受けて
秘密保持義務を負う立場を重視するのであれば，その範囲をより狭くするとい
う方向で検討していくことになる。

例えば，秘密を開示する側の観点では，自己が相手方に開示した情報が何ら
の手当てなく自動的に秘密として保護されるよう，開示する一切の情報を秘密
情報として定めることが考えられる。一方で，秘密情報の開示を受ける側の観
点では，秘密保持義務の負担が重くなりすぎたり秘密情報の目的外使用の禁止
により今後の自己の活動に過度な制約がかかったりしてしまうことのないよ
う，秘密情報の対象となる範囲に一定の限定をかけることになる。具体的に

は，秘密情報に該当するために，秘密であることの明記や，口頭による開示の場合であっても秘密である旨を明示したうえで一定の日数以内に書面によって共有することを要件とすることが考えられる。

　秘密情報の開示を主とする立場と，秘密情報の受領を主とする立場から，自己と相手方の意向の乖離が大きい場合には，落としどころとして，秘密の明示を要件としつつも，その明示から意図せずに漏れた場合であっても一定の場合には秘密情報として扱われることが可能となるよう，性質上機密であるものを秘密情報の定義に含めることが考えられる。また，秘密の明示を要件としたうえで，直ちに秘密情報の定義に当たらない情報であっても，第三者への開示に先立って情報の開示当事者の確認を求めることとして，セカンドレビューという形で歯止めを設けるといったことも考えられる。

　また，共同研究開発の実施を検討している段階では，そのような検討をしていること自体も当事者のほかには知られたくないという場合も少なくない。そのような場合には，本条項例のように，本契約締結の事実や本契約の内容を秘密情報の定義に含めるとよい。

3　秘密保持義務

The Receiving Party shall maintain the Confidential Information received from the Disclosing Party in strict confidence and shall not disclose it to any third party without obtaining prior written consent of the Disclosing Party, provided, however, that, the Receiving Party may, to the extent such disclosure is necessary for the Purpose, disclose the Confidential Information to its Affiliates, its and their directors, employees, and attorneys, or other external experts, who are bound by confidentiality and non-use obligations substantially similar to those contained in this Agreement. For the purpose of this Agreement, "**Affiliate**" shall mean, with respect to a Party, any entity that, directly or indirectly, controls, is controlled by, or is under common control with the party.

Chapter
02 共同研究開発契約締結までのプロセスと付随する契約

【対訳】 受領当事者は，開示当事者から受領した秘密情報を厳に秘密として管理するものとし，開示当事者の書面による事前の同意を得ることなくいかなる第三者にも開示してはならない。ただし，受領当事者は，本目的のために必要な範囲に限り，本契約に含まれるものと実質的に同様の秘密保持義務及び目的外使用禁止の義務を負う関連会社並びに自ら及びそれらの取締役，従業員及び弁護士その他の外部専門家に対して秘密情報を開示することができるものとする。本契約において「関連会社」とは，当事者に関して，直接的又は間接的に支配し，支配され，又は共通の支配下にある事業体を意味する。

　開示当事者は，自己の秘密情報を共同研究開発の実施を検討する等一定の目的のために受領当事者に開示するのであるから，受領当事者としてはそのような秘密情報を厳に秘密として保持し，第三者に開示しないことが原則である。かかる秘密保持義務を定める条項は，秘密保持契約の中核となる条項である。

　そこで，例外的に受領当事者が当該秘密情報を第三者に開示する場合には，そのような第三者への開示の必要性や相当性を開示当事者が吟味できるよう，第三者への開示に先立って開示当事者の書面による同意を必要とするように定めることが一般的である。

　次に，受領当事者側において，受領した秘密情報へのアクセスを認める範囲については様々な規定の仕方があり，当該秘密情報の重要性や受領当事者の管理の便宜等事案に応じて個別に決めていくことになる。柔軟な運用を重視して秘密保持契約上に具体的な規定を置かないこともある一方，秘密保持を徹底するために，受領当事者側で秘密情報の開示を受ける個人のリストを具体的に作成し，そのリストに記載された者にのみ開示を認めるようにすることもある。共同研究開発の実施を検討するに際しては，秘密保持の遵守を確実にしたい要請もある一方，まだ共同研究開発の方向性も流動的な段階で関係者を具体的に特定してリストアップするのは難しいこともあり得るため，本条項例のように，本目的のために必要な範囲に限って歯止めをかけたうえで，受領当事者側

Ⅱ　秘密保持契約
2　秘密保持契約の内容

で秘密情報の開示を受けることが想定される立場を限定的に列挙しておくことが考えられる。

　共同研究開発について，受領当事者側で子会社等と協働したり，反対に親会社等から管理を受けたりすることが想定される場合には，受領当事者の関連会社も例外に含めておくことが望ましい。その際，関連会社の範囲について両当事者の認識に齟齬が生じることのないよう，本条項例のように関連会社（Affiliates）の定義を置いて明確にしておくことが望ましい。関連会社のうち秘密情報の共有先が一定の会社に限定できる場合には，具体的な個社名を列挙することが考えられる。

　ほかにも，受領当事者側で，例えば外部の弁護士等一定の関係者との協働が想定される場合には，あらかじめそのような関係者への開示を規定しておく必要がある。本条項例では，一定の目的のために受領当事者に開示された秘密情報について，その目的のために開示が必要となる範囲に限り，関連会社並びに自己及び関連会社の取締役，従業員及び弁護士その他の外部専門家に対して例外的に開示を認めている。

　さらに，受領当事者側で秘密情報の開示を受けた者について，どのようにしてその秘密保持義務を遵守させるかも検討すべきところ，本条項例では，開示を受ける関係者に対して秘密保持契約で定めたものと同等の秘密保持義務を課すようにすることで，このような関係者への開示に伴う秘密漏えいのリスクを限定している。受領当事者側の取締役や従業員に課される秘密保持義務について，実務上，プロジェクトごとに取締役や従業員に対して秘密保持誓約書へのサインを求めないこともままある。もっとも，昨今，転職者による営業秘密の持出しに関する刑事事件も見受けられるところ，共同研究開発の実施を検討する場面においても，受領当事者内で秘密保持を徹底する必要性は高まっている。そこで，秘密情報の取扱いについて具体的な法的義務を生じさせるために，必要に応じて別途取締役や従業員との間で秘密保持契約を締結することや秘密保持誓約書の提出を求めることが考えられる。

　なお，取締役は会社との間で委任関係に立つため，委任契約上の善管注意義務や会社法上の忠実義務から秘密保持義務を負うものと解され，労働者も，労働契約の存続中は，労働契約上の付随義務の一種として，使用者の営業上の秘

041

Chapter
02 　共同研究開発契約締結までのプロセスと付随する契約

密を保持すべき義務を負っていると解される[4]。通常，会社と従業員との間では，就業規則や雇用契約において，会社の秘密情報の第三者への開示禁止が規定されていることが多いが，入社時及び退社時に秘密保持誓約書の提出を求めることも必要である。特に，高度な秘密情報に接する機会の多い研究者や技術者等に対しては秘密保持誓約書の提出を求める必要性が高い[5]。

❹　目的外使用の禁止

> **The Receiving Party shall not use the Confidential Information disclosed to it other than for the Purpose.**
>
> 【対訳】　受領当事者は，開示された秘密情報を本目的以外の目的で使用してはならないものとする。

　目的外使用の禁止は，秘密保持義務（☞❸）と並んで，秘密保持契約の中核となる条項である。開示当事者としては，他社に開示したくない自己の秘密情報を，共同研究開発の実施を検討する等一定の目的に限定して受領当事者に開示するのであるから，受領当事者が開示された秘密情報を目的外に使用できないのは当然のことである。

　一般的な秘密保持契約では，開示当事者からあらかじめ書面による同意を取得することを条件とする等したうえで例外的に目的外使用を認めることもあるが，共同研究開発の実施を検討する段階では開示当事者として受領当事者による目的外使用を認める場面は想定しがたいことから，そのような例外は規定しないことが多いと思われる。

---

[4]　菅野和夫＝山川隆一『労働法〔第13版〕』（弘文堂，2024）181頁。

[5]　牧野和夫『秘密保持契約・予備的合意書・覚書の法務と書式』（中央経済社，2021）47頁。

Ⅱ 秘密保持契約
2 秘密保持契約の内容

5 秘密情報からの除外

Confidentiality and non-use obligations shall not apply to the following, which the Receiving Party can establish by reasonable proof:

i) information that is in the public domain at the time of disclosure by the Disclosing Party;

ii) information that, after disclosure, becomes part of the public domain by publication or otherwise, except by breach of this Agreement;

iii) information that is in the possession of the Receiving Party at the time of disclosure;

iv) information that is subsequently and independently developed by the Receiving Party without use of the disclosed Confidential Information; or

v) information that is received by the Receiving Party from a third party who has the right to disclose it to the Receiving Party.

【対訳】 秘密保持義務及び目的外使用禁止の義務は，受領当事者が合理的な証拠により立証することのできる次のいずれかの情報には適用されないものとする。

i) 開示当事者による開示の時点において公知であった情報

ii) 開示後，本契約に違反することなく，公表又はその他の方法により公知となった情報

iii) 開示の時点において受領当事者が既に保有していた情報

iv) 開示された秘密情報を使用することなく，受領当事者がその後独自に開発した情報，又は

v) 受領当事者に開示する権利を有する第三者から受領当事者が受領した情報

そもそも秘密情報の定義に該当しない情報や，形式的に秘密情報の定義に該

当する情報であっても，秘密保持義務や目的外使用禁止の義務を課すのが適当でない一定の情報については，それらの義務の適用外とするのが一般的である。秘密情報からの除外を独立した条項で定めることもあれば，秘密情報の定義条項の中に定めることもある。

　秘密情報から除外されることの立証責任については，開示当事者又は受領当事者のいずれが負担するのか必ずしも明確ではないが，秘密保持義務や目的外使用禁止の義務から免れるという効果を得ることになる受領当事者が立証責任を負担するとあらかじめ定め，明示しておくことが多いと思われる。

　なお，共同研究開発の実施を検討する段階では，秘密保持契約の相手方と並行して複数のパートナー候補との共同研究開発の可能性を探ったり，秘密保持契約の相手方との間でどのような共同研究開発が可能かもわからない状況の中で幅広い情報のやりとりを行ったりすることも少なくない。そのような状況をふまえると，受領当事者は，本来であれば自由に使えたはずの自己が保有する情報の利用に制約が生じたり，他のパートナー候補から開示を受けた類似の情報について当該他のパートナー候補との共同研究開発の検討に支障が生じたりすることのないよう，契約上立証責任の負担が明示されているか否かにかかわらず，秘密情報からの除外を立証できるよう備えておくことが望ましい。具体的には，自己の研究状況を記録することや他のパートナー候補から情報を受領した際の記録を保管すること等が考えられる。

6　義務的な開示

In the event that the Receiving Party is obliged by laws or regulations to disclose the Confidential Information to a third party, including an authority, the Receiving Party shall promptly notify the Disclosing Party of such obligation so that the Disclosing Party may take appropriate protective measures or waive the Receiving Party's compliance with the terms of this Agreement.

> Ⅱ　秘密保持契約
> 2　秘密保持契約の内容

> 【対訳】　受領当事者が法令により秘密情報を当局等の第三者に開示する義務を負う
> こととなった場合，受領当事者は，開示当事者が適切な保護措置を講じ，又
> は受領当事者の本契約上の義務を免除することができるよう，開示当事者に
> 対してかかる開示義務について速やかに通知するものとする。

　当局等から開示を求められた場合等，法令や規制等に従うために秘密情報の
開示が必要な場合がある。しかし，開示当事者の立場からすると，自己の秘密
情報があずかり知らぬところで当局等に無防備に開示されてしまっては不都合
である。他方で，義務的な開示の場合には，受領当事者による当局等の第三者
への開示に先立って開示当事者の同意を必要とすると，開示義務との関係で支
障が生じ得る。

　そこで，受領当事者が第三者への義務的な開示の要請に応じる前に，当該第
三者が当該秘密情報を他に開示しないこと等について開示当事者の意向に応じ
て当該第三者に働きかけ等ができるよう，開示当事者への事前の通知義務を規
定することが考えられる。上記条項例はそのような場合の一例である。

　また，法令や規制等に基づく秘密情報の開示請求に応じて受領当事者が当該
秘密情報を当局等の第三者に開示することを秘密保持義務や目的外使用禁止の
例外として明記することも多い。以下の条項例はそのような場合の一例であ
る。

> In the event that the Receiving Party is obliged by laws or regulations to
> disclose the Confidential Information to a third party, the Receiving Party
> may disclose the Confidential Information legally required to be disclosed
> to such third party.
>
> 【対訳】　受領当事者が法令により第三者に秘密情報を開示する義務を負う場合，受
> 領当事者は，法的に第三者に開示する必要がある秘密情報を開示することが
> できる。

045

Chapter

02
共同研究開発契約締結までのプロセスと付随する契約

7 複製の制限

The Receiving Party shall not reproduce the Confidential Information, except to the extent necessary for the Purpose, without obtaining prior written consent of the Disclosing Party, and the reproduced Confidential Information shall be treated as Confidential Information for the purpose of this Agreement.

【対訳】　受領当事者は，開示当事者の書面による事前の同意を得ることなく，本目的のために必要な範囲を超えて秘密情報を複製してはならず，複製された秘密情報は，本契約の適用上，秘密情報として取り扱われるものとする。

　開示当事者の立場からすると，共同研究開発の実施を検討する段階において，自己の秘密情報を受領当事者が何らの制限なく複製することは防ぎたいところであるから，開示された秘密情報を書面による事前の承諾なしに複製することを原則として禁じることが考えられる。他方で，受領当事者にとってはそのような制限はないほうが検討の便宜に資する。

　秘密情報の複製に関して両当事者の意向が折り合わない場合の一案としては，本目的のために必要な範囲に限定を付したうえで当該秘密情報の複製を認め，さらに複製物も秘密保持義務の対象とする等して，一定の歯止めをかけた形で複製を可能とすることが考えられる。

8 秘密情報の返還・破棄

1. Upon completion of the Purpose, or upon request of the Disclosing Party to the Receiving Party at any time, the Receiving Party shall, at the direction of the Disclosing Party, either return to the Disclosing Party all of the Confidential Information (including copies thereof),

Ⅱ　秘密保持契約
2　秘密保持契約の内容

which is tangible form, or certify that such Confidential Information has been destroyed.

2. Notwithstanding the preceding paragraph, the Receiving Party (i) may retain one copy of the Confidential Information solely for the purpose of fulfilling any continuing obligations, and (ii) shall not be required to delete any copies of Confidential Information that are automatically generated or saved in its electronic archival or back-up system, provided, however, that any Confidential Information retained under (i) and (ii) shall remain subject to the Receiving Party's confidentiality and non-use obligations set forth in this Agreement.

【対訳】　1．本目的が完了次第，又は開示当事者が受領当事者に要求した場合はいつでも，受領当事者は，開示当事者の指示により，有形である全ての秘密情報（その複製を含む。）を開示当事者に返還し，又は秘密情報が破棄されたことを証明するものとする。

　　　　　2．前項にかかわらず，受領当事者は，(i)継続する義務を履行する目的でのみ秘密情報のコピーを1部保持することができ，(ii)自己の電子アーカイブ又はバックアップシステムに自動的に保存される秘密情報の複製については削除する必要はないものとする。ただし，(i)及び(ii)に基づいて保持される秘密情報は，引き続き本契約に定める受領当事者の秘密保持義務及び目的外使用の禁止義務の対象となるものとする。

　開示当事者は，共同研究開発の実施の検討のために自己の秘密情報を受領当事者に開示しているのであるから，そのような目的が完了した場合には当該秘密情報の返還・破棄をしてもらうことが原則である。条項例では本目的の完了を要件としているが，秘密保持契約の終了時とすることも考えられる。

　また，開示当事者としては，本目的の完了前や秘密保持契約の終了前であっても秘密情報の返還・破棄を求めることが可能となるよう，開示当事者の要請があった場合にも当該秘密情報の返還・破棄を求めることができるようにしておくことが望ましい。開示当事者の要請があった場合を返還・破棄の要件とす

047

Chapter

02　共同研究開発契約締結までのプロセスと付随する契約

れば，本目的が完了したときや秘密保持契約が終了したときに返還・破棄の要
請をすることももちろん可能であるが，返還・破棄のトリガーを開示当事者の
みが持つと，万が一返還・破棄の要請をしそびれたときに相手方の責任を問う
ことが難しくなるため，自らがトリガーを持たずに返還・破棄を可能にする場
合に追加する形で規定しておくのがベターである。

　返還と破棄のいずれを指示するかについて，開示当事者としては，情報の性
質上返還できるものは返還させ，返還できないものは破棄するよう要請するこ
とが考えられる。

　開示当事者としては，自己が相手方に開示した秘密情報の全てについて返
還・破棄を求めたいところではあるが，**10**のように，残存条項において秘密
保持契約の終了後も一定の義務が残ることとなる場合は，その義務の適切な履
行のために受領当事者に当該秘密情報のコピーを1部保持することを認めるこ
とが考えられる。また，本条項例第2項(ii)に示すように，昨今では，返還・破
棄の例外として，受領当事者の電子アーカイブ等に自動的に保存された秘密情
報については保持を認めることを規定することも増えてきている。

9　知的財産権

Neither this Agreement nor any disclosure hereunder shall be deemed to
grant the Receiving Party any rights to the Confidential Information or
under any Confidential Information, inventions, patents, know-how,
trademarks, or copyrights owned or controlled by the Disclosing Party,
nor shall it give the right to the Receiving Party to file any patent applica-
tion containing or based upon any Confidential Information.

【対訳】　本契約及び本契約に基づくいかなる開示によっても，秘密情報に対する権
　　　　利又は開示当事者が所有もしくは管理する秘密情報，発明，特許，ノウハ
　　　　ウ，商標もしくは著作権に基づく権利を受領当事者に付与するものとはみな
　　　　されないものとし，秘密情報を含む，又は秘密情報に基づく特許出願を行う

Ⅱ　秘密保持契約
2　秘密保持契約の内容

> 権利を受領当事者に与えるものでもないものとする。

　通常は，共同研究開発契約において知的財産の帰属についての規定を置く
が，共同研究開発契約の実施を検討するための秘密保持契約を締結した後，共
同研究開発契約が締結される前の段階であっても，開示された秘密情報に関し
て何らかの成果物が出てくる可能性がある。そのような場合に備えて，秘密保
持契約の段階から知的財産権についての条項を設けておくことが望ましい。本
条項例では，開示当事者の権利保護を図るべく，秘密情報が開示されたとして
も，秘密情報に基づく権利が受領当事者に付与されるとはみなされないことや
秘密情報に基づいて特許出願をする権利が受領当事者に付与されるものではな
いことを確認的に規定している。

10　有効期間

> This Agreement is made effective on the Effective Date and shall remain
> in effect for a period of two (2) years thereafter. The confidentiality and
> non-use obligations hereunder shall survive for ten (10) years from expiry
> or earlier termination of this Agreement.
>
> 【対訳】　本契約は，発効日に効力を生じ，その後2年間有効とする。本契約におけ
> 　　　　る秘密保持義務及び目的外使用禁止の義務は，本契約の満了又はそれ以前の
> 　　　　終了から10年間存続するものとする。

　秘密保持契約の有効期間は，共同研究開発の実施の検討という本目的の達成
に必要な期間を定めるものである。もっとも，秘密保持契約の有効期間を定め
ただけでは，その期間の経過後に秘密保持義務がなくなってしまうこととなり
不都合である。そのため，秘密保持義務や目的外使用禁止の義務等について
は，残存条項として，秘密保持契約の終了後も一定期間残存すると定めること

049

が一般的である。秘密保持義務等が残存する期間をどの程度にするかは一概に決められるものではなく，開示する秘密情報の内容に応じて，それがどれほどの期間で陳腐化するか等を考慮して定めることとなる。

　なお，秘密保持契約の有効期間や秘密保持義務等の期間を何ら定めない場合は，その秘密が公知になるまで秘密保持義務が存続することとなる。実務上，コアとなるノウハウ等開示当事者にとって重要な情報について，当該情報が公知になるまで秘密保持義務が存続する旨定めることもあるが，通常は受領当事者にとって過度な義務になり得るため，本条項のように事案に応じて一定期間を定めることが多いと思われる。

11　救済方法

> The Parties acknowledge that any breach of this Agreement will result in irrevocable harm to the Disclosing Party. Accordingly, the Disclosing Party shall be entitled to seek not only the monetary damages but also injunctive or other interim relief as remedies for any such breach.
>
> 【対訳】　両当事者は，本契約の違反が開示当事者に回復不能な損害をもたらすことを認める。したがって，開示当事者は，かかる違反に対する救済として，金銭的損害賠償のみならず差止め又はその他の仮の救済を求める権利を有するものとする。

　受領当事者が秘密情報を第三者に開示・漏えいしてしまう等秘密保持契約に定める義務に違反した場合，その秘密情報の価値が損なわれ，金銭的な損害賠償だけでは取返しがつかなくなるおそれがある。そのため，本条項例のように，損害賠償のみならず差止めによる救済を求めることができるよう定めることが考えられる。なお，日本法の下では法令に基づいて差止請求をすることができるため，準拠法が日本法の場合にはこのような規定は確認的な意味を持つにとどまる。

Ⅱ　秘密保持契約
2　秘密保持契約の内容

　損害賠償に関して，あらかじめ一定額の違約金を損害賠償の予定として定めることもある。その際，開示当事者としては，秘密情報の価値が損なわれた場合の損害額の算定が難しい場合が多い一方，違約金を相当多額にしない限り十分な救済とならないおそれが大きいことも考慮して，ある程度抑止効果を持つような金額を設定しておくことが考えられる。

🔢 表明保証

---

1. The Disclosing Party represents and warrants to the Receiving Party that it holds the necessary rights in and to its Confidential Information and/or has the right to disclose such Confidential Information to the Receiving Party.
2. Except as expressly provided in this Agreement, neither Party makes any representation or warranty regarding the Confidential Information, including its accuracy or completeness.

【対訳】1．開示当事者は，受領当事者に対し，自己の秘密情報に関して必要な権利を有し，且つ／又は，当該秘密情報を受領当事者に開示する権利を有することを，表明し，保証するものとする。
　　　　2．本契約に明示的に規定されている場合を除き，いずれの当事者も，秘密情報の正確性又は完全性を含め，秘密情報に関する表明又は保証を行わないものとする。

　英文契約書では，契約の当事者が，一定の時点における一定の事項を表明し，その表明した内容を相手方に対して保証する，いわゆる表明保証条項を規定することが多い。本条項例の第1項では，各当事者が自己の秘密情報に対する権利を持っていることや当該秘密情報を相手方に開示する権利を有することを表明し，保証している。これは，開示当事者が自己の開示する秘密情報について，第三者の知的財産権を侵害したり第三者に対する秘密保持義務に違反し

051

Chapter
02 　共同研究開発契約締結までのプロセスと付随する契約

たりしていないことの表明保証であり，これにより，受領当事者が当該秘密情報を受領することによるリスクを一定程度回避できるようにしている。他方で，開示当事者に過度な負担が課されないよう，本条項例第2項のように，秘密情報の正確性や完全性に関しては，明示的に規定されていない限り表明や保証を行わないと規定してバランスをとることが考えられる。

⓭ 　準拠法及び紛争解決

1. This Agreement shall be governed by and construed in accordance with the laws of Japan without reference to conflict of law principles.
2. Any dispute arising out of or in connection with this Agreement shall be finally settled by arbitration in accordance with the Commercial Arbitration Rules of the Japan Commercial Arbitration Association. The seat of arbitration shall be Tokyo, Japan.

【対訳】 1．本契約は，抵触法の原則にかかわらず，日本国法に準拠し，これに従って解釈されるものとする。
　　　　 2．本契約に基づき，又は本契約に関連して発生する紛争については，一般社団法人日本商事仲裁協会の商事仲裁規則に従って仲裁により最終的に解決されるものとする。仲裁地は日本国東京都とする。

契約を解釈する際の基準となる準拠法について，両当事者が共に日本企業の場合であればそれを日本法と定めることが通常である。それに対し，相手方が外国企業である場合には当該外国法によることを主張されることがあり得るが，なじみのない外国法を準拠法としてしまうと，契約について思いもよらぬ解釈がなされるリスクがあり，紛争が生じた場合はもちろんのこと，契約の検討が必要な都度その国の弁護士に相談するコストもかかることから，なじみのない外国法を準拠法とすることには慎重になるべきである。両当事者がお互いに自国法を準拠法とすべく主張し合ってなかなか決着がつかない場合の落とし

052

どころとしては，中立的に第三国の法律を指定することが考えられる。第三国法の選択肢としては，英語で内容を把握することができ，ビジネスの場面で想定されることの多い英国法やシンガポール法等が使われることが多いと思われる。

　紛争解決の方法について，当事者が英国系企業の場合等には，終局的な紛争解決に先立って調停をすることを定めることがある。

　終局的な紛争解決の場としては，裁判か仲裁が主な選択肢となるところ，一般的に，裁判については，上訴可能であること，手続が明確であること，保全措置等をとり得ること等がメリットとされており，仲裁については，非公開であり秘匿性が高いこと，手続が柔軟で迅速であること，仲裁判断は判決と比べて外国における執行が容易であること等がメリットと考えられる。共同研究開発の秘密保持契約の場合は，このような手続の特徴を考慮しつつ，どのような秘密保持義務違反がどの当事者によりどの国で行われるリスクがあるか等を具体的に想定して紛争解決手段を決することになる。

　なお，秘密保持契約と共同研究開発契約の紛争解決機関は一致させるのが通常であり，本条項例第2項では，本書における共同研究開発契約の書式にあわせて，仲裁合意による場合を示している。仲裁合意条項において実務上重要な取決めは，一定の紛争について仲裁により最終解決をすることを明確にすること，仲裁機関名を正確に記載すること及び仲裁地の3点である[6]。本条項例第2項では，日本商事仲裁協会（JCAA）を仲裁機関として定めたうえで，商事仲裁規則を利用することとしている。仲裁条項では，ほかに，具体的な手続の方法，仲裁人の資格・数，仲裁手続の言語，手続費用の負担等の定めを盛り込むこともある[7]。例えば，仲裁人の数については，対象となる金額によって仲裁人の人数を変える等して，仲裁人への支払について過度な経済的な負担が生じないよう工夫することも考えられる。

---

[6]　日本商事仲裁協会HP「仲裁条項の書き方」（https://www.jcaa.or.jp/arbitration/clause.html）。

[7]　日本商事仲裁協会『そのまま使えるモデル英文契約書シリーズ　秘密保持契約書・共同開発契約書〔第二版〕』（日本商事仲裁協会，2022）47頁。

Chapter

02 共同研究開発契約締結までのプロセスと付随する契約

　また，実務上は，東京地裁を第1審の専属的合意管轄と定めることも多いところ，その場合の条項例を以下に示す。

Any matter, dispute of legal action arising out of or in connection with this Agreement shall be submitted to the exclusive jurisdiction of the Tokyo District Court as the court of first instance.

【対訳】　本契約に基づき，又は本契約に関連して生じた一切の事項，紛争，法的措置については，東京地方裁判所を第1審の専属的合意管轄裁判所とするものとする。

〔鳩貝 真理〕

Ⅲ マテリアル・トランスファー契約

1 マテリアル・トランスファー契約とは

　マテリアル・トランスファー契約（Material Transfer Agreement：MTA）とは，上市前の製品，素材・原料，サンプル（試作品）等のマテリアル（和文の契約では有体物と呼称されることが多い。）を提供し，相手方が実際に受領して検証することで，相手方が共同研究開発を含む提携やライセンス・イン等の是非の判断の根拠資料とする契約をいい，試料提供契約や素材移転契約，有体物提供契約等と呼ばれることもある。マテリアル・トランスファー契約においては，移転対象となる素材の特定とともに，使用目的・方法を限定し，素材の提供やそれについて技術検証の実施許諾を行うことについての対価の支払等を規定する。

　マテリアル・トランスファー契約において典型的に留意する必要があるポイントは，①第三者提供の禁止と第三者の範囲，②目的外使用の禁止と目的の範囲，③分析，分解・構造解析，複製，改良・改変等の禁止とその範囲である。特に③については，提供するマテリアルの特性に照らして具体的に危惧される行為を特定する必要がある一方，提供相手方の判断に必要な情報が得られない事態を避ける必要があり，案件ごとに慎重な検討を要する。

Chapter

02 共同研究開発契約締結までのプロセスと付随する契約

2 契約の内容

1 対　象

　甲は，別紙記載の有体物（以下「本件有体物」という。）を乙に無償で提供する。

（中　略）

別紙

本件有体物

	内　容	備　考
種　　　類		
数　　　量		
重　　　量		
提供する外観		
包　装　形　態		

　マテリアル・トランスファー契約においては，移転対象となるマテリアルを特定することが重要となる。この契約条項例では，「無償で提供」と記載しているため，マテリアルの所有権を移転すると解し得るが，所有権の内容については民法206条により使用，収益及び処分が可能と定められているため，（債権的にこれと異なる合意を行うことは可能ではあるものの，その限界を考慮して）マテリアルの所有権を移転しない構成（賃貸借，使用貸借等）とすることも考えられる。その場合，返還約束とともに，マテリアルが提供者の単独の所有であること，契約締結によっても所有権が移転するものではないことを明記する。

　なお，別紙の項目としては，種類や数量のほかに，重量，提供する外観，包

Ⅲ　マテリアル・トランスファー契約
2　契約の内容

装形態等をマテリアルの性質に応じて追記して，適切にマテリアルの特定を行うことができるようにすべきである。

2　使用目的等

1．乙は，●●部門において，甲乙間における共同研究開発の可能性の検討の目的（以下「本件目的」という。）のためにのみ，本件有体物を使用しなければならない。
2．乙は，本件目的以外の目的のために，又は前項の部門以外において，本件有体物を使用してはならない。

　使用目的・方法の特定は，共同研究開発の可能性の検討のためにマテリアルを提供するマテリアル・トランスファー契約において，特に重要となる。本条項例では「共同研究開発の可能性の検討」とのみ記載しているが，当然具体的な事案によっては，共同研究開発の内容を特定する要素を付記することが必要となる（なお，「共同」研究開発と記載することは，受領者単独の研究開発そのものに利用されてしまうことを防ぐために重要となる。）。それに加えて，受領者が他の目的にマテリアルを使用したり，共同研究開発の可能性の検討を行わない部門において使用したりすることを禁止する必要がある。本条項例は簡潔な規定になっているが，これに加え，使用者を限定列挙してアクセス制限を規定したり，使用態様について限定したりすることがある。

　乙は，別紙記載の使用場所において，本件有体物を使用しなければならない。

(中　略)

別紙

本件有体物の使用場所

使 用 場 所	

057

Chapter
02
共同研究開発契約締結までのプロセスと付随する契約

　上記条項例では，マテリアルの使用場所について具体的に特定しているが，これも，使用目的・方法を特定するための工夫の一つである。これに加え，マテリアルの取扱いや管理（場所，方法等）を規定することもある。いずれにしても，提供目的の達成に必要な使用という観点から合理的な範囲を超えた利用がなされないことを担保するため，案件ごとにマテリアルの重要度や他案件への流用可能性も考慮して工夫すべきである。

１．乙が本件有体物を使用することができる期間（以下「本件使用期間」という。）は，●●●●年●月●日から■■■■年■月■日までとする。ただし，甲乙協議のうえ，本件使用期間を伸長し，又は短縮することができるものとする。
２．乙は，本件使用期間が終了したときは，甲の指示に従い，余剰となった本件有体物及び本件有体物情報に関する書類その他の資料を甲に返却し，又は廃棄しなければならない。

　マテリアルの提供者の立場からは，マテリアルの使用期間については，日付を明示して明確且つ一義的に規定すべきであって，例えば，共同研究開発の検討目的の達成までとすることは避けることが望ましい。これは，使用期間の終了とひもづけられる，提供者によるマテリアル及び関連資料の返却・廃棄請求権の発生タイミングがあいまいになることを避けるためである。目的達成までとすると，受領者の主観にも左右される「目的の達成」について提供者が主張立証しなくてはならないことになりかねず，返却・廃棄請求権が有名無実化するリスクがある。返却・廃棄請求権が実行できない場合，規定された使用目的以外への流用がなされる可能性は高まるし，秘密保持義務も遵守を期待できなくなる場合がある。

　より厳密に使用目的・方法を特定する観点からは，実験計画（プロトコル）として，目的，内容，実施期間，動物実験を行う場合の詳細，マテリアルの必要数量の算定根拠，マテリアルの管理責任者，といった項目を含め，受領者から提出を求めたうえで，契約条項に落とし込むことも考えられる。また，マテリアル等につき返却でなく使用期間終了後の廃棄を認める場合は，廃棄について

の証明書の提出を求めることが多い。

3 譲渡等の禁止

> 乙は，本件有体物を第三者に譲渡し，移転し，貸与し，又は担保に供する等本件有体物を処分する行為をしてはならない。

共同研究開発を進めるか検討するためにマテリアルを検証するのがマテリアル・トランスファー契約の目的であることからすれば，契約内容としてマテリアルについて譲渡・貸与等の禁止を定めるのが一般的である。

他方，検討に必要な解析・分析を関連会社や外部に委託する場合等には，マテリアルそのものを貸与する必要があり得る。そのような場合は，譲渡等禁止の例外としてそれらの者を契約本文中や別紙に列挙することが考えられる。

また，より柔軟な対応のためには，書面による相手方の事前の承諾なく譲渡等をしてはならない旨を規定する方法もあり得るが，その場合，契約であらかじめ全面的な禁止を規定しておく場合に比べ，相手方の承諾を得るのに必要な時間が十分に確保できない場合や，反対に，既に同意を求める側が当該第三者への譲渡等を前提として準備等をしている場合等に不本意に承諾せざるを得なくなることがあり得るので注意を要する。

4 秘密保持

> 乙は，本件使用期間中及び本件使用期間終了後●年間は，甲の書面による事前の承諾なくして，本件有体物に関する情報（以下「本件有体物情報」という。）を第三者に開示してはならない。ただし，当該情報が，次の各号の一に該当するときは，この限りでない。
> (1) 乙が開示を受けた時点において，既に乙が保有していた情報。
> (2) 乙が開示を受けた時点において，既に公知となっていた情報。

Chapter
02
共同研究開発契約締結までのプロセスと付随する契約

> ⑶　乙が開示を受けた後に，乙の責によらず公知となった情報。
>
> ⑷　乙が開示を受けた後に，乙が，正当な権限を有する第三者から，秘密保持義務を負うことなく入手した情報。
>
> ⑸　甲から開示を受けた情報によることなく，乙が，独自に開発した情報。
>
> ⑹　乙が裁判所，行政機関，監督官庁その他の公的機関（金融商品取引所を含む。）から法令，規則等に基づき開示を求められた情報。

　マテリアルの譲渡・貸与と同様に，マテリアルに関する情報についても第三者への開示を制限することが一般的である。

　しかし，実務的には，情報を開示してはならない「第三者」の範囲をめぐり交渉を要する場合がある。グローバル展開する企業の場合，共同研究開発を進めるかどうかの最終決定権は日本法人にないかもしれないし，将来的な内部監査はグループの別会社によって行われるかもしれない。そのため，少なくとも当該関連会社への情報開示が必要となる場合がある。また，日本企業の場合であっても，共同研究開発を進めるかどうかには外部専門家（コンサルタント，弁護士，公認会計士等）の知見を必要とする場合もあるだろう。そのような場合は，契約本文中や別紙等で開示可能な第三者を列挙するという方法も考えられる。　　　　　　　　☞その他秘密保持条項に関する詳細は，Ⅱを参照されたい。

5　不保証

> 1．甲は，本件有体物及び甲が乙に開示する本件有体物情報の正確性，完全性，有効性，特定の目的への適合性その他の一切の特性について，何ら保証しない。
>
> 2．乙において，本件有体物又は本件有体物情報の使用により損害が発生した場合，甲は，当該損害について，賠償責任その他何らの責任を負わないものとする。

　マテリアル・トランスファー契約によって移転されるマテリアルは，上市された製品とは異なるので，その品質や目的適合性について保証に適さない。特

060

にマテリアル・トランスファー契約が対価の支払を伴う場合（有償契約である場合），契約不適合責任の規定が有償契約に準用されることから（民559条），明示的に契約不適合責任の免責を合意し，不保証を規定することが必要である。なお，免責を合意した場合であっても，知りながら告げなかった事実及び自ら第三者のために設定し，又は第三者に譲り渡した権利については，その責任を免れることができないとされている点は注意を要する（民572条）。

また，共同研究開発の可能性を検討するにあたっては，当該マテリアルの提供について提供者に正当な権限があることが決定的に重要であるため，その旨の表明保証を求める場合がある。これは，知的財産権等の問題のみならず，第三者の営業秘密等として保護されるマテリアルを受領してしまうことによる，意図しない不正競争防止法違反を防ぐ上でも重要である。

6　検討結果の報告

> 乙は，本件使用期間終了後●日以内に，書面をもって，本件有体物を使用し，乙において検討・評価した結果（以下「本件検討結果」という。）を甲に報告しなければならない。

マテリアル・トランスファー契約は，マテリアルの受領者がマテリアルを検討・評価して，その結果に基づき共同研究開発を進めるかを判断することを目的とするものではあるが，かかる検討・評価が常に正確に行われるとは限らないのであって，マテリアルの提供者として受領者に生じた誤解を解くための補足説明を行ったり，追加での情報提供を行ったりする機会を得るためにも，受領者に対して，マテリアルについての検討・評価の結果を提供者に報告させることが必要となる場合がある。つまり，甲（提供者）としては，研究成果の報告書を確認することで，乙（受領者）が適切に検討・評価を行ったかを確認することができる。また，適切に検討・評価を行ったうえで共同研究開発を進めない結論に至ったのであれば，何がディールブレイカー（検討をとりやめるほどの重大な問題）になったのかを知ることで，次の共同研究開発相手方候補の探索

Chapter
02 共同研究開発契約締結までのプロセスと付随する契約

や交渉のヒントを得ることもできるであろう。

　なお，マテリアルの検討・評価の過程において，試験データその他のデータ類が得られる場合があるが，これらのデータの帰属について，あらかじめ定めることも考え得る。その場合，検討・評価を行った受領者に帰属するものとしたり，双方の協議によるものとしたり，端的に全てマテリアルの提供者に帰属するものとしたりすることが考えられる。

▆ 7　知的財産権の取扱い

> 　本件有体物の検討・評価の結果発生する知的財産権（ノウハウを含む。）の取扱いについては，甲乙協議のうえ定めるものとする。

　マテリアル・トランスファー契約がカバーするのはあくまで共同研究開発の前段階であるため，発明等の知的財産権が生じる可能性は少ない。また，この段階で，発明等が生じるような使用態様を認めることは，本来共同研究開発契約において取扱いの詳細を決定すべき発明等がなし崩し的に生じかねないため，避けるべきである。本条項例では，念のための規定として，万が一そのような事態が生じた場合には権利の取扱いを甲乙の協議に委ねることとしている。

　なお，マテリアルの提供を受けて生じた発明等の知的財産権について，全て提供者に帰属するように定めることも考えられる。また，マテリアル，その派生物（マテリアルの利用から派生した物質）及び修飾物（マテリアルを改変することによって得られたもの）の範囲でマテリアル提供者に帰属することとする場合もある。他方で，マテリアルの特許の効力を及ぼすことができない発明等について，マテリアル提供者への譲渡や独占ライセンスを義務づけるような場合，不公正な取引方法として独占禁止法に抵触する場合もあり得るので注意を要する。

III マテリアル・トランスファー契約
2 契約の内容

8 検討・評価結果の公表

1．乙は，本件使用期間中及び本件使用期間終了後●年間は，本件有体物の検討・評価結果を公表しようとするときは，あらかじめ書面をもって，その公表の時期，方法及び内容を甲に通知のうえ，甲の書面による同意を得なければならない。
2．乙は，前項の公表をしようとするときは，甲が本件有体物を提供したことをあわせて公表しなければならない。

　そもそも，マテリアルの性質によっては，検討・評価の結果について営業秘密として公表を一切認めない規定とすることも考えられる。もっとも，特に学術研究の公表を社会的使命とする大学等アカデミアとの契約にあたっては，可能な限りマテリアルの検討・評価結果を公表したいという強い要望を受ける場合があり，営業秘密として公表されたくないマテリアル提供者側との間にコンフリクトを生じることとなる（☞ Chapter01 III 1 **2**(2)）。

　本条項例では，マテリアルの使用期間中及び使用期間終了後一定期間について，事前の書面による通知義務と提供者による事前同意を得ることを課している。仮に，通知義務のみ課した場合には，提供者の拒否権が保証されるわけではないため，提供者としては，別条文で規定する秘密保持義務（☞**3**）に違反する内容が含まれる場合に速やかにそれを指摘することができる事実上の利点があるにとどまる。

　他方，公表したい受領者としては，常に提供者の事前同意を要するとすることに抵抗がある場合もあり得る。そのため，交渉上の妥協案として，提供者が不合理に（合理的理由なしに）かかる同意を留保しないことを明記することも考えられる。

〔倉賀野　伴明〕

Chapter

02 共同研究開発契約締結までのプロセスと付随する契約

Ⅳ

フィージビリティ・スタディ契約
及び PoC 契約

1 フィージビリティ・スタディ契約
及び PoC 契約とは

　フィージビリティ・スタディ（Feasibility Study）契約は，フィージビリティ
（実行可能性）を調査するために締結される契約であり，契約締結の相手方は，
実証実験等を通じて特許等の知的財産やノウハウの有効性を評価して，次の契
約交渉（本書の文脈では共同研究開発契約に向けた交渉）に進むかを決めるものであ
る。なお，同じ目的のためにオプション契約が締結される場合もあるが，これ
は，1年程度の評価期間を設定し，次の契約やそれに向けた交渉のオプション
（予約権）を相手方に付与し，対価としてオプション料やその他のマイルストー
ンフィーを受領するものである。オプション契約はライセンスについて締結さ
れる場合が多く，一般には，詳細な役割分担や条件を設定する必要のある共同
研究開発においてはフィージビリティ・スタディ契約のほうが受け入れられや
すいと考えられるが，契約を交渉するオプションについてであれば，共同研究
開発契約についてのものも考えられる（☞なお，後述の2**6**においてフィージビリテ
ィ・スタディ契約の条項として規定する例を掲載している。）。

　一方，PoC（Proof of Concept〔技術検証〕）契約とは，技術検証に焦点を当て，
共同研究開発に進むかを判断するために，契約締結相手方の保有する技術の開
発可能性等を検証するための契約であるが，フィージビリティ・スタディ契約
と同様の目的を有し，基本的な内容も共通する。

　これらの契約において，特許等の知的財産やノウハウの実施許諾や新素材の

064

提供を伴う場合は，前述したマテリアル・トランスファー契約（☞Ⅲ）を別途締結するか，その内容を織り込むこととなるが，新素材の提供を伴わず技術検証を実施する場合もある。新素材の提供を行わない場合，日本法上の実態としては，技術検証を実施し，報告書を作成することを業務とする業務委託契約（準委任）に当たることとなる。この場合，通常の業務委託契約同様，業務の不履行や遅滞を防ぐための，役割分担の規定，業務の特定，スケジュール・マイルストーンの設定における工夫が必要となる。

2 契約の内容

1 目 的

WHEREAS, XYZ desires to engage ABC to perform a feasibility study in connection with evaluation of ABC's proprietary technology (the "**ABC Technology**");

WHEREAS, ABC desires to accept such engagement; and

WHEREAS, the Parties desire to enter into further discussion for a joint research and development agreement if this engagement results in a favorable outcome for the Parties.

NOW, THEREFORE, the Parties mutually agree to enter into this Agreement in accordance with the terms and conditions set forth herein.

【対訳】　XYZ は，ABC の独自技術（以下「ABC 技術」という。）の評価に関連して，ABC によるフィージビリティ・スタディの実施を希望している。

　　　ABC は，そのような委託を受け入れたいと望んでいる。

　　　本委託が両当事者にとって好ましい結果をもたらす場合，両当事者は共同研究開発契約についてさらなる協議を行いたいと望んでいる。

　　　したがって，両当事者は，本契約に記載された条項及び条件に従って本契約を締結することに相互に合意する。

Chapter
02 共同研究開発契約締結までのプロセスと付随する契約

　フィージビリティ・スタディ契約の目的は，共同研究開発に移行するか否かを検討するために，一方が対象となる技術の情報を開示・提供し，それについて相手方が，フィージビリティ（実行可能性）調査のために，実証実験等を通じた調査を行うことにある。英文契約にあっては，冒頭の，いわゆる Whereas Clause（前文）において，契約に至る経緯や契約の目的を記載することとなる。この Whereas Clause は直接には法的効果を有さないことが一般的であるが，他の契約条項の解釈にあたり，当事者双方の認識の客観的証拠となるし，そもそもこの契約がフィージビリティ・スタディ契約であることを明確にするために重要である。

2　フィージビリティ・スタディの内容

1. The scope of the feasibility study to be provided by ABC to XYZ under this Agreement (the "**Feasibility Study**") and the scope of works for the Parties are described in Exhibit A attached hereto, which shall be treated as a part of this Agreement.

2. XYZ hereby acknowledges and agrees that in the course of conducting the Feasibility Study, ABC will depend on the accuracy and completeness of the information furnished by XYZ. XYZ represents and warrants that such information is accurate and complete, except as otherwise explicitly documented in written form to ABC.

3. In exchange for the provision of the Feasibility Study by ABC as stipulated in this Agreement, XYZ shall remit to ABC a non-refundable fee (the "**Feasibility Study Fee**") of ●● USD within a period of thirty (30) days subsequent to the receipt of an invoice issued by ABC.

4. The payment of the Feasibility Study Fee shall be executed via telegraphic transfer to a banking institution as designated by ABC. XYZ shall bear full responsibility for any and all charges or fees incurred as a result of such telegraphic transfer.

IV　フィージビリティ・スタディ契約及び PoC 契約
2　契約の内容

(omit)

Exhibit A　Scope of the Feasibility Study

1.Scope of the Feasibility Study

ABC will perform the following studies:

a) prepare Compound provided by XYZ using the ABC Technology; and

b) provide a study report (the "**Study Report**") to XYZ, which shall include ●●.

2.Scope of work for the Parties

2.1　ABC：●●●●●●●●

2.2　XYZ：●●●●●●●●

【対訳】　1．本契約に基づいて ABC が XYZ に提供するフィージビリティ・スタディ（以下「フィージビリティ・スタディ」という。）の範囲及び両当事者の作業範囲は，本契約に添付され，本契約の一部として扱われる別紙 A に記載のとおりとする。

2．XYZ は，フィージビリティ・スタディの実施において，ABC が XYZ から提供される情報の正確性及び完全性に依拠することを認め，同意する。XYZ は，そのような情報が正確且つ完全であることを表明し，保証する。ただし，ABC に対して書面で明確に文書化された場合を除く。

3．本契約に定めるとおりの ABC によるフィージビリティ・スタディの実施の対価として，XYZ は，ABC に対し，払戻不能の手数料（以下「フィージビリティ・スタディ費用」という。）●●米ドルを，ABC からの請求書受領後30日以内に支払う。

4．フィージビリティ・スタディ費用の支払は，ABC が指定する銀行機関への電信送金によって行われる。XYZ は，かかる電信送金により発生する全ての手数料や費用を全額負担する。

（中略）

別紙A　フィージビリティ・スタディの範囲

1．フィージビリティ・スタディの範囲

Chapter
02 共同研究開発契約締結までのプロセスと付随する契約

> ABC は，以下のフィージビリティ・スタディを実施する。
> a) XYZ が提供する化合物を ABC 技術を用いて調製すること
> b) ●●を含む研究報告書（以下「研究報告書」という。）の XYZ への提供
> 2．両当事者の作業範囲
> 2.1 ABC：●●●●●●●●
> 2.2 XYZ：●●●●●●●●

　フィージビリティ・スタディ契約においては，フィージビリティ・スタディの範囲について明確に特定することが重要である。その具体的な内容については，本条項例のように実施に際して提供される情報について正確且つ完全であることを表明保証させたうえで依拠を認める場合があるほか，別紙に各当事者の役割分担を記載し，添付する形式をとることがある。

　日本法の観点からは，①準委任契約型，すなわち一方当事者がフィージビリティ・スタディを実施することについて相手方に委託し，その業務に対し対価を支払う契約，又は②請負契約型，すなわち一方当事者が一定の成果物（例えば，報告書）の納入を約し，相手方が仕事の完成物としての成果物に対し報酬を支払う契約，のいずれを選択するかの問題がある。共同研究開発の前段階にすぎないフィージビリティ・スタディの長期化を避ける観点や，フィージビリティ・スタディ契約の実体（成果物を得るためではなく，検証を行うのが目的）の観点からは，原則として準委任契約型（①）を採用すべきであろう。この場合，請負契約とならないよう，フィージビリティ・スタディの内容や報酬支払のタイミング（例えば，報告書の引渡しと報酬の支払を引換えにするのではなく，契約締結から一定期間経過後に報酬を支払うアレンジが考えられる。）等に留意して契約をドラフトすべきである。

　本条項例では紙幅の関係で記載していないが，別紙においてスケジュールやマイルストーンを規定することも考えられる。その際は，検証作業がいつまでも終わらないという事態を防ぐべく，終了期限その他の終了条件を明記することも重要となる。

068

IV フィージビリティ・スタディ契約及び PoC 契約
2 契約の内容

３ 委託者の責任

1. XYZ shall provide ABC with reasonable access to XYZ's facility, data, records, and information as reasonably requested by ABC in connection with the performance of the Feasibility Study.
2. XYZ shall promptly notify ABC in writing of any third-party claims against ABC related to the Feasibility Study within ten (10) days of learning of such claim.
3. XYZ shall not reverse-engineer the ABC Technology that is provided by ABC for the Feasibility Study.

【対訳】 １．XYZ は，フィージビリティ・スタディの実施に関連して ABC が合理的に要求する XYZ の施設への合理的なアクセス，データ，記録及び情報を提供するものとする。
２．XYZ は，フィージビリティ・スタディに関連して ABC に対する第三者からの請求がある場合，その請求を知った日から10日以内に ABC に書面で速やかに通知するものとする。
３．XYZ は，フィージビリティ・スタディのために ABC から提供された ABC 技術をリバースエンジニアリングしてはならない。

　前述のとおり（☞ ２），フィージビリティ・スタディ契約は，フィージビリティ・スタディを一方当事者から他方当事者に委託する形式の契約ではあるものの，両当事者が共同して取り組むべき共同研究開発の前段階であるから，委託者側にも一定の責任を課し，協力義務を課すことが合理的である。本条項例では，委託者に対して，フィージビリティ・スタディに必要な施設やデータ，物質や製品に関する技術情報の提供，第三者からの請求を認識した場合の通知等を契約上義務づける一方，リバースエンジニアリング（分解・観察・解析等を通じて製品の構造を分析し，そこから製造方法や動作原理，設計図等の仕様やソースコード等を調査すること）の禁止も規定している。

069

Chapter

02 共同研究開発契約締結までのプロセスと付随する契約

4 フィージビリティ・スタディの実施基準

1. ABC shall use commercially reasonable efforts to perform the Feasibility Study and comply with all reasonable requests given by XYZ.
2. In performing the Feasibility Study, ABC shall comply with all relevant laws, regulations, licensing requirements, and other professional standards that apply to the Feasibility Study.
3. ABC may use any services of any subcontractor as it deems appropriate to perform the Feasibility Study, provided that, creation of any subcontract relationship shall not relieve ABC of any of its obligations under this Agreement, and ABC shall be fully responsible to XYZ for the acts or omissions of any subcontractor ABC hires as if no subcontract had been made.

【対訳】 1．ABC は，フィージビリティ・スタディを実施するために商業的に合理的な努力を払うとともに，XYZ の全ての合理的な要求に従うものとする。

2．フィージビリティ・スタディの実施にあたり，ABC は，フィージビリティ・スタディに適用される全ての関連法，規制，ライセンス要件及びその他の職業的基準を遵守するものとする。

3．ABC は，フィージビリティ・スタディを実施するために適切であると判断した下請業者の役務を利用することができるものとする。ただし，下請業者との関係の構築は，本契約上の ABC の義務を免除するものではなく，ABC は，下請けが行われない場合と同様に，下請業者の行為又は不作為について，XYZ に対して全責任を負うものとする。

　本条項例のように，フィージビリティ・スタディの実施基準について定めることが一般的である。もっとも，何が商業的に合理的な努力（commercially reasonable efforts）に該当し何が該当しないかの判断が必ずしも容易ではない場合があるため，その内容について別紙で詳細な規定を置くことも考えられる。

Ⅳ　フィージビリティ・スタディ契約及び PoC 契約
2　契約の内容

　また，下請業者について自由に利用できる規定の例として，本条項例第３項
のように規定することが考えられる。

　他方，下請業者の利用について，秘密保持に懸念がある場合等は，事前に相
手方の個別の書面による承諾を得ない限り再委託を禁じる規定の仕方もあり得
る。そうすることで，結果として下請業者利用を承諾するとしても，情報が共
有されてしまう下請業者を特定・把握することができるし，下請先に相手方と
同様の義務を課すこととすれば，野放図な多重下請に歯止めをかけることも可
能である。以下の条項例は，そのような条項の一例である。

---

3. ABC shall not assign or delegate any of its obligation under this Agree-
   ment, in whole or in part, including performance of the Feasibility
   Study, to any third party without obtaining a prior written consent of
   XYZ.

【対訳】　3．ABC は，XYZ の事前の書面による同意を得ることなく，フィージビ
　　　　リティ・スタディの実施を含め，本契約に基づくいかなる義務の全部又
　　　　は一部も第三者に譲渡又は委任してはならない。

5　知的財産権

---

1. Except for the Pre-Existing Work Product set forth below, all work
   product, including the Study Report, prepared in the performance of
   the Feasibility Study (the "**Work Product**") shall be owned by ABC.
2. ABC shall grant XYZ a non-exclusive, world-wide, royalty-free, inter-
   nal research use license to the Work Product. If the Work Product in-
   tegrates any work product that was created or possessed by ABC prior
   to this Agreement or otherwise created by ABC outside the scope of
   the Feasibility Study ("**ABC Pre-Existing Work Product**"), ABC shall

Chapter

02 | 共同研究開発契約締結までのプロセスと付随する契約

grant XYZ a non-exclusive, world-wide, royalty-free, internal research use license to ABC Pre-Existing Work Products. Notwithstanding the foregoing, ABC shall remain the exclusive owner of the Work Product, including ABC Pre-Existing Work Product.

3. XYZ shall grant ABC a free of charge, non-exclusive license to use its work that was created or possessed by XYZ prior to this Agreement or otherwise originally created by XYZ outside the scope of this Agreement ("**XYZ Pre-Existing Work Product**") for the sole purpose of performing the Feasibility Study. Notwithstanding the foregoing, XYZ shall remain the exclusive owner of XYZ Pre-Existing Work Product.

【対訳】　1．既存成果物に関する以下に定める例外を除き，フィージビリティ・スタディの過程で作成された研究報告書を含む全ての成果物（以下「本成果物」という。）は，ABC に帰属するものとする。

2．ABC は，XYZ に対し，本成果物に対する非独占的，世界的，ロイヤルティなしの，内部研究を目的としたライセンスを付与する。本成果物が本契約以前に ABC が作成し，もしくは所有し，又はフィージビリティ・スタディの範囲外で作成した成果物（以下「ABC 既存成果物」という。）を含む場合，ABC は，XYZ に対し，ABC 既存成果物に対する非独占的，世界的，ロイヤルティなしの，内部研究を目的としたライセンスを付与する。上記にかかわらず，ABC は，ABC 既存成果物を含む本成果物の独占的所有者であり続けるものとする。

3．XYZ は，ABC に対し，本契約以前に XYZ が作成し，もしくは所有し，又は本契約の範囲外で作成した成果物（以下「XYZ 既存成果物」という。）について，フィージビリティ・スタディを実施する目的に限り使用するための無償且つ非独占的なライセンスを付与する。上記にかかわらず，XYZ は，XYZ 既存成果物の独占的所有者であり続けるものとする。

　　本条項例は，知的財産権の分配について規定する条項である。共同研究開発の前段階にすぎないフィージビリティ・スタディの段階において発明等が生じ

ることは通常考えにくく，発明等が生じるような業務をフィージビリティ・スタディの範囲に含めるべきでもないが，フィージビリティ・スタディに伴う成果物は当然に発生するのであるからその帰属を決しておくことに意義がある。本条項例では，フィージビリティ・スタディの過程で生じる（報告書を含む）成果物については全て ABC 所有としている。フィージビリティ・スタディの性質に照らせば，また，その他のアライアンスを進める上でも，原則的にはこのような知的財産権の分配に合理性があるものと考えられる。ただし，委託者側の既存の知的財産権については，委託者側に帰属したままとするのが通常であろう。

　本条項例においては，XYZ に対して成果物に対する非独占的且つロイヤルティなしのライセンスを付与しており，これにより XYZ における共同研究開発契約の締結に進むかの判断資料としての使用は確保できるため，委託者側に特段の不利益は生じないものと考えられる。

　なお，委託者側の立場からは，これを一歩進めて，このライセンスを独占的通常実施権等とすることも検討に値する。そうすることで，報酬を支払って実施させたフィージビリティ・スタディの成果を，競争事業者のために使われてしまう事態を防ぐことができるが，他方で，相手方としては，委託者以外のアライアンスを含む事業展開を阻害されるリスクがあり，双方の交渉に委ねられる点となるだろう。落としどころとしては，例えば，①一定の期間を独占的通常実施権，その後を非独占的通常実施権とする，②（競争事業者が出てくる可能性のある）特定領域において独占的通常実施権を設定する等といったアレンジが考えられる。

　他方，受託者側の立場からは，フィージビリティ・スタディの結果，委託者側との共同研究開発には進まないことになった場合においても，自社における継続的な研究開発や他のパートナーとの共同研究開発の可能性の検討に成果物を用いたいというニーズがある場合も考えられる。そのような場合に備え，一定期間経過後に受託者側の裁量で成果物を使用できると明記することも考えられる。いずれにしても，成果物の帰属や利用については，双方の利害調整の結果を明確に契約条項に落とし込むことが肝要である。

Chapter

02 共同研究開発契約締結までのプロセスと付随する契約

6 オプション（次段階への移行について）

1. ABC hereby grants to XYZ an exclusive option for the right to negotiate a joint research and development agreement with ABC for further research and development of the Work Product. The option shall expire ●● days after XYZ has received the Study Report (the "**Option Period**"). The option may be exercised by XYZ in writing at any time during the Option Period.

2. If XYZ exercises the option to enter into a joint research and development agreement, the Parties shall negotiate in good faith the terms and conditions of such an agreement within ●● days after XYZ exercised the option and shall endeavor to reach a mutually acceptable agreement.

【対訳】 1．ABC は，XYZ に対し，本成果物のさらなる研究開発のための共同研究開発契約について ABC と交渉する権利のための独占的オプションを付与する。当該オプションは，XYZ が研究報告書を受け取ってから●●日後（以下「オプション期間」という。）に失効する。当該オプションは，オプション期間中いつでも，XYZ が書面により行使することができる。

2．XYZ が共同研究開発契約を締結するオプションを行使した場合，両当事者は，XYZ がオプションを行使後●●日の間に当該契約の条件について誠実に交渉し，相互に受入可能な合意に達するよう努めるものとする。

　当事者間の関係を次の段階に進めることに関する予約権（オプション）を付与することは，フィージビリティ・スタディ契約に必須のものとまではいえないが，重要な条項の一つである。本条項例は，共同研究開発契約について，交渉についての独占的オプションを付与する一例である。事案によっては，このオプション部分のみを取り出して，別途オプション契約として締結する場合もあ

り得る。

　次段階への移行については，委託者側にオプションを付与するのが通常である。しかし，共同研究開発契約の内容は一義的に定まるわけではないから，フィージビリティ・スタディ契約において規定できるのは，共同研究開発契約に関して相互に受入可能な合意に達するよう両当事者に努力義務を課すところまでであって，委託者側にオプションが付与されたからといって，一方的に共同研究開発契約を締結することができることは意味しない。

　なお，日本語で締結されるフィージビリティ・スタディ契約においては，両当事者が共同研究開発契約の締結に向けて最大限努力する旨を規定し，例えば検証報告書の確認完了から数か月以内に委託者側に共同研究開発契約を締結するか否かを通知する義務を課すといったシンプルな規定となることがある。

7　契約期間及び終了

1. The Agreement becomes effective on the Effective Date and remains valid for ● months from the date ABC notifies XYZ of the commencement of the Feasibility Study, following ABC's receipt of all necessary materials, information, and data from XYZ. The Parties may mutually agree in writing to extend this Agreement, with the same conditions applying post-extension. Termination of this Agreement is governed by the conditions outlined below.

2. XYZ may terminate this Agreement by delivering written notice to ABC, effective thirty (30) days after ABC receives the notice. Upon termination, XYZ shall pay any non-cancelable, proven costs related to the Feasibility Study within forty-five (45) days of receiving an invoice for such costs from ABC. ABC shall cease all Feasibility Study activities upon receiving the termination notice.

3. ABC may terminate this Agreement by delivering written notice to

Chapter

02

共同研究開発契約締結までのプロセスと付随する契約

XYZ, effective thirty (30) days after XYZ receives the notice. ABC shall refund any uncommitted portion of the Feasibility Study Fee, as evidenced by its records, to XYZ within forty-five (45) days of termination notice.

4. In case of a material breach by either Party, if the breaching Party fails to rectify the breach within thirty (30) days of receiving a breach notice from the non-breaching Party, the non-breaching Party may immediately terminate this Agreement with written notice.

5. If either Party is incapacitated due to force majeure (as described in Article 15) for over one (1) month, the other Party may terminate the Agreement with thirty (30) days' written notice to the incapacitated Party.

6. Following the expiration or termination of this Agreement, Articles 2, 4.6, 6, 7, 9, 10, 11, 12, 13, 14, 16, 17, and 18 remain effective so long as their subject matter is relevant. Article 8 continues to be effective for the duration specified therein.

【対訳】 1. 本契約は，発効日より発効し，ABC が XYZ から必要な資料，情報及びデータを受領後，ABC が XYZ に対してフィージビリティ・スタディの開始を通知した日から●か月間有効とする。両当事者は，書面の合意により本契約を延長することができ，延長後も同様の条件が適用される。本契約の解約は，以下に規定された条件に従う。

2. XYZ は，ABC に対して書面による通知を送付することにより，本契約を解約することができ，解約の効力は，ABC が通知を受領してから30日後に生じる。解約後，XYZ は，フィージビリティ・スタディに関連する全ての取消不能な実証済みの費用を，ABC から当該費用に関する請求書を受領後45日以内に支払うものとする。ABC は，解約通知を受領し次第，フィージビリティ・スタディの活動を全て中止する。

3. ABC は，XYZ に対して書面による通知を送付することにより，本契約を解約することができ，解約の効力は，XYZ が通知を受領してから

30日後に生じる。ABC は，解約通知から45日以内に，その記録に基づいて，フィージビリティ・スタディ費用の未履行部分を，XYZ に返金するものとする。

4．いずれかの当事者が重大な違反を犯した場合，違反当事者が非違反当事者から違反通知を受領してから30日以内に違反を是正しない場合，非違反当事者は，書面による通知により直ちに本契約を解約することができる。

5．一方当事者が第15条に規定する不可抗力により 1 か月以上活動できなくなった場合，他方当事者は，活動できなくなった当事者に対し，30日間の書面通知をもって本契約を解約することができる。

6．本契約の有効期間経過後又は解約後においても，第 2 条，第4.6条，第 6 条，第 7 条，第 9 条，第10条，第11条，第12条，第13条，第14条，第16条，第17条及び第18条は，その内容が関連する限り引き続き効力を有する。第 8 条は，同条中で指定された期間にわたって引き続き効力を有する。

　フィージビリティ・スタディについても具体的な有効期間を規定することは重要であるが，実務上は当初のスケジュールからの遅延が生じる場合がある。本条項例では，書面合意により契約期間の延長が可能であるとのみ規定しているが，野放図な遅延や予算超過を警戒する場合，例えば「 6 か月を超えない範囲で」延長が可能であるなどと有効期間に厳格な上限を規定することも考えられる。

　本条項例では，重大な契約違反や不可抗力による活動不能の場合と別に，契約違反等の理由の有無にかかわらず，ABC と XYZ の双方が相手方に対する30日前の書面通知により一方的に本契約を解約できると規定している（ただし，一方的解約にあたっては，フィージビリティ・スタディに関する費用を条項の規定に従って処理することが必要となる。）。理由なしに一方的に解約できる旨規定することはフィージビリティ・スタディ契約において必須ではないが，本条項例では，フィージビリティ・スタディ終了後に共同研究開発契約等を締結できるか否かは，たとえフィージビリティ・スタディが成功した場合であっても双方当事者の関

Chapter
02
共同研究開発契約締結までのプロセスと付随する契約

係次第である以上，一方当事者が解約を望んでいる状況であえて契約を存続させる意義は薄いとの判断の下，このような条項としている。なお，本条項例に合意解約に関する規定は置かれていないが，もちろん，双方の合意に基づく解約は特段の規定を要さず可能である。

〔倉賀野 伴明〕

V

LOI, MOU 及びタームシート

　共同研究開発契約締結に向けた交渉の過程において，当事者間におけるその時点での議論の状況を確認するために，LOI（Letter of Intent）又は MOU（Memorandum of Understanding）と呼ばれる文書が作成される場合がある。両者のもともとの区別は，LOI が一方当事者のみの署名（又は記名押印）によるレター形式，MOU が双方当事者の署名（又は記名押印）による合意書方式をとる点にあったと考えられるが，LOI であっても受領者側の署名（又は記名押印）がなされることが多いし，そもそも LOI と MOU が区別されていない場合も見受けられる。また，より簡易に，単にタームシートだけを作成したり，議事録への参加者の署名（又は記名押印）を行ったりする方式も考えられる。

　大型の案件や共同研究開発契約が英語で締結されるような場合においては，条項の文言の詳細を超えて契約締結自体の交渉が紛糾することを避けるため，基本的な条件についてすり合わせを行い，これを確認しつつ契約交渉を行うことが LOI 及び MOU の目的となる。

(Non-Binding Acknowledgement)
The Parties acknowledge and agree that, except Article X (Exclusivity) and Article Y (Term), this Letter of Intent only constitutes an expression of the current intent of the Parties and is not to be construed as creating any legal obligations by any Party until such time as a definitive joint

Chapter

02

共同研究開発契約締結までのプロセスと付随する契約

research and development agreement, reflecting the intentions of this Letter of Intent, is executed by the Parties.

【対訳】（非拘束性の確認）

　　　両当事者は，第X条（独占交渉権）及び第Y条（期間）を除き，本LOIが両当事者の現在の意図の表明を構成するにすぎず，本LOIに記載された意図を反映した最終的な共同研究開発契約が両当事者によって締結されるまで，いかなる当事者にも法的義務を生じさせるものではないことを確認し，同意する。

　実務上，LOI及びMOUは，独占交渉権やその有効期間に関する条文を設ける場合におけるそれらの条項を除き，法的拘束力がないことを本文に明記する（両当事者の現時点における意図を表明するものにすぎず，合意又は申込みを意図するものと解釈されるべきでないことを明示する）のが通例である。独占交渉権とは，同一又は類似するテーマについて，第三者と交渉に入ることを禁じることを通じ，両当事者間での交渉に専念することを義務づける条項であり，有効期間に関する条項はその独占交渉権の期間を規定するものとなる。

　また，LOIやMOUの別紙として，又は単独で，その時点における合意内容をタームシートとしてまとめることがある。タームシートの内容として典型的なものは 図2-2 のとおりである。

　なお，日本法を準拠法とする場合，契約の交渉段階であっても，相手方に契約が締結されるであろうことについて過大な期待を抱かせ，契約の準備にあたり負担を伴う行為を行わせた場合において，契約準備段階における信義則上の注意義務に違反するとされ，投下した費用等の損害賠償責任を生じることがあるため注意が必要である（契約締結上の過失の法理[8]）。かかる期待が一般的なものにとどまるか，法的保護に値するレベルのものとなっているかは契約準備や準備行為の進捗状況（未だ交渉が煮詰まっていない事項が残っているかを含む。）や，相手方に契約締結に至ることができない可能性があることが合理的に予測可能

---

[8]　最判平19・2・27裁判集民223号343頁・判タ1237号170頁や，**コラム❻**の裁判例等参照。

V LOI, MOU 及びタームシート

図2-2 タームシートの内容サンプル

当 事 者	本契約における契約当事者の特定
目　　的	研究の目的・範囲の特定
役割分担	各自の分担内容
経費負担	各自負担，一方の参加者から他方への支払の有無・支払時期等
情報等の提供	提供情報の範囲等
秘密保持	秘密情報の範囲，秘密保持期間等
競業避止	競業避止の範囲等
成果物の知的財産権	権利の帰属，権利不行使，買取オプション等
発明等の利用関係	独占実施権の有無・期間，第三者へのサブライセンス等
公　　表	相手方の事前承諾の有無，公表内容・方法等
共同研究開発期間	期間及び延長・更新の有無等
準 拠 法	日本法等
紛争解決手続	裁判所，仲裁等
そ の 他	損害賠償の範囲・制限の有無，権利義務譲渡の禁止，解除事由，第三者との係争への対処，通知，報酬等（ただし，実行可能レベルまで詳細を規定することについては契約締結上の過失に留意）

であったか（逆に，相手方に対する契約締結が確実であるとの信頼を与えるような行為があったか）等といった事情による。

　LOI 及び MOU は，共同研究開発契約の内容のうち基本的な内容を含んでいるため，その範囲において当事者間に合意があったという期待を生じさせやすい。そのため，共同研究開発契約の締結に至らなかった場合に，法的拘束力の有無をめぐる紛争を生じる場合があり得る。契約締結上の過失の法理による相

081

Chapter

02 共同研究開発契約締結までのプロセスと付随する契約

手方当事者からの予期せぬ損害賠償請求を避けるためにも，LOI 及び MOU においては，法的拘束力がないこと，又は法的拘束力がある（損害を賠償しなくてはならない）ことのいずれかを，両当事者の真の合意に基づき明確に規定することが，紛争防止のため求められるだろう。

☞ **コラム**・・・・・・・・・・・・・・・・・・・・・・・・・・・・・❻

共同開発契約締結前の協定に基づく開発がなされ，契約締結上の過失が地裁で肯定，高裁で否定された事例
── 東京地判平10・12・21判タ1045号194頁・判時1681号121頁，東京高判平12・5・31（平成11年（ネ）第635号ほか）WLJ

　本事例では，自動車教習所における運転シミュレータの開発に関し，甲及び乙が，それぞれの開発範囲や費用分担の概要を示して共同開発に関する協定を締結した。これは共同開発契約（本契約）の締結を目指すものであり，それぞれの当事者により開発が行われたが，結局製品は完成せず，本契約の締結にも至らなかった。そこで，一方当事者である甲が，乙に対し，主位的に，協定の債務不履行（完成義務違反等）に基づく損害賠償請求，予備的に，契約締結上の過失に基づく損害賠償請求を行った。

　第1審の東京地裁は，契約締結上の過失に基づく損害賠償請求を一部認容した。東京地裁は，甲乙間には，本契約の締結を目指して，秘密保持契約，共同開発に関する協定が締結され，販売を前提とした営業活動，販売価額の交渉が行われ，甲は協定により担当とされた分野の開発を完了したこと，乙はソフトウェア開発の遅れを甲に詫びていること，乙はハードウェアの選定ミスがあったことを認め甲に開発中止を申し入れていること等から，乙は，甲に対して，本契約が成立するであろうという信頼を与えながら裏切ったものであるから，信義則に基づき，かかる信頼により投下した開発費用（材料費，外注費，諸経費，労務費等の直接費用と間接費用）を賠償する責任が生じると判示した。

　一方で，東京高裁は，①本契約においては，製品の販売価格，乙が甲に供給するソフトウェア及びハードウェアの出し値，量産の方法及び時期，発注方法及び時期，製品の保守に関する事項等が具体的に定められることが予定されていたところ，これらについて未だ双方の協議が煮詰まっていなかったことが明らかであ

ること，②本契約は本件開発の成功を前提としていたところ，全証拠に照らして
も乙に本件開発の成功が確実であるとする言動があったとは認められないこと等
を摘示して，契約締結上の過失を否定した。

　本事例は，東京地裁において契約締結上の過失があると判断されたが，東京高
裁において原判決が取り消され，契約締結上の過失が否定された事例であり，信
義則の評価根拠事実について近年の最高裁判決と整合的なのは東京高裁判決であ
ると考えられる。契約締結上の過失の認定にあたってどのような事情が勘案され
るかについて参考となる。

〔倉賀野　伴明〕

Chapter 03

•••

共同研究開発契約の内容

Ⅰ　共同研究開発契約の法的性質 ————————— 087

Ⅱ　共同研究開発契約の内容 ————————— 089

I

共同研究開発契約の法的性質

　前章においてみてきたとおり，秘密保持契約やフィージビリティ・スタディ契約，レター・オブ・インテント等の締結，その後の当事者間による共同研究開発の可能性の検討等を経て，共同研究開発を実行に移すことが決まった場合，当事者間において共同研究開発契約を交わすこととなる。

　相互になす債務を提供することが想定される共同研究開発契約の日本法上における契約類型については，請負契約（民632条），準委任契約（民656条），組合契約（民667条）等様々な契約類型が考え得る（☞ Chapter01 Ⅳ 2）。この点，共同研究開発の結果，どのような成果が得られるか未確定の場合も多いことから，「仕事を完成することを約」する請負契約は共同研究開発契約の契約類型にはなじまない場合も多いと思われる一方，共同研究開発といっても，一方当事者が何らかの成果を出すことを保証するような場合には，請負契約と解される可能性が一定程度あるものと思われる。

　また，共同研究開発契約が当事者相互に研究開発という法律行為でない事務を委託する側面があることから，準委任に該当し，委任契約に関する各規定が準用される可能性も一応はある。ただ，委任契約に関する規定の中には，共同研究開発契約下の当事者の意図にはそぐわない内容もあり得（例えば，無理由解除〔民651条1項〕の一般的な適用），適宜契約条項により修正が必要となる。

　他方，共同研究開発契約を締結する当事者らが組合関係を組成する意思を有しているとは通常考えにくく，共同研究開発契約を組合契約と解される場面は非常に限定的と思われる。

　さらに，共同研究開発契約は，以上のような典型契約のいずれにも該当しな

Chapter
03 　共同研究開発契約の内容

い非典型契約との考え方もあり得る。

　上記いずれかの典型契約に該当するにせよ非典型契約に該当するにせよ，共同研究開発契約をドラフトする際には，契約書上において疑義が生じないように明確にドラフトすることが肝要である。

〔宇佐美 善哉〕

Ⅱ

共同研究開発契約の内容

　以下，共同研究開発契約において定められる典型的な条項について，条項ごとに，条項例とともに解説をする。なお，近時は，サプライチェーンのグローバル化や研究開発活動の高度化・専門化・国際化に伴い，外国企業や外国研究機関，大学等との間に共同研究開発契約を締結する機会も増大しているものと思われることから，ここでは，英文契約で用いられる条項例をもとに解説する。

1　目　　的

Article 1 Purpose

The purpose of this Agreement (the "**Purpose**") is to jointly research and develop effective pharmaceutical products for ●● disease using ABC's proprietary technology by the Parties (the "**Joint R&D**").

【対訳】第1条　目的

　　　　本契約の目的（以下「本目的」という。）は，ABC の独自技術を用いた ●●病に対する有効な治療薬を両当事者が共同して研究開発すること（以下「本共同研究開発」という。）とする。

Chapter
03 共同研究開発契約の内容

　共同研究開発の目的を定める条項である。共同研究開発契約の締結に至る過程で，当事者間において共同研究開発の対象となるテーマや目的について共通認識が形成されていくことが通常であるが，かかる共通認識を共同研究開発契約に的確に落とし込むことは共同研究開発契約締結の際の最重要事項の一つである。仮にここに誤りや当事者間の認識との乖離があった場合，当事者間の資料・データ等の提供義務の範囲，競業避止義務の範囲，成果や改良技術の帰属，経費分担の要否等，様々な場面における紛争の種となりかねないからである。

　他方，共同研究開発の対象となるテーマや目的を狭く規定しすぎると，共同研究開発の過程において対象の修正・変更が必要な場合において，その都度契約の変更を余儀なくされ，一から交渉し直さなければならなくなるおそれや，競業避止義務の範囲が過度に狭くなってしまい，同義務を相手方当事者に課すことによって守ろうと意図していたノウハウ等の保護に欠けるおそれが生じる等，デメリットが生じ得る。

　そのため，共同研究開発の対象となるテーマや目的の範囲は，自社が相手方当事者と共同研究開発を行うことにより得ようとする成果とともに，自社が守るべき技術等に鑑み，広すぎず，且つ，狭すぎない範囲とすべきであり，かかる適切な範囲にいかに文言を落とし込むかはドラフトする者の腕の見せどころでもある。

2　定　　義

Article 2 Definitions

Unless otherwise specifically set forth herein, the following terms shall have the following meanings:

2.1　The "**ABC Research Results**" has the meaning set forth in Article 11.2.

2.2　An "**Affiliate**" means, with respect to a Party, any entity that, directly or indirectly controls, is controlled by, or is under common control with the party. For purposes of this definition, "control" means the ownership, directly or indirectly, of more than fifty percent (50%) of the voting rights or other ownership interest of an entity, or the possession, directly or indirectly, of the right to direct the management or affairs of an entity by contract or similar arrangement.

2.3 The "**Confidential Information**" has the meaning set forth in Article 9.1.

2.4 The "**Disclosing Party**" has the meaning set forth in Article 9.1.

2.5 The "**Effective Date**" means the effective date of this Agreement as set forth in the preamble hereto.

2.6 The "**Joint R&D**" has the meaning set forth in Article 1.

2.7 The "**Joint Research Results**" has the meaning set forth in Article 11.4.

2.8 The "**NDA**" has the meaning set forth in Article 9.1.

2.9 The "**Purpose**" has the meaning set forth in Article 1.

2.10 The "**Receiving Party**" has the meaning set forth in Article 9.1.

2.11 The "**Research Activities**" has the meaning set forth in Article 3.

2.12 The "**Research Plan**" has the meaning set forth in Article 3.

2.13 The "**Research Results**" has the meaning set forth in Article 11.1.

2.14 The "**Subcontractor**" has the meaning set forth in Article 8.

2.15 The "**Term**" has the meaning set forth in Article 14.1.

2.16 The "**XYZ Research Results**" has the meaning set forth in Article 11.3.

【対訳】第2条　定義

　　　本契約に別段の定めがない限り，以下の用語は，次の意味を有するものとする。

　2.1　「ABC 研究成果」とは，第11.2条に定義する意味を有する。

　2.2　「関連会社」とは，当事者に関して，直接的又は間接的に支配し，支配され，又は共通の支配下にある事業体を意味する。この定義の適

Chapter
03 | 共同研究開発契約の内容

用上，「支配」とは，直接的又は間接的に，当該事業体の議決権その他の所有権の50％を超える部分を所有すること，又は契約その他これに類する取決めにより企業体の経営もしくは事務を指揮する権利を直接又は間接的に所有することをいう。

2.3 「秘密情報」とは，第9.1条に定義する意味を有する。

2.4 「開示当事者」とは，第9.1条に定義する意味を有する。

2.5 「発効日」とは，前文に定義する本契約の効力発生日を意味する。

2.6 「本共同研究開発」とは，第1条に定義する意味を有する。

2.7 「共同研究成果」とは，第11.4条に定義する意味を有する。

2.8 「本秘密保持契約」とは，第9.1条に定義する意味を有する。

2.9 「本目的」とは，第1条に定義する意味を有する。

2.10 「受領当事者」とは，第9.1条に定義する意味を有する。

2.11 「本研究活動」とは，第3条に定義する意味を有する。

2.12 「本研究計画」とは，第3条に定義する意味を有する。

2.13 「本研究成果」とは，第11.1条に定義する意味を有する。

2.14 「下請業者」とは，第8条に定義する意味を有する。

2.15 「本契約期間」とは，第14.1条に定義する意味を有する。

2.16 「XYZ研究成果」とは，第11.3条に定義する意味を有する。

　共同研究開発契約においては，専門的な用語が多く使われ，それらの用語自体も長くなることが多い。また，同じ用語が契約書中に繰り返し用いられることも多く，そのため契約書自体も長くなりがちとなる。そのような事態を避け，契約書を読みやすくするために，共同研究開発契約の冒頭に近い部分で契約書中に使われる用語を集中的に定義する条項を置くことがある。

　また，集中的な定義条項は置かずに，個々の用語について，契約書中に複数回使われる用語が最初に出てきた箇所で定義をする場合もある。例えば，用語の直後にカッコ書で（hereinafter referred to as the "Purpose"）（以下「本目的」という。）等と記載する場合である。なお，近時の英文契約では，単に（the **"Purpose"**）とカッコ内に太字で記載するパターンも多く見られるようになっている。さらに，このような用語ごとに定義する場合と契約書冒頭に集中

的に定義条項を置く場合とを組み合わせることもある。

　なお，共同研究開発契約に限らないが，いったん定義した用語については，契約書中において異なる意味で用いないように留意する必要がある。とりわけ，英文契約において頭文字を大文字で定義した用語（上記の例でいえば，the "Purpose"）を同じ意味で小文字を頭文字として表記した場合（the purpose），異なる意味と解釈されるおそれがあるため，このような混同した用語の使用は避けるべきである。

3　業務分担

Article 3 Allocation of Work

The activities with respect to the Joint R&D (the "Research Activities") shall be allocated to the Parties as set forth below, provided that the details of the allocation shall be in accordance with the research plan attached hereto as an Appendix (the "Research Plan"):

3.1 The Research Activities allocated to ABC

　　(1) ●●●●●●

　　(2) ●●●●●●

3.2 The Research Activities allocated to XYZ

　　(1) ●●●●●●

　　(2) ●●●●●●

【対訳】第3条　業務分担

　　　両当事者は，本共同研究開発に係る業務（以下「本研究活動」という。）を，以下に定めるとおり，分担するものとする。なお，分担の詳細は，別紙添付の研究計画書（以下「本研究計画」という。）に従うものとする。

　　3.1　ABC の分担する業務

　　　　(1) ●●●●●●

　　　　(2) ●●●●●●

Chapter
03 共同研究開発契約の内容

3.2 XYZ の分担する業務
  (1) ●●●●●●●
  (2) ●●●●●●●

　共同研究開発契約においては，各参加者がいかなる業務を分担するのかを契約書上明記することが通常である。共同研究開発の参加者間においてどのように業務を分担するかについては，参加者の得意分野，有する技術・ノウハウ，施設，資金，人員等様々な要素を考慮して定めることになると思われるが，無駄な業務分野の重複が生じないよう調整する必要がある。

　また，共同研究開発の参加者の業務分担の範囲を明確にすることは，各参加者が，自己が受け持つ業務の範囲を確認するにとどまらず，他の参加者が担当業務の履行を怠った際に当該参加者に対して責任追及をする際の根拠となる等，極めて重要である。さらに，後述の費用負担の条項とも関連するが，参加者が自らの担当業務の費用を負担することとした場合には，自らの費用負担の範囲にも直結する。

　加えて，共同研究開発の過程で生まれた知的財産の帰属について，参加者の担当業務とひもづいて定められるような場合には，共同研究開発終了後の自社の知財戦略との関係をふまえた慎重な検討が必要となる。

　業務分担の定め方には，共同研究開発契約書の本文中に明記する場合，業務分担について別途定めた別紙や業務分担の定めを含めた共同研究開発の計画の詳細を定めた別紙を添付する場合，これらの組合せ等，様々な形式があり得る。共同研究開発契約のドラフト段階で既に業務分担が参加者間で大筋合意されている場合には契約書本文中に定めることが多いであろうし，契約書のドラフトと並行して業務分担の内容についても協議がされているような場合や業務分担の内容が詳細にわたる場合等には，別紙を添付する形式のほうが契約書のドラフト及び契約締結交渉を効率的且つスムーズに進めることを期待できるであろう。

Ⅱ 共同研究開発契約の内容
3 業務分担

☞ **コラム**…………………………………………❼

アプリの共同開発と債務不履行責任
――東京地判平25・9・10（平成23年（ワ）第28592号）D1-Law.com 判例体系29026430

　本事例は，ネットワーク型マルチメディアコンテンツの企画・開発・運営等を目的とする株式会社である被告とソーシャルアプリケーション（パソコンや携帯電話の SNS で提供されるアプリケーションソフトの総称）の共同開発契約（以下「本件契約」という。）を締結した，映像・ゲーム・音楽等のデジタルコンテンツの企画・制作・プロデュース・卸・販売等を目的とする株式会社である原告が，被告に対し，被告が約定開発期間の終期までに債務の本旨に従った履行を行わなかったとして，本件契約の約定に基づき本件契約を解除し，原状回復義務の履行として，被告に交付した開発費等のうち原告の負担割合に相当する金額を控除した金員の支払を求めるとともに，本件契約の債務不履行に基づく逸失利益の支払を求めた事案である。

　本件契約では，携帯電話等で利用することができるゲームのソーシャルアプリケーション（以下「本件製品」という。）を共同で開発することを目的として，以下のとおりの業務分担が契約内容となっていた。

> 被告：本件製品の企画やプログラム開発，本件製品のためのサーバーネットワークの
> 　　　構築，本件製品で使用する映像・音声等の制作，本件製品の一般公開後の保守
> 　　　運営を行う。
> 原告：本件製品の売上向上のための一切の助言指導を行う。

　また，本件契約には，解除条項として，被告の責に帰すべき事由により開発が完了せず，本件製品の完成見込みがないと原告が判断した場合，原告は，無催告で本件契約の全部又は一部を解除し，被告に対し損害賠償請求をすることができる旨の内容が定められていた。

　被告は，本件契約の約定開発期間の終期までに本件製品の開発が完了しなかったのは，本件契約において本件製品の売上向上のための一切の助言・指導を行うべき原告が不適切な助言・指導や強要を行ったためであり，例えば，本件製品のイラスト画像データ（アバター画像）について，被告は，原告に対し，平成23年2月4日にアバター画像のサンプルを印刷したものを見せて原告の承認を得てい

095

たにもかかわらず，原告は，同年４月にアバター画像が完成し，その後の変更には百数十枚にも及ぶ画像の修正が必要な状態になった後になって，その変更（具体的にはアバター画像の頭身の変更）を強く求めてきたため，被告は，同月に本件製品の開発が完了する予定であったところ，これを完了することができなくなったにもかかわらず，原告は，被告からの追加費用の求めに応じない等被告による債務の履行を不可能にした，等と主張した。

　これに対し，裁判所は，要旨以下のように認定して，被告の主張を退け，被告の帰責事由を認め，原告による本件契約の解除及び原状回復請求を認めた。

① 　本件製品について，被告が自認している部分だけでも，平成23年５月30日の時点で，オープニングの企画・開発部分やシナリオや音声素材などが未完成・未着手の状態にあったから，本件製品は，約定開発期間の終期である同月31日の時点で，同日又はこれと近接する日に開発を終了することができる状態にあったとは到底認められない。しかも，未完成・未着手の状態にある部分の全てが原告側がアバター画像の変更を申し入れた結果によるものでないことは，被告代表者自身が，自認しているところである。約定開発期間の終期までに本件製品の開発が完了しなかっただけではなく，約定開発期間の終期に近接する日に本件製品の開発が完了する見込みもない状態にあること及び被告による本件契約の履行状況や成果物が必ずしも明らかでないことに照らすと，被告側の工程管理に問題があったものと推認せざるを得ない。

② 　被告が，原告に対し，同年２月４日にアバター画像のサンプル案を提示してその了承を得ていたことについては，これを裏づけるに足りる証拠はない。むしろ，原告と被告との間ではメーリングリスト等を利用して情報を共有しているにもかかわらず，これを提示したと認めるに足る電子データが保存されておらず，サンプル案は紙ベースでのみ原告に提示されたというのは不自然である。また，仮に同日に被告が原告に対しサンプル案を提示していたとしても，同日以降，同年４月18日ころに被告が原告に本件製品の主人公のアバター画像を提出するに至るまでの間，アバター画像自体について認識の共通化を図った形跡はみられない。そうすると，原告がアバター画像の変更を申し入れたことは，原告が被告に対し不適切な指導・助言を行い，命令に従うことを強要していたことを示すものであるということはできない。

③ 　したがって，本件製品の完成の見込みがないと原告が判断したことは相当であるから，本件契約の約定に基づく原告の解除は有効である。

　一方，裁判所は，原告による逸失利益に基づく損害賠償請求に対しては，もと

より本件契約の撤退基準の条項も原告が主張する貢献利益が200万円に満たない場合には，販売を中止するとしているにすぎないのであるから，このことから本件製品の完成から直ちに利益が発生するということはできない，また，原告は，他のリリースしたアプリケーションの利益の存在等を主張するが，ゲームソフトの内容は千差万別であって，あるアプリケーションから利益が生じたからといって，他のアプリケーションについても，同様の利益が発生するか否かは依然として不確実であり，かえって，携帯電話等向けのソーシャルアプリケーション市場はいわば玉石混淆であって，とりわけプラットホーム提供事業者ではないサードパーティによるソーシャルアプリケーションは，利益が多く出ることも損失が多く出ることもあることが認められるから，本件製品が完成しておれば，原告が主張するような利益が発生したであろうと直ちに推認することはできず，これを認めるに足りる的確な証拠もないとして，その請求を退けた。

　本事例では，共同開発契約の一方当事者から他方当事者に対する債務不履行に基づく解除及び原状回復請求が認められているが，これは，共同開発契約における被告の業務分担内容，開発期間等が明確に定められていたことや，被告の責に帰すべき事由により開発が完了せず，本件製品の完成見込みがないと原告が判断した場合に，原告が本件契約の解除及び被告に対する損害賠償請求をすることができる旨定められていたためと思われる。Iでも述べたとおり，共同研究開発契約の契約類型については，様々な類型が考えられ，必ずしも目的とする研究開発の成果の完成（仕事の完成）まで求められないもの（準委任）も多いと思われるが，本事例では，被告に課された具体的な業務分担内容に加え，本件製品の完成の見込みがないことが解除事由とされていることから，仕事の完成を契約内容とする請負型の契約と捉え得るものと思われる。共同研究開発契約の相手方に一定の成果物の完成を求めたい当事者としては，本事例のように相手方の具体的な業務分担内容や期間，成果物の完成と関連づけた解除条項等の規定が参考になるものと思われる。

　他方，本事例では逸失利益に基づく損害賠償請求が退けられているが，共同研究開発案件が成功裏に終わったとしても，その成果から利益が得られるか否か，仮に得られるとしてもどの程度の利益が得られるか，その立証は容易ではない場合が多いものと思われる。そのため，相手方の債務不履行により共同研究開発が立ちゆかなくなった場合に備え，損害賠償額の予定として，一定金額を支払う旨の合意をしておくことが対策として考えられる。

Chapter

03 共同研究開発契約の内容

4 意思決定方法

Article 4 Steering Committee

4.1 Promptly after the Effective Date, the Parties shall establish a steering committee (the "**Steering Committee**" or "**SC**"). Each Party shall designate two (2) persons as members of the SC. From time to time, each Party may substitute one or more of its members of the SC on written notice to the other Party.

4.2 The SC shall be responsible for:

(1) overseeing and assessing the results of the Research Activities;

(2) making other decisions on the Research Activities;

(3) extending the Research Term;

・・・

・・・

(8) establishing other project teams or working groups as needed to fulfill the Purpose of this Agreement; and

(9) performing such other functions as the Parties may mutually agree in writing.

4.3 The SC shall meet quarterly; provided, that either Party may call for a meeting of the SC at any time with the consent of the other Party, such consent not to be unreasonably withheld.

4.4 A quorum of the SC shall exist when there is present at a meeting at least one (1) member appointed by each Party. Resolution of the SC shall be made by unanimous consensus of the members of the SC present at a meeting.

4.5 If the SC cannot, or does not, reach unanimous consensus on an issue as set forth in Article 4.4 above, then, (a) if such issue is regarding XX, then it shall be finally and definitively resolved by XYZ; (b) if such issue is regarding YY, then it shall be finally and definitively resolved by ABC; and (c) for all other matters, such issue shall be referred to and resolved by a good-faith consultation of the designated senior management of the Parties, who shall be designated by each Party and notified in writing to the other Party.

4.6 The SC may establish and assign its responsibilities to other project teams or working groups as needed to fulfil the Purpose of this Agreement.

【対訳】　第4条　運営委員会

4.1　両当事者は，発効日後，速やかに，運営委員会（以下「運営委員会」という。）を設置するものとする。各当事者は，2名の運営委員会の委員を指名するものとする。各当事者は，相手方当事者に書面により通知することにより，適宜，1名又は2名の運営委員会の委員を変更することができる。

4.2　運営委員会は，以下の事項について所管するものとする。
　⑴　本研究活動の結果の監督・評価，
　⑵　本研究活動に関するその他の意思決定，
　⑶　本研究期間の延長，
　・・・
　・・・
　⑻　本契約の本目的を達成するために，必要に応じて他のプロジェクトチーム又はワーキンググループを設立すること，及び
　⑼　両当事者が書面で相互に合意するその他の事項。

4.3　運営委員会は，四半期ごとに開催するものとする。ただし，各当事者は，相手方当事者の同意を得て，いつでも運営委員会の開催を招集することができるものとし，かかる同意は不合理に留保してはならない。

4.4　運営委員会の定足数は，各当事者の指名した少なくとも1名の委員が会議に出席している場合に満たすものとする。運営委員会の決議は，会議に出席した委員の全会一致によるものとする。

Chapter

03　共同研究開発契約の内容

> 4.5　運営委員会がある事項について上記第4.4条に規定された全会一致
> の合意に達することができない，又は達しない場合，(a)当該事項が
> XX に関するものであれば，XYZ により最終的且つ確定的に決定され
> るものとし，(b)当該事項が YY に関するものであれば，ABC により
> 最終的且つ確定的に決定されるものとし，(c)その他全ての事項につい
> ては，各当事者によって指名され，相手方当事者に書面で通知される
> 両当事者の上級管理職に付託され，誠実な協議により決定されるもの
> とする。
>
> 4.6　運営委員会は，本契約の本目的を達成するために，必要に応じて他
> のプロジェクトチーム又はワーキンググループを設置し，権限を委譲
> することができる。

　共同研究開発を実施するにあたっては，様々な事項について参加者間で定める必要が出てくるが，その際の意思決定方法を共同研究開発契約の中に定めておくことが望ましい。そのような意思決定方法の代表的なものが，各参加者から選出したメンバーで構成する委員会（Steering Committee や Management Committee〔運営委員会〕，Joint Research Committee〔共同研究委員会〕等呼び名は様々である。）の決定によるとするものである。

　このような委員会を組織する場合には，当該委員会が決定権を持つ事項について契約書上明確に定めておく必要がある。また，いわゆるデッドロックに陥った場合の解決方法についても定めておくことが有益である。その解決方法としては，①問題となった事項ごとに決定権を持つ参加者を定める方法，②各参加者が指名する上級管理職間の協議に委ねる方法，③事項によっては外部専門家の判断に委ねる方法，④これらの方法の組合せ等，様々な方法があり得る。冒頭の条項例の4.5条は，①と②を組み合わせた例である。

　さらに，共同研究開発を実施するにあたってあらゆる事項を委員会の決定に委ねることは現実的でない場合もあり，例えば，共同研究開発における実務的な事項については，別途各参加者から選出した実務者レベルのメンバーで構成するプロジェクトチームやワーキンググループを設置し，その決定に委ねることが考えられる（上記条項例4.6条）。

100

Ⅱ　共同研究開発契約の内容
5　費用負担

　加えて，日々の研究開発活動に関する参加者間のコミュニケーションを円滑にするため，プロジェクトリーダーやアライアンスマネージャー等の責任者を各参加者から1名ずつ選出し，日常的な決定事項について当該リーダーやマネージャー間の協議に委ねる等の対応をとることが考えられる。下記条項例は，そのような場合の一例である。

Each Party shall appoint a person who will be responsible for facilitating communications between the Parties with respect to the Research Activities under this Agreement and shall have such other responsibilities as the Parties may agree in writing (each, a **"Project Leader"**). Each Party may replace its Project Leader at any time by notice in writing to the other Party.

【対訳】　各当事者は，本契約に基づく本研究活動に関して，両当事者間の連絡を円滑にする責任を負う者（以下それぞれ「プロジェクトリーダー」という。）を任命し，且つ，両当事者が書面により合意するその他の責任を担わせるものとする。各当事者は，相手方当事者に対する書面による通知により，いつでもプロジェクトリーダーを交代させることができるものとする。

5　費用負担

Article 5 Costs
Each Party shall be responsible for and shall bear any and all expenses and costs incurred by it for the performance of the Research Activities allocated to such Party in Article 3.

【対訳】第5条　費用負担
　　　　各当事者は，第3条において当該当事者に割り当てられた本研究活動の

101

Chapter

03 共同研究開発契約の内容

> 遂行のために発生する一切の支出及び費用について責任を負い，これを負担するものとする。

　研究開発を自社限りで行わず，他社（者）と共同で行うことのメリットの一つとして，研究開発に要する多大なコストを参加者間で分担できることが挙げられるが，業務分担と同様に，共同研究開発の参加者間において，誰が何についてコストを分担するのか明確に定める必要がある。

　共同研究開発に要するコストの負担方法については，参加者間での清算の有無，清算の対象（第三者へ支払った材料費や委託料等に限られるのか，参加者の人件費や設備費等の内部費用を含むのか等）等に応じて様々なバリエーションがあり得るが，参加者各自が共同研究開発において自己が分担する業務に要するコストを負担することが比較的多いものと思われる。上記条項例はそのような場合の一例である。

　しかし，共同研究開発の参加者間の事業規模が大きく異なる場合（例えば，スタートアップと上場企業との共同研究開発の場合）や大学と企業との間の共同研究開発等の場合には，一方の参加者が主に研究開発の実務を担当し，他方の参加者が研究開発に要する資金を実質的に負担することがあり得る。また，原則は各参加者の分担する業務に要するコストを各自が負担するとしつつ，一部のコストについて共同で負担する場合もあり得る。そのような場合には，清算対象となるコストの範囲，支払時期，支払方法，請求手続等について明確に定めておく必要がある。

　さらに，当初予定していたコストを上回る負担が生じた場合や負担する参加者が不明な場合に備えた負担者の振分けや協議のメカニズムを定めることを検討すべき場合もあろう。以下の条項は，予定していたコストを超過した場合に備えた協議条項の一例であるが，Steering Committee（運営委員会）等の組織体を設置している場合には，同組織体の判断に委ねるという方法もあり得る。

> **If the costs incurred for the Research Activities exceed, or are likely to exceed, the budget set forth in the Research Plan agreed upon by and**

between the Parties, the Parties shall discuss in good faith the additional funding for, termination of, or other appropriate measures for the Research Plan.

【対訳】　両当事者は，本研究活動に要する費用が両当事者間で合意された本研究計画に定める予算を超えるとき，又は超えるおそれがあるときは，本研究計画のための追加的な資金供与，終了その他の適切な措置について誠実に協議するものとする。

6　情報の提供

Article 6 Provision of Information

Each Party shall, without additional compensation other than those agreed upon by and between the Parties in writing, disclose and make available to the other Party any information in its possession, including know-how, that is necessary for the Research Activities immediately after the Effective Date; provided, however, that any information on ●● shall be excluded from the disclosure to the other Party.

【対訳】第6条　情報の提供

　　　　各当事者は，両当事者間で書面により合意された場合を除き，追加の報酬を支払うことなく，発効日後直ちに，本研究活動に必要な情報（ノウハウを含む。）を相手方当事者に開示し，提供するものとする。ただし，●●に関する情報は，相手方当事者への開示対象から除くものとする。

　共同研究開発においては，共同研究開発の目的達成に向けて参加者間において研究開発に必要又は有用な情報やノウハウ，原材料等の提供について定めるのが一般的である。かかる情報等の提供については，各参加者の義務とする場

Chapter

03 　共同研究開発契約の内容

合や各参加者の裁量的判断に委ねる場合等ケースバイケースである。また，原則として情報等の提供義務を定めつつ，参加者にとってのコア技術やノウハウ等を守るため，一定の情報について明示的に提供義務の対象から除外することもあり得る（☞スタートアップとの共同研究開発における営業秘密等の開示に関する留意事項については，Chapter04 Ⅳ 2 ❶を参照）。

　いずれにしても，共同研究開発契約上は，提供の範囲や提供義務の有無，対価の有無等について明確に定める必要がある。なお，上記条項例は，一部の情報を除き，無償提供を義務とする場合の一例である。

7　報　　告

Article 7 Reports

Each Party shall provide the SC at least on a quarterly basis with a written report summarizing the status and results of Research Activities being conducted under the Research Plan.

【対訳】第 7 条　報告
　　　　各当事者は，運営委員会に対し，少なくとも四半期ごとに，本研究計画の下で行われている本研究活動の状況及び結果を要約した報告書を提出するものとする。

　共同研究開発においては，各参加者が業務を分担し，それぞれ自己の担当業務を進めていくことから，他の参加者が担当する業務の進捗状況を必ずしもタイムリーに把握できるわけではない。そのため，共同研究開発契約中には各参加者の研究活動の進捗状況を共有・報告する義務を定めることが一般的である。上記の条項例は，Steering Committee（運営委員会）を設置し，Steering Committee が研究活動に関する監督・評価・意思決定をする権限を有することを前提に，Steering Committee への四半期ごとの報告義務を定めた例である。

Ⅱ　共同研究開発契約の内容
8　第三者への業務委託

　Steering Committee のような組織体を設置しない場合には，直接参加者間で進捗状況を報告・共有することになる。

8　第三者への業務委託

Article 8 Subcontract

Each Party shall have the right to subcontract any of its Research Activities to any third party (the "**Subcontractor**"), provided that (a) the Party obtains a written undertaking from such Subcontractor that it shall be subject to the applicable terms and conditions of this Agreement and (b) the Party obtains the other Party's prior written consent as to the Subcontractor and the relevant Research Activities to be subcontracted, such consent not to be unreasonably withheld, conditioned or delayed.

【対訳】第 8 条　第三者への業務委託

　　　　各当事者は，本研究活動を第三者（以下「下請業者」という。）に委託する権利を有する。ただし，(a)当該下請業者から，本契約の条項に従う旨の誓約書を取得すること，及び，(b)下請業者及び委託される本研究活動について，相手方の事前の書面による同意を得ることを条件とするが，当該同意は不合理に留保，条件付け，又は遅延されないようにするものとする。

　共同研究開発契約は，参加者の属人的な知識，技術，ノウハウ，設備等に依拠して締結される場合も多く，また，参加者間で機密性の高い情報（ノウハウ等）が共有される場合も多いことから，共同研究開発に係る活動を参加者以外の第三者に委託することを制限する必要が出てくる場合がある。他方，共同研究開発に係る活動の全てを参加者限りにおいて行うことが困難な場合も多く，原則として第三者への委託の有無及び内容を各参加者の自由な判断に委ねることもあり得る。

105

Chapter
03 共同研究開発契約の内容

　これらの要請を調整する方法としては，参加者が分担する業務を第三者に委託する際には，委託先を共同研究開発契約上に明記することや他の参加者の書面による事前の同意を取得することを条件とすること等が考えられる。また，他の参加者の同意を必要とする場合においては，同意の対象とする事項について，委託する業務のみとするのか，委託先自体のみとするのか，いずれも含むのか等についても明確に定めることが必要である。上記の条項例は，委託する業務及び委託先のいずれも他の参加者の書面による事前同意を必要とする場合の一例である。

　なお，共同研究開発の参加者が分担する業務を第三者へ委託する場合，当該参加者は自社の人的・技術的・設備的能力等の限界や業務効率等の合理的な理由に基づいてそのような委託をすることが通常と思われるが，そのような第三者への委託について不合理な制限が生じないよう，同意を求められた他の参加者には，不合理に同意を遅らせ，条件を付け，又は拒まないとする旨契約書上明記することが考えられる。

9 秘密保持

Article 9 Confidentiality

9.1 **"Confidential Information"** shall mean any and all information relating to the Purpose disclosed by one Party (**"Disclosing Party"**) to the other Party (**"Receiving Party"**), whether prior to (including under the Non-Disclosure Agreement entered into by and between the Partis on ●● ■■, ●●●● (the "NDA")), on or after the Effective Date. The Confidential Information disclosed in written form shall be clearly marked by the Disclosing Party as "Confidential." Any information provided orally in order to be the Confidential Information shall be identified as such by the Disclosing Party at the time of disclosure and identified in writing to the Receiving Party as the Confidential Information within ● days after such oral disclosure. Notwithstanding the foregoing, the existence and the terms of this Agreement and the Joint Research Results shall be deemed to be the Parties' Confidential Information, the ABC Research Results shall be deemed to be ABC's Confidential Information, and the XYZ Research Results shall be deemed to be XYZ's Confidential Information.

9.2 The Receiving Party shall maintain the Confidential Information received from the Disclosing Party in strict confidence and shall not disclose it to any third party or use it, except to the extent such disclosure or use is expressly permitted by the terms of this Agreement, permitted by a prior written consent of the Disclosing Party, or necessary for the Purpose, performance of the Research Activities, or the exercise of the rights hereunder; provided, however, that the Receiving Party may, to the extent such disclosure is necessary for the Purpose, performance of the Research Activities, or the exercise of the rights hereunder, disclose the Confidential Information to its Affiliates and Subcontractors, its and their respective directors, officers, employees, and agents, who are bound by confidentiality and non-use obligations substantially similar to those contained herein.

9.3 Confidentiality and non-use obligations hereunder shall not apply to the following, which the Receiving Party can establish by reasonable proof:

(1) information that is in the public domain at the time of disclosure by the Disclosing Party;

(2) information that, after disclosure, becomes part of the public domain by publication or otherwise, except by breach of this Agreement;

(3) information that is in the possession of the Receiving Party at the time of disclosure;

Chapter

03 共同研究開発契約の内容

(4) information that is subsequently and independently developed by the Receiving Party without use of the disclosed Confidential Information; or

(5) information that is received by the Receiving Party from a third party who has the right to disclose it to the Receiving Party.

9.4 Notwithstanding the foregoing, in the event that the Receiving Party is obliged by laws or regulations to disclose the Confidential Information to a third party, the Receiving Party may disclose the Confidential Information legally required to be disclosed to such third party, provided that the Receiving Party shall, to the extent permitted, promptly notify the Disclosing Party of such disclosure so that the Disclosing Party may take whatever action it deemed necessary to protect its Confidential Information.

9.5 The confidentiality and non-use obligations hereunder shall survive for ten (10) years from expiry or earlier termination of this Agreement.

【対訳】第9条　秘密保持

9.1 「秘密情報」とは，発効日前（両当事者間で合意した●●●●年●●月■■日付秘密保持契約（以下「本秘密保持契約」という。）に基づくものを含む。）又は発効日以降を問わず，一方の当事者（以下「開示当事者」という。）が他方当事者（以下「受領当事者」という。）に対して開示した，本目的に関するあらゆる情報を意味する。書面により開示された秘密情報は，開示当事者によって「秘密」であることが明示されるものとする。口頭で開示された情報が秘密情報となるためには，開示の時に開示当事者によってそのように特定され，そのような口頭による開示の後●日以内に受領当事者に秘密情報として書面で特定されるものとする。上記にかかわらず，本契約の存在及び内容並びに共同研究成果は両当事者の秘密情報，ABC研究成果はABCの秘密情報，XYZ研究成果はXYZの秘密情報とみなされるものとする。

9.2 受領当事者は，開示当事者から受領した秘密情報を厳に秘密として管理するものとし，本契約により明示的に許容されている場合，開示当事者の書面による事前の同意を得た場合又は本目的，本研究活動の遂行もしくは本契約に基づく権利の行使のために必要な場合を除き，秘密情報を第三者に開示し，又は使用してはならない。ただし，受領当事者は，本目的，本研究活動の遂行又は本契約に基づく権利の行使のために必要な範囲に限り，秘密情報を，本契約に含まれるものと実質的に同等の秘密保持及び目的外使用禁止義務を負う関連会社及び下請業者並びに自ら及びそれらの取締役，役員，従業員及び代理人に対して開示することができるものとする。

9.3 秘密保持及び目的外使用禁止の義務は，受領当事者が合理的な証拠により立証することのできる次のいずれかの情報には適用されないものとする。

(1) 開示当事者による開示の時点において公知であった情報，

(2) 開示後，本契約に違反することなく，公表又はその他の方法により公知となった情報，

(3) 開示の時点において受領当事者が既に保有していた情報，

(4) 開示された秘密情報を使用することなく，受領当事者がその後独自に開発した情報，又は

(5) 受領当事者に開示する権利を有する第三者から受領当事者が受領した情報。

9.4 上記にかかわらず，受領当事者が法令により第三者に秘密情報を開示する義務を負う場合，受領当事者は，法的に当該第三者に開示する必要がある秘密情報を開示することができる。ただし，受領当事者は，開示当事者がその秘密情報を保護するために必要と考えるあらゆる措置をとることができるように，認められる範囲内で，速やかに開示当事者にその開示を通知するものとする。

9.5 本契約における秘密保持義務及び目的外使用禁止の義務は，本契約の満了又はそれ以前の解除から10年間存続するものとする。

Chapter
03　共同研究開発契約の内容

　共同研究開発の参加者間の秘密保持義務については，既に Chapter02 Ⅱ において述べたことから，秘密情報（秘密情報から除外される情報を含む。）の定義，秘密保持義務の内容，目的外使用の禁止，秘密情報の返還・破棄等の詳細な解説はそちらを参照されたい。

　共同研究開発契約を締結する場合，その前段階において秘密保持契約を締結していることが一般的と思われるが，共同研究開発契約締結前と締結後では，開示される秘密情報の範囲や秘密として保護すべき範囲や期間が異なることも考えられ，共同研究開発契約中にも改めて秘密保持の条項を設けるのが通常である。その場合，共同研究開発契約締結前に締結した秘密保持契約と共同研究開発契約中の秘密保持条項の優先関係が問題となる。これについては，従前の秘密保持契約を終了させ，共同研究開発契約中の秘密保持条項のみを存続させる方法[1]や，従前の秘密保持契約の効力を維持しつつ，共同研究開発契約中の秘密保持条項との優先関係を共同研究開発契約中に定める方法もあり得る。なお，共同研究開発契約中の秘密保持条項のみを存続させる場合には，必要に応じて，従前の秘密保持契約の下において開示された秘密情報を共同研究開発契約中の秘密保持条項において保護されるような手当（上記条項例9.1条参照）や秘密情報の返還・破棄の条項等，通常秘密保持契約において規定される条項を漏れなく記載しておく必要があろう。

　また，共同研究開発契約の段階に特有の問題としては，共同研究開発の結果として生まれた技術情報・データ等の帰属（誰の秘密情報とするか）の問題がある。この点，共同研究開発の参加者共通の秘密情報とする場合や，各参加者が独自に開発した技術情報・データ等については当該参加者単独の秘密情報とする場合等が考えられる。

　ただ，後者の場合においても，他の参加者にとっては，共同研究開発の結果生み出された技術情報やデータ等が自己の承諾なく自由に開示されてしまうことは不都合であることから，開示に関する一定の期間制限や承諾の義務を設定することが考えられる。

☞なお，成果の公表の制限については，後述12を参照されたい。

---

[1]　この場合については，本章 **16 2** の完全合意条項についても参照されたい。

110

Ⅱ　共同研究開発契約の内容
10　競業避止

10 競業避止

Article 10 Non-competition
Neither Party shall, during the Term of this Agreement, directly or indirectly (including through an Affiliate or a third party), by itself or jointly with any third party, engage in research and development of the same kind as the Purpose, without the prior written consent of the other Party.

【対訳】第10条　競業避止
　　　　いずれの当事者も，本契約期間中，相手方当事者の事前の書面による承諾なくして，直接又は間接を問わず（関連会社又は第三者を通じて行う場合を含む。），自ら又は第三者と共同して本目的と同種の研究開発を行ってはならない。

　共同研究開発の参加者が参加者以外の第三者との間で共同研究開発と同一のテーマの研究開発を行う場合や参加者自身が独自に共同研究開発と同一のテーマの研究開発を行った場合，共同研究開発のために提供された知見やノウハウ，技術等が流用されるおそれや共同研究開発の成果の帰属について争いが生じるおそれが生じる場合がある。また，参加者が独自の，又は第三者との研究開発にリソースを割かれることにより，共同研究開発に専念しなくなり，共同研究開発による成果が十分上げられなくなるおそれも生じ得る。そのため，共同研究開発契約においては，競業避止義務を定めることが多い。
　もっとも，共同研究開発契約中に競業避止義務を定める場合には，独占禁止法をはじめとする各国競争法に抵触しないように留意する必要がある。詳細は後述するが（☞ Chapter04 Ⅱ 2 ❷ (3)），共同研究開発ガイドラインにおいては，共同研究開発のテーマと同一のテーマの独自の研究開発を共同研究開発実施期間中について制限することは，参加者を共同研究開発に専念させるために必要

111

Chapter

03 共同研究開発契約の内容

な制限であり，原則として不公正な取引方法に該当しないとされる[2]。また，共同研究開発のテーマと同一又は極めて密接に関連するテーマの第三者との研究開発を共同研究開発実施期間中及び共同研究開発終了後の合理的期間について制限することは，共同研究開発の成果に関する紛争の防止又は参加者を共同研究開発に専念させるために必要と認められる場合には，原則として不公正な取引方法に該当しない[3]。この点，共同研究開発のテーマと「類似」の研究開発を制限する条項が時々見受けられるが，共同研究開発ガイドラインが制限を認めているのは「極めて密接に関連するテーマ」と極めて限定的であって，仮に共同研究開発のテーマ以外の研究開発を制限する場合には，「類似」のテーマという広範に捉え得る文言を用いるのではなく，共同研究開発のテーマとの密接関連性を示す具体的な文言に落とし込むことが望ましい。

他方，共同研究開発ガイドラインは，共同研究開発のテーマと極めて密接に関連するテーマであっても，参加者による独自の研究開発の制限や，共同研究開発と同一のテーマであっても，共同研究開発終了後に参加者による独自の研究開発を制限することは不公正な取引方法に該当するおそれが強いとしており[4]，これらの制限を課すのは避けるべきであろう。

なお，共同研究開発終了後の「合理的期間」とは，背信行為の防止又は権利の帰属の確定のために必要と認められる期間を意味し，限定的な期間にとどまると考えるべきであろう。また，EU の共同研究開発に関する一括適用免除規則[5]では，共同研究開発終了後の制限を EU 競争法の一括適用免除対象から除外している。このように独占禁止法や競争法は，共同研究開発終了後の制限について厳格な姿勢をとっていることから，共同研究開発終了後の第三者との研究開発を制限する場合には，その期間は慎重に検討すべきである。

---

[2]　共同研究開発ガイドライン第2・2(1)ア[7]。

[3]　共同研究開発ガイドライン第2・2(1)ア[8]・[9]。

[4]　共同研究開発ガイドライン第2・2(1)ウ[1]・[2]。

[5]　COMMISSION REGULATION（EU）2023/1066 of 1 June 2023 on the application of Article 101(3) of the Treaty on the Functioning of the European Union to certain categories of research and development agreements.

Ⅱ　共同研究開発契約の内容
11　成果・改良の帰属

11　成果・改良の帰属

Article 11 Research Result, Improvement

11.1 Each Party shall promptly notify the other Party in writing of the result (the "**Research Results**"), including, but not limited to, patents, copyrights, trade secrets, technical information, know-how, and data, obtained in the course of conducting the Research Activities.

11.2 All Research Results that are conceived, discovered, developed, or otherwise made solely by or on behalf of ABC or its Affiliates and are not derived from the Confidential Information of XYZ shall be solely owned by ABC (the "**ABC Research Results**").

11.3 All Research Results that are conceived, discovered, developed, or otherwise made solely by or on behalf of XYZ or its Affiliates and are not derived from the Confidential Information of ABC shall be solely owned by XYZ (the "**XYZ Research Results**").

11.4 Except for those described in Articles 11.2 and 11.3, all Research Results shall be jointly owned by the Parties in equal shares (the "**Joint Research Results**").

11.5 The Parties shall discuss and agree in good faith on the application for patent or other intellectual property protection of the Joint Research Results and countries to which such protection should be applied.

11.6 Any improvement made outside of the scope of the Joint R&D by a Party to the Research Results shall be solely owned by such Party.

【対訳】第11条　本研究成果・改良

11.1　各当事者は，本研究活動の遂行の過程において得られた成果（特許，著作権，営業秘密，技術情報，ノウハウ及びデータを含むが，こ

113

Chapter

03 共同研究開発契約の内容

れらに限られない。以下「本研究成果」という。）について，相手方当事者に対し，速やかに書面で通知しなければならない。

11.2 ABCもしくはその関連会社のみにより，又はそれらの代理として考案，発見，開発その他の方法で行われ，XYZの秘密情報に由来しない全ての本研究成果は，ABCが単独で所有するものとする（以下「ABC研究成果」という。）。

11.3 XYZもしくはその関連会社のみにより，又はそれらの代理として考案，発見，開発その他の方法で行われ，ABCの秘密情報に由来しない全ての本研究成果は，XYZが単独で所有するものとする（以下「XYZ研究成果」という。）。

11.4 第11.2条及び第11.3条に規定するものを除き，全ての本研究成果は，両当事者が平等な持分により共有するものとする（以下「共同研究成果」という。）。

11.5 両当事者は，共同研究成果の特許その他の知的財産権の保護の申請及びその保護を適用すべき国について誠実に討議し，合意するものとする。

11.6 本共同研究開発の範囲外において本研究成果についていずれかの当事者によりなされた改良は，当該当事者の単独所有とする。

1 通知・報告

　共同研究開発の成果の帰属を定めるにあたっては，共同研究開発による成果が生まれたことについて参加者間で共有される必要があることから，参加者に他の参加者に対する通知・報告義務を課すのが一般的である。

2 成果の帰属

　共同研究開発の成果の帰属を定める条項は，共同研究開発契約の中でも最重要の条項の一つである。

　共同研究開発の成果が参加者のうち誰に帰属するかについて取り決めること

114

Ⅱ　共同研究開発契約の内容
11　成果・改良の帰属

は，共同研究開発の成果に関する紛争防止等のために必要な事項であり，原則として独占禁止法上問題はない（不公正な取引方法には該当しない。）**6**。もっとも，共同研究開発の成果の帰属の取決めの場合であっても，その内容において参加者間で著しく均衡を失し，これによって特定の参加事業者が不当に不利益を受けることとなる場合には優越的地位の濫用（独禁2条9項5号）等の不公正な取引方法の問題となり得る（☞詳細は，Chapter04 Ⅳ 4 **1**を参照）。

　共同研究開発の成果の帰属については，①共同研究開発の参加者間の共有とする方法，②発明者主義による方法，③共同研究開発の参加者のうち一部の参加者の単独所有とする方法（分野ごとに単独所有の対象を分ける場合もある。），④都度参加者間の協議による方法等があり得る。また，共同研究開発の参加者間の共有とする方法（①）については，各当事者間の共有持分について，均等にする方法，協議により定める方法，貢献度により定める方法，費用負担により定める方法等のバリエーションが考えられる。

　なお，成果の帰属や共有持分の割合を決定する際，費用分担額が大きい側の参加者が，自社への単独帰属や多くの共有持分割合を主張することが考えられる。しかし，共同研究開発における費用分担額は，成果への貢献度を示す一つの考慮要素にすぎず，他方で，他の参加者も独自技術や人的貢献等費用負担額以外の多大な貢献をしている場合も多く考えられることから（とりわけスタートアップの場合等），費用負担額のみで成果の単独帰属や多い割合の共有持分を主張することは必ずしも合理的とはいえない場合も多いと思われる。

　ところで，日本における共同研究開発契約では，共同研究開発の成果の帰属について，参加者間の共有とする方法が広く見受けられるように思われるが，この方法を選択する場合には，その効果や及ぼし得る影響について念頭に置いておく必要がある。例えば，特許を受ける権利や特許権が共有となった場合，少なくとも日本法上は，共有持分の譲渡や実施権の設定・許諾について共有者の同意なくしてすることができない（特許33条3項・4項・73条1項・3項等）。また，特許出願についても，他の共有者と共同でする必要がある（特許38条）。他方，各共有者は，単独で特許発明を自己実施することができる（特許73条2項）

6　共同研究開発ガイドライン第2・2⑵ア[1]。

115

Chapter 03　共同研究開発契約の内容

ものの，第三者に製造委託をする際に，自己実施の範囲と認められない場合には，当該第三者へのライセンスが必要となる。とりわけ，スタートアップ等が，上記のような成果を共有することによる制約を十分考慮せずに共同研究開発の成果について「とりあえず共有帰属」と定めてしまうと，他分野や他用途での知的財産権の活用をしようとするたびに，他の参加者の承諾を得る必要が生じ，多大な交渉コストや事業上の制約を受ける結果となり，自由な事業展開が阻まれてしまうおそれがある。他方，他の参加者としては，成果に係る知的財産権を取得せずとも，成果を自社に必要な範囲で独占的に利用できれば事業戦略上支障はないことも考えられることから，スタートアップ等に成果を単独で帰属させつつ，他の参加者の意向に沿う形で事業領域や期間等について一定の限定を付した独占的利用権を設定する形での調整を検討することが考えられる[7]。

　また，共有による制約は諸外国の法制により異なることから，共同研究開発の相手方が外国所在の当事者である場合や共同研究開発の成果を海外でも用いることを予定している場合には，当該国の法制も検討しておくことが必要となる。

③　特許出願等

　前述のとおり，共同研究開発の成果が参加者の共有に属する場合，特許出願等は共同で行う必要がある（特許38条等）。しかし，実際にどの国にどのような範囲で出願をするかについては，共同研究開発の開始時点においては明らかでない場合も多いと思われる。そのため，出願について別途協議する旨定めることが考えられる。

　また，共同研究開発の一部の参加者に帰属する成果について当該参加者が出願をしない場合や，共有に属する成果について他の共有者が出願に同意しない場合において，他の参加者に出願の権利を認めるとする必要性が存在する場合があり得る。他方，出願をしないとの選択をする参加者にとっては，成果を出願するよりもノウハウとして保持したほうが事業戦略上望ましいと考えられる

---

[7]　スタートアップ事業連携ガイドライン第2・3⑵ア②(イ)。

場合もあり得ることから，出願を選択しない場合に当然に他の当事者に出願の権利が移転するとすることが常に合理的であるとも限らない。そのため，出願をしない場合における取扱いについて定める場合には，共同研究開発により得られる成果の性質等を考慮のうえ，慎重に規定をする必要があり，例えば，自動的に他の参加者に出願の権利を認めるのではなく，参加者間の協議によるとすること等が考えられる。

4　改良の帰属

　共同研究開発において得られた成果について各当事者が独自に研究開発を進め，改良発明等が得られる場合がある。そのような改良発明等の帰属について共同研究開発契約中に定めることがあるが，かかる改良発明等を他の参加者へ譲渡する義務を課すことや他の参加者へ独占的に実施許諾する義務を課すことは，独占禁止法に違反するおそれがある[8]。他方，改良発明等について，単に他の参加者へ開示する義務を課すことや他の参加者へ非独占的に実施許諾する義務を課すことは，原則として不公正な取引方法には該当しない[9]。

☞詳しくは，Chapter04 Ⅱ 2 **3** (4) を参照されたい。

12　成果の公表

Article 12 Publications
During the Term of this Agreement and ● years after the expiration or termination of this Agreement, neither Party shall publish, present, or otherwise disclose, and shall cause its Affiliates and Subcontractors and its and their directors, officers, employees, and agents not to disclose, any

---

[8]　共同研究開発ガイドライン第2・2(2)イ[2]。
[9]　共同研究開発ガイドライン第2・2(2)ア[5]。

Chapter
03 共同研究開発契約の内容

Confidential Information related to the Research Activities and Research Results, without the prior consultation and written consent of the other Party.

【対訳】第12条 成果の公表

　　本契約期間中及び本契約の終了後●年間は，いずれの当事者も，相手方当事者との事前の協議及び書面による同意なしに，本研究活動及び本研究成果に関連する秘密情報を公開，提示又はその他の方法で開示せず，自ら，関連会社及び下請業者並びにそれらの取締役，役員，従業員及び代理人に開示させないものとする。

　共同研究開発の成果には，特許出願によって特許権を取得し，収益化することが期待できる発明等があり得る。また，共同研究開発の成果を用いた製品を流通させたとしても解析が困難又は解析に相当程度の期間を要する場合等，成果を公開せずにノウハウとして保持し続けることにビジネス戦略上の合理性があるものもある。さらに，特許出願による権利化が想定される成果の場合であっても，市場の動向や製品化のタイミング等をふまえて権利化のタイミングを調整する必要がある場合もあり得る。

　これらの場合に，共同研究開発の成果が共同研究開発に参加した企業の意図に反して公表されてしまうと，新規性を失い特許を取得することができなくなったり，ノウハウの秘匿性が失われてしまったりする等，当該企業のビジネス戦略を大きく損なうおそれが出てくる。

　他方，大学・公的研究機関との共同研究開発の場合，大学・公的研究機関が研究成果の公表を強く希望する場合がある（☞ Chapter01 Ⅲ 1 **2** (2)）。大学や公的研究機関の究極的な使命が研究成果の社会への還元にあると考えれば，大学や公的研究機関が研究成果の公表を求めることは自然なことである一方，共同研究開発に参加する企業からすると，上記のとおり，研究成果の公表自体の可否，また，公表するとしてもその時期については慎重にならざるを得ない。そして，かかる状況は大学・公的研究機関との共同研究開発のみならず，企業間の共同研究開発においても生じ得る。

Ⅱ　共同研究開発契約の内容
13　成果の利用

　このような参加者間の利害を調整するため，共同研究開発の成果の公表を他の参加者による事前の協議と同意にかからせることが考えられる。上記の条項例はそのような例である。

　また，他の参加者による研究成果の公表自体を制限することが困難な場合においても，公表する内容，時期，媒体等について一定期間の猶予をもって通知し，相手方当事者の意見を誠実に考慮する義務を公表しようとする参加者に義務づけることが考えられる。以下の条項例はそのような一例である。

A Party who intends to publish the Research Results shall notify the other Party in writing of the contents, timing, medium, and other matters to be agreed upon by the Parties ● days before the publication. In addition, if the other Party notifies in writing its opinion on the content, timing, medium, and other matters to be agreed upon by the Parties of the publication of the Research Results within ■ days after the receipt of the notice, the Party who intends to publish the Research Results shall consider such opinion in good faith.

【対訳】　本研究成果を公表しようとする当事者は，公表日の●日前までに，相手方当事者に対し，公表する内容，時期，媒体その他両当事者が合意する事項を書面で通知しなければならない。また，相手方当事者が通知を受領後■日以内に，本研究成果の公表内容，時期，媒体その他両当事者が合意する事項に関する意見を書面で通知した場合には，本研究成果を公表しようとする当事者は，その意見を誠実に考慮しなければならない。

13　成果の利用

Article 13 Use of the Research Results

Chapter
03 共同研究開発契約の内容

Each Party shall have the right to exploit its own Research Results and the Joint Research Result without obtaining consent from the other Party, subject to the confidentiality terms of Article 9.

【対訳】第13条　本研究成果の利用

　　　　各当事者は，第９条の秘密保持条件に従い，他方当事者の同意を得ることなく，自己に単独で帰属する本研究成果及び共同研究成果を利用する権利を有する。

　共同研究開発の成果の帰属と同様に，成果をどのように利用するかを定めることも共同研究開発においては非常に重要である。成果の利用方法としては，①共同研究開発の参加者がそれぞれ単独で利用する（共同研究開発の参加者の一部のみが利用する場合を含む。），②共同研究開発の参加者が共同して利用する，及び，③第三者にライセンスする等の方法が考えられる。成果をどのように利用するかは，成果の帰属から論理必然的に導かれるわけではなく，成果の帰属とは別に共同研究開発の参加者間において定めることができる。もっとも，成果の帰属と利用の主体が異なる場合，成果の利用の場面において制約を受けたり，将来の事業譲渡等の際に思わぬ障害となるおそれもあることから，共同研究開発の成果を用いた自社の将来の事業の見通し等もふまえた慎重な検討が必要である。

　共同研究開発の成果を単独で利用する（①）場合，当該成果が自社に単独で帰属している場合には，自社が自由に利用することができるのが原則である。また，当該成果，例えば特許権が他の参加者と共有の場合も，特許発明を自社において実施する限りにおいては，当該他の参加者の同意を得る必要はないのが原則である（特許73条２項）。上記条項例は，これらの原則を確認するものである。

　他方，当該成果が他の参加者に単独で帰属している場合には，当該参加者からライセンスを受けない限り利用することはできないことから，他の参加者に帰属する成果の利用が想定される場合には，当該参加者からのライセンスとその条件を定めておくことが考えられる（☞共同研究開発の参加者の一部のみが成果を

120

利用する場合の不実施補償については，Chapter01 Ⅲ 1 **2** (1) を参照）。

　共同研究開発の成果を参加者が共同して利用する（②）場面として，例えば部品メーカーと完成品メーカーとの間の共同研究開発において，部品メーカー側が共同研究開発の成果を利用して部品を製造し，完成品メーカーに供給することが考えられる。このような場合において，共同研究開発の成果を独占するためや共同研究開発の費用を回収するため，成果を利用した製品の供給先や購入元を制限することがあるが，かかる制限を課す場合において，合理的な期間を超えた制限は，独占禁止法上の不公正な取引方法に該当するおそれが出てくるため，留意する必要がある（☞詳しくは，Chapter04 Ⅱ 2 **4** (3) を参照）。

　共同研究開発の成果を第三者にライセンスする（③）場合，特許権等，当該成果が共有の場合，原則として他の共有者の同意なくしてこれを行うことができない（特許73条3項）。

　そのため，自社の子会社や関連会社に当該成果を使用して製品の製造等をさせたいと考える場合には，あらかじめ他の共有者の同意なくしてライセンスできるようにしておくことが考えられる。また，共有の成果を利用して第三者（下請業者）に製造委託をする場合においても，委託した製品の全量の納入を受ける場合には，自己実施の範囲と解し得るが，疑義が生じないよう，下請業者による製造を他の共有者の同意なく行うことができる旨定めておくことも考えられる。

14　期間・終了

Article 14 Term

14.1 This Agreement shall commence on the Effective Date and, unless earlier terminated in accordance with this Agreement, shall continue in force and effect for a period of ● years (the "**Term**").

14.2 This Agreement may be terminated at any time by written agreement of the Parties, regardless of the Term.

Chapter

03 共同研究開発契約の内容

14.3 If either Party (the "**Non-Breaching Party**") believes that the other Party (the "**Breaching Party**") has breached its obligation under this Agreement, then the Non-Breaching Party may deliver notice of such breach to the Breaching Party. If the Breaching Party fails to cure such breach within thirty (30) days after receipt of such notice from the Non-Breaching Party, the Non-Breaching Party may terminate this Agreement upon written notice to the Breaching Party.

14.4 Notwithstanding the provisions of Article 14.1 above, Articles 11, 13, 14.4, 15 and 16 shall survive the expiration or termination of this Agreement, and Articles 9 and 12 shall survive the expiration or termination of this Agreement for the time period set forth therein.

【対訳】 第14条　期間

14.1　本契約は，発効日から開始し，本契約に従って早期に解除されない限り，●年間（以下「本契約期間」という。）有効に存続するものとする。

14.2　本契約は，本契約期間にかかわらず，両当事者の書面による合意によりいつでも解除することができるものとする。

14.3　一方当事者（以下「非違反当事者」という。）が相手方当事者（以下「違反当事者」という。）が本契約に基づく義務に違反したと考える場合，非違反当事者は，違反当事者に対し，当該違反について通知することができる。違反当事者が，非違反当事者から当該通知を受領後30日以内に当該違反を是正しない場合，非違反当事者は，違反当事者への書面による通知により，本契約を解除することができる。

14.4　第14.1条の規定にかかわらず，第11条，第13条，第14.4条，第15条及び第16条は，本契約の満了又は終了後も存続し，第9条及び第12条は，本契約の満了又は終了後も，同条に定める期間存続するものとする。

1 有効期間

　共同研究開発の有効期間については，共同研究開発契約の有効期間と同一になる場合が多いものと思われる。仮に契約の有効期間と共同研究開発の有効期間を分ける場合には，契約上両期間の関係を明確にする必要がある。

　契約や共同研究開発の有効期間については，共同研究開発の対象となる内容により様々な期間があり得るが，数か月単位から数年単位となるのが一般的と思われる。また，ケースによっては，契約時点において共同研究開発に要する期間が明らかではなく，有効期間の延長が必要となる場合もあり得る。そのような場合に備えて，有効期間の更新や延長を可能とする条項とすることも考えられる。他方，共同研究開発の目的を達した後は，研究開発を継続する必要性はなくなるし，契約管理の点からも不必要な契約をいつまでも存続させておくことは避けるのが望ましい。そのため，共同研究開発の目的を達した場合にはその時点で有効期間が終了とすることや，有効期間の自動更新ではなく，合意による延長とする等の工夫をすることが考えられる。

　いずれにせよ，有効期間中は，共同研究開発の参加者にとっては契約上の諸条件に拘束されることになるから，不必要に長い有効期間とするのは避けるべきである。また，独占禁止法との関係では，共同研究開発の期間も適法性の考慮要素となるから，とりわけ共同研究開発の参加者の合計市場シェアが高い場合等には，共同研究開発に必要最小限の有効期間とするよう留意が必要である。

2 有効期間の終了

　期間満了や共同研究開発の目的の達成以外の理由による有効期間の終了には，合意解除，一方当事者による無理由解除及び債務不履行解除等が考えられる。

　共同研究開発の内容自体の難易度や社会情勢，市場の状況の変化等共同研究開発を始めた時点では予期できない様々な理由で共同研究開発の目的が有効期間の満了を待たずに達成できないことが明らかとなる場合や，共同研究開発の

目的自体を達成する意義が失われる場合があり得る。また，共同研究開発の参加者間の共同研究開発に対する考え方やアプローチの仕方について埋めがたい溝が生じる場合もあり得る。そのような場合に備え，参加者の合意により共同研究開発（契約）を有効期間の中途で解除することを認める条項を設けることがある。

また，上記のような共同研究開発の参加者間の合意によらず，各参加者による任意の無理由解除を認める例もあり得る。共同研究開発の参加者の一部が共同研究開発の費用の全部又は大部分を負担する場合等においては，一部の参加者にのみ無理由解除を認める場合もあり得る。かかる条項は，当該共同研究開発への関わり方，資金や人員の提供の程度，当該共同研究開発以外の研究開発の有無・内容等の様々な要因により，各参加者にとっての有利又は不利となる場合があり得る。とりわけ，多くの共同研究開発を一度に手がけられるとは限らないスタートアップにとっては，かかる条項を設けることには慎重な検討を要するものと思われる。

なお，仮に無理由解除を明示的に認める条項を設けない場合であっても共同研究開発契約の法的性質が準委任と解された場合，民法上の無理由解除（民651条1項）が適用されることが考え得る（☞I）。あまり一般的とはいえないものの，かかる条項の適用を避けるため，同条の適用排除を明示的に規定することも考え得る。

有効期間の終了には，これらのほか，債務不履行解除や信用状況悪化を理由とする一般的な解除条項を設けることが考えられる。

❸　存続条項

有効期間満了後も効力を存続させるべき条項を明記する必要がある。具体的には，秘密保持義務や目的外使用禁止の義務に関する条項，成果の帰属や利用に関する条項，後述の共同研究開発終了後の取扱いに関する条項（☞15），紛争解決条項等の一般条項（☞16）が挙げられる。

Ⅱ　共同研究開発契約の内容
14　期間・終了

☞　**コラム**………………………………………❽

契約終了後の成果帰属条項の有効性
——大阪地判平20・8・28（平成18年（ワ）第8248号）裁判所 HP

　本事例は，被告が製造販売する浄水器が原告の特許権（以下「本件特許権」という。）を侵害するとして，原告が被告に対し，同浄水器の製造販売等の差止めを求めるとともに，損害賠償を請求した事案である。原告の請求に対し，被告は，本件特許権に係る特許（以下「本件特許」という。）は，原告が被告との開発委託契約（以下「本件開発委託契約」という。）により定められた共同出願条項（以下「本件共同出願条項」という。）に違反してされたものである等として，特許法123条１項２号，同法38条の無効理由があると主張する等した一方，原告は，本件開発委託契約は被告の債務不履行により解除され，これに伴い本件共同出願条項も遡及的に失効したから，原告のした単独出願は共同出願義務違反には当たらない等と主張した。

　なお，本件開発委託契約には，次のような条項が定められていた。

６条（工業所有権）
１項　本開発品に関しての工業所有権を取得する権利は次の通りとする。
　⑴　商標および意匠登録は被告が取得し，被告が単独で所有する。
　⑵　特許および実用新案は被告と原告の共同出願とし，被告と原告の共有とする。
２項　前項１，⑵の共同出願の手続きは被告が行い，発生する費用は被告原告それぞれが折半することとする。
〔３項略〕
８条（有効期間）
１項　本契約の有効期間は，本契約締結の日から第２条の委託業務の終了日までとする。
２項　前項の定めに関わらず，第５条（秘密保持）に関する定めは，この契約終了後５ヵ年有効とし，第６条（工業所有権）に関する定めは，当該工業所有権の存続期間中有効とする。

125

Chapter
03 共同研究開発契約の内容

　裁判所は，原告が主張する被告の債務不履行による解除の主張を退け，本件開発委託契約が合意解約（以下「本件合意解約」という。）されたことを認定する一方，要旨以下のように認定して，合意解約によっても本件共同出願条項は当然に失効するものではないとして，本件特許の出願当時も，同条項に基づき，本件特許権は原告と被告との共有に係るものであったというべきであり，原告と被告は，本件特許を共同して出願すべき義務を負っていたものというべきであるところ，原告は，単独で本件特許を出願し，その特許を得たものであるから，本件特許は，特許法38条に違反してされたものであり，同法123条1項2号により，特許無効審判で無効とされるべきものである等として，原告の請求を退けた。

① 　本件合意解約により，本件開発委託契約がどの範囲で消滅したものであるか，とりわけ本件共同出願条項もともに失効したのか否かは，基本的には，本件合意解約で表された原告と被告の意思表示をどのように解釈するかの問題である。特定の契約を合意解約する際に，同契約中の一部の合意を存続させるにはその旨の合意をするのが通常であり，そのような特段の合意がない限りは，当該契約の全部を消滅させることが合意されたものと解釈すべきである。しかし，合意解約の対象となった契約中に契約の終了後も特定の条項の効力を存続させる旨の条項が存する場合には，その条項の適用を特に排除する合意をするなど特段の事情が認められない限り，同条項に従って契約を終了させるとの合意がされたものと推認するのが，当事者の通常の合理的意思に合致するものというべきである。

② 　本件共同出願条項が当該工業所有権の存続期間中有効とさせる条項の趣旨は，本件開発委託契約が終了しても，被告の開発費用負担の下に原告が遂行した開発業務の成果については，原告・被告双方がこれに寄与していることに鑑み，双方に特許権を取得させることとし，その特許出願も共同して行わせることとして，本件開発委託契約の契約当事者である原告・被告双方の開発成果に対する利益を公平に分配し，当事者間の対価的権衡を保つことにあると解される。このような同条項の趣旨に照らせば，本件開発委託契約終了後も本件共同出願条項の効力が維持されるとの同契約8条2項の規定は，まず，開発委託業務が完了するなどその目的を達して委託業務が終了した場合を想定したものであると考えられる。したがって，例えば，本件において仮に，開発委託業務が完了する前に被告の債務不履行や合意解約により本件開発委託契約が終了したが，その後，原告が独自に開発業務を継続し，その結果，原告が本件発明を完成させたと認められる場合には，本件共同出願条項

の効力を無条件に維持することは相当でなく，被告が本件開発委託契約８条２項を根拠に，本件特許出願が本件共同出願条項に違反してされたものとして，特許無効の主張をしたとしても，その主張は権利の濫用として排斥される場合があるというべきである。

③　しかし，本件開発委託契約は，一応は被告が本開発品の量産に至るまでの業務を原告に委託することをその内容とするものではあるが，金型の製作委託及び量産委託に係る業務は，それに至るまでの純然たる開発業務とはその性質を異にし，その実際の遂行にあたっては，別途の協議が行われ，別途の契約が締結されることが予定されている。そして，本件においては，量産及びその準備段階に位置づけられる金型製作業務の委託契約及び量産に向けた製造委託契約の内容を交渉したが，その合意が得られないまま，全体としての本件開発委託契約が合意解約されたものである。以上の経緯に照らせば，本件浄水器の本来の開発業務は，既に少なくとも本件特許出願が可能な程度に完成していたものと推認することができる。他方，被告は，これに対する開発費用を全て負担し，原告に支払っているから，そうである以上，上記開発の成果については，被告も一定の寄与を行っていると評価することができる。以上によれば，上記の開発成果に係る本件特許権を原告と被告の共有とすることは，合理的に基礎づけられているものというべきであり，したがって，本件共同出願条項の効力を本件開発委託契約終了後も維持することも合理性を肯定し得るものというべきである。そうすると，本件特許は本件共同出願条項に違反する特許出願に対してされたものであり，特許法123条１項２号の特許無効理由があると主張することが，権利の濫用に該当し許されないということはできない。

④　本件合意解約により，本件開発委託契約は終了したものであるが，本件共同出願条項は当然に失効するものではなく，その後，本件特許出願に至るまでの間に，同条項を失効させる旨の特段の合意がされたものと認めるに足りる証拠はないから，本件特許出願当時も，同条項に基づき，本件特許権は原告と被告との共有に係るものであったというべきであり，原告と被告は，本件特許を共同して出願すべき義務を負っていたものというべきである（特許38条）。

本事例は，開発委託契約の事例であり，純粋な共同研究開発契約とは異なるが，共同研究開発契約の下でも問題となり得る開発成果の帰属が問題となった。本判決は，合意解約後の本件共同出願条項の効力について，特定の契約を合意解

Chapter

03 共同研究開発契約の内容

約する際に，同契約中の一部の合意を存続させる旨の特段の合意がない限りは，当該契約の全部を消滅させることが合意されたものと解釈すべきであるとする一方，合意解約の対象となった契約中に契約の終了後も特定の条項の効力を存続させる旨の条項が存する場合には，その条項の適用を特に排除する合意をするなど特段の事情が認められない限り，同条項に従って契約を終了させるとの合意がされたものと推認するのが，当事者の通常の合理的意思に合致するとしたうえで，本件共同出願条項は当然に失効するものではなく，同条項を失効させる旨の特段の合意がされたとの証拠もないとして，合意解約後の効力を認めた。共同研究開発が中途で頓挫した場合等，共同研究開発契約期間中に得られた成果の帰属が争いとなることは十分に考えられるが，共同研究開発契約終了後においてもかかる成果の帰属に関する条項の効力を存続させる存続条項の重要性を再認識させる事例といえよう。

また，本判決によれば，共同研究開発契約の当事者が，成果の帰属に関する条項等の効力を契約終了後も存続させる旨の条項（存続条項）を含めて共同研究開発契約を合意解約したいと考えた場合には，単に共同研究開発契約の解約を合意するのではなく，当該存続条項を排除する旨も明記することが求められるであろう。

なお，本判決は，仮に本件開発委託契約終了後，原告が独自に開発業務を継続し，その結果，原告が発明を完成させたと認められる場合には，本件共同出願条項の効力を無条件に維持することは相当でなく，被告が同条項を根拠に，特許無効の主張をしたとしても，その主張は権利の濫用として排斥される場合があるとしているが，共同研究開発においても，同様の場面は生じ得ると思われる。

15 共同研究開発終了後の取扱い

Article 15 Effects of Termination

15.1 Upon expiration of the Term, or termination of this Agreement, the Parties shall promptly stop any ongoing Research Activities and clear any unsettled expenses or costs between the Parties incurred

II 共同研究開発契約の内容
15 共同研究開発終了後の取扱い

for the Research Activities.

15.2 Upon completion of the Purposes, expiration of the Term or termination of this Agreement, the Receiving Party shall, at the direction of the Disclosing Party, either return to the Disclosing Party all of the Confidential Information (including copies thereof), which is tangible form, or certify that such Confidential Information has been destroyed; provided, however, that one copy of the Confidential Information may be retained solely for the purpose of fulfilling any continuing obligations.

【対訳】第15条　契約終了後の取扱い

　　　15.1　本契約期間の満了又は本契約の終了後，両当事者は，遂行中の本研究活動を速やかに中止し，本研究活動のために両当事者間で発生した未解決の支出又は費用を清算するものとする。

　　　15.2　本目的の完了，本契約期間の満了又は本契約の終了次第，受領当事者は，開示当事者の指示により，有形である全ての秘密情報（その複製を含む。）を開示当事者に返却し，又は秘密情報が破棄されたことを証明するものとする。ただし，継続する義務を履行する目的でのみ秘密情報の複製を1部保持することができるものとする。

　　共同研究開発が目的の達成により完了した場合やこれを達成しないまま共同研究開発や契約の期間が満了した場合，参加者間の合意や一方当事者の債務不履行による契約解除の場合等，様々な理由で共同研究開発契約が終了することが考えられる。共同研究開発契約が終了した場合，当該契約上の権利義務は，通常将来に向かい効力を失うことになるが，契約の終了に伴い処理が必要な事項や，共同研究開発契約の終了後も存続させておくべき参加者間の権利義務等について定めておく必要がある。その内容としては，成果の帰属・利用，秘密情報や共同研究開発のために他方当事者から提供されたサンプル等の有体物の返還・破棄，未清算の費用の処理等が挙げられる。これらのうち，成果の帰属・利用については，別の条項（第11条，第13条等）で定め，これらについて共

129

Chapter
03 共同研究開発契約の内容

同研究開発契約終了後も効力を存続させる（存続条項）ことが一般的である（☞14 **3** 参照）。また，秘密情報等の返還・破棄についても，秘密保持条項の中で規定することもあるが，本条項例では，共同研究開発終了後の取扱いの中の一条項として規定している。

　さらに，一方当事者が共同研究開発の目的となった研究開発を断念する一方，他方当事者が当該研究開発を継続したいと考える場合等には，当該共同研究開発で得られた成果の一部又は全部を当該共同研究開発契約の終了後も利用できるよう手当てする条項を定めておくことが考えられる。

　なお，共同研究開発期間終了後の研究開発を制限する条項については，独占禁止法上の問題が生じ得る（☞この点の詳細については，Chapter04 Ⅱ 2 **2** (3)を参照）。

16 一般条項

Article 16 Miscellaneous

16.1 Force Majeure. Neither Party shall be held liable to the other Party or be deemed to have defaulted under or breached this Agreement for failure or delay in performing any term of this Agreement when such failure or delay is caused by or results from events beyond the reasonable control of the non-performing Party. The non-performing Party shall notify the other Party of such force majeure within thirty (30) days after such occurrence.

16.2 Notice. Any notice permitted or required under this Agreement shall be in writing and shall be deemed given only if (a) delivered by registered or certified airmail, with receipt confirmed by a signed returned receipt or internet tracking, or (b) by internationally recognized overnight delivery service that maintains records of delivery, addressed to the Parties at their respective addresses specified below or to such other address as the Party may have provided to the other

Party in accordance with this Article 16.2.

ABC:

Address

XYZ:

Address

16.3 No Assignment. Neither Party shall transfer or assign this Agreement or any of its rights or duties hereunder without the prior written consent of the other Party; provided, however, that either Party may make such an assignment without the other Party's consent in connection with the transfer or sales of all or substantially all of its business, whether in a merger, sale of stock, sale of assets or any other transaction. Any purported assignment in violation of this Article 16.3 shall be null and void. The permitted assignee or transferee shall assume all obligations of its assignor or transferor under this Agreement.

16.4 Severability. If any provision of this Agreement is held to be illegal, invalid, or unenforceable under any law, such provision shall be severed from this Agreement and the remaining provisions of this Agreement shall remain in full force and effect.

16.5 Entire Agreement. This Agreement, together with the Appendix attached hereto, sets forth and constitutes the entire agreement and understanding between the Parties with respect to the subject matter hereof and all prior agreements, understandings, promises and representations, whether written or oral, with respect thereto are superseded hereby (including the NDA, which is hereby terminated). No amendment or modification of this Agreement shall be binding upon the Parties unless in writing and duly executed by authorized representatives of both Parties.

Chapter
03   共同研究開発契約の内容

16.6 Governing Law. This Agreement as well as all claims arising out of or in connection with this Agreement (including all tort and other non-contractual claims) shall be governed by and construed in accordance with the laws of Japan without reference to conflict of law principles.

16.7 Dispute Resolution. Except for disputes resolved by the procedures set forth in Article 4, any dispute arising out of or in connection with this Agreement (including all tort and other non-contractual claims) shall be finally settled under the Arbitration Rule of ●● in effect at the time of submission. The seat of arbitration shall be Tokyo, Japan. Neither Party nor any arbitrator may disclose the existence, content, or results of any arbitration under this Agreement without the prior written consent of the relevant Party or Parties.

【対訳】第16条　一般条項

16.1　不可抗力。各当事者は，本契約の条項の不履行又は履行の遅延が，当該当事者の合理的な支配を超えた事象によって引き起こされたか，又はその結果生じた場合，他方当事者に対して責任を負わず，本契約の不履行又は違反とみなされないものとする。当該当事者は，不可抗力の発生後30日以内に相手方当事者に当該事象について通知しなければならない。

16.2　通知。本契約に基づいて認められ，又は要求される通知は，書面によるものとし，(a)署名付きの受領書又はインターネット追跡により配達が確認される書留航空便もしくは配達証明付航空便で配達され，又は(b)配達記録を保持する国際的に認められた配達サービスにより，以下に指定されたそれぞれの所在地又は本第16.2条に従って当事者が他方当事者に提供したその他の所在地に宛てられた場合に限り，行われたものとみなされる。

ABC：
所在地

XYZ：

所在地

16.3 譲渡禁止。いずれの当事者も，相手方当事者の事前の書面による同意なく本契約又は本契約に基づく権利もしくは義務を譲渡しないものとする。ただし，いずれの当事者も，合併，株式の売却，資産の売却その他の取引であるかを問わず，事業の全部又は実質的に全部の譲渡又は売却に関連して，他方当事者の同意なしに譲渡することができる。本第16.3条に違反する譲渡は，無効とする。許可された譲受人は，本契約に基づく譲渡人の全ての義務を負うものとする。

16.4 分離可能性。本契約のいずれかの条項が，法律に基づいて違法，無効，又は強制力がないと判断された場合，当該条項は本契約から切り離され，本契約の残りの条項は完全に効力を有するものとする。

16.5 完全合意。本契約は，本契約添付の別紙とともに，本契約の主題に関して両当事者間の完全な合意と確認事項を規定し，構成するものであり，これに関して以前になされた全ての合意，確認，約束，表明は，書面であるか口頭であるかを問わず，本契約により取って代わられるものとする（本契約により解除される本秘密保持契約を含む。）。両当事者の権限を与えられた者が書面により正当に作成しない限り，本契約の修正は両当事者を拘束しないものとする。

16.6 準拠法。本契約及び本契約に基づく，又はこれに関連して発生するあらゆる請求（不法行為その他の非契約上の請求を含む。）は，抵触法の原則にかかわらず，日本国法に準拠し，これに従って解釈されるものとする。

16.7 紛争解決。第4条に定める手続によって解決される紛争を除き，本契約に基づき，又は本契約に関連して発生する紛争（不法行為その他の非契約上の請求を含む。）は，提出時に有効な●●の仲裁規則に従って最終的に解決されるものとする。仲裁地は，日本国東京都とする。各当事者及び仲裁人は，関係当事者の事前の書面による同意なくして，本契約に基づく仲裁の存在，内容，結果を開示することができない。

Chapter

03　共同研究開発契約の内容

1　一般条項

　共同研究開発契約においても他分野の契約書と同様に一般条項を設けることが通常である。とりわけ英文契約において通常設けられる一般条項としては，本条項例16条にあるような不可抗力，通知，譲渡禁止，分離可能性，完全合意，準拠法及び紛争解決条項等が挙げられる。

2　完全合意条項

　共同研究開発契約に限らず，英文契約書においては，当事者を拘束する合意内容は，当該契約書に記載された内容に限られるとする完全合意条項を設けることが一般的である。かかる完全合意条項を設けた場合，契約書上の文言に含まれない，又はこれと反する契約締結前の書面又は口頭による合意内容等は当事者を拘束しないと解釈される可能性が高い。従前，日本における契約実務ではかかる完全合意条項を設ける例は少なかったと思われるが，海外当事者との契約においてかかる条項を設ける場合には，契約締結交渉の段階で自己に有利な内容が口頭合意されていても，当該合意内容が適切に契約条項に反映されているか慎重に確認することが必要である。

　また，秘密保持の項（☞9）において述べたとおり，共同研究開発契約締結前に秘密保持契約を締結している場合には，当該秘密保持契約と共同研究開発契約中の秘密保持条項の優先関係が問題となるが，共同研究開発契約の締結により，従前の秘密保持契約を終了させ，共同研究開発契約中の秘密保持条項のみを存続させる方法があり得る。この場合，上記条項例16.5条のように，完全合意条項の中で従前の秘密保持契約の終了を確認することが考えられる。

3　準拠法及び紛争解決条項

　準拠法及び紛争解決の条項については，秘密保持契約に関する Chapter02 Ⅱ で述べたことからそちらを参照されたい。

　また，紛争解決については，共同研究開発の参加者がいずれも日本所在の当

134

事者である場合には，日本法を準拠法とし，且つ，日本の裁判所（東京地方裁判所や被告の本店所在地を管轄する地方裁判所等）とすることが多いものと思われる。他方，共同研究開発の参加者の一部が外国所在の当事者の場合，仲裁廷による判断が裁判所の判決よりも外国において執行できる可能性が相対的に高いことや手続の秘匿性・柔軟性，費用面でのメリット等から仲裁を選択することも多い。ただ，近時は，仲裁手続の高額化がみられることから，仲裁人を１人に限定する，又は，紛争解決の対象となる金額によっては，仲裁人の人数を変えること等により費用を抑えることが考えられる。以下の条項例は，対象金額により仲裁人の人数を変える場合の一例である。

The arbitration tribunal shall consist of one (1) arbitrator for matters with JPY●●●● or less in value and three (3) arbitrators for matters in excess of JPY●●●● in value.

【対訳】　仲裁廷は，金額が●●●●円以下の事項については仲裁人１名，金額が●●●●円を超える事項については仲裁人３名で構成されるものとする。

〔宇佐美　善哉〕

Chapter 04
•••
共同研究開発と
独占禁止法上の留意点

Ⅰ　共同研究開発と独占禁止法に関するガイドライン ──── 139

Ⅱ　共同研究開発ガイドライン ────────────── 142

Ⅲ　事例検討 ──────────────────────── 167

Ⅳ　スタートアップ事業連携ガイドライン ────────── 184

I
共同研究開発と独占禁止法に関するガイドライン

　共同研究開発は，研究開発に要するコストの軽減，リスクの分散又は期間の短縮，異なる分野の事業者間での技術等の相互補完等により研究開発活動を活発で効率的なものとし，技術革新（イノベーション）を促進するものであって，競争促進的な効果をもたらす場合が多いものと考えられる。

　他方，共同研究開発は複数の事業者による行為であることから，研究開発の共同化自体によって市場における競争が実質的に制限される場合や，研究開発の共同化自体には問題がない場合であっても，共同研究開発の実施に伴う取決めによって，参加者の事業活動を不当に拘束し，共同研究開発の成果である技術の市場（以下「技術市場」という。）やその技術を利用した製品の市場（以下「製品市場」という。）における公正な競争を阻害するおそれのある場合が考えられる[1]。

　そこで，公正取引委員会は，共同研究開発に関し，研究開発の共同化及びその実施に伴う取決めについて公正取引委員会の一般的な考え方を明らかにするため，「共同研究開発に関する独占禁止法上の指針」（共同研究開発ガイドライン）を策定している。

　また，大企業とスタートアップとの連携により，チャレンジ精神のある人材の育成や活用を図り，わが国の競争力をさらに向上させることの重要性が指摘される一方で，大企業とスタートアップが共同研究開発等の連携をするにあたり，スタートアップからは，大企業と共同研究すると，特許権が大企業に独占

---

[1]　以上について，共同研究開発ガイドライン「はじめに」1。

Chapter
04 共同研究開発と独占禁止法上の留意点

されたり，周辺の特許を大企業に囲い込まれたりする，といった偏った契約実態が指摘されている。

　このような現状をふまえ，未来投資会議（令和2年4月3日開催）において，政府としてオープン・イノベーションの促進及び公正且つ自由な競争環境の確保を目指す方針が掲げられ，企業連携によるイノベーションを成功させるため，スタートアップが大企業から一方的な契約上の取決めを求められたりしないよう，問題事例とその具体的改善の方向や独占禁止法の考え方を整理したガイドラインとして，公正取引委員会と経済産業省の連名で令和3年3月29日付「スタートアップとの事業連携に関する指針」が策定された。その後，スタートアップと出資者との契約の適正化に向けた新たなガイドラインを含めた形で同指針が改正され，令和4年3月31日付「スタートアップとの事業連携及びスタートアップへの出資に関する指針」（スタートアップ事業連携ガイドライン）が策定された[2]。

　共同研究開発の実施を検討する際や共同研究開発契約の内容を検討する際には，これらの関係するガイドラインを参照し，独占禁止法違反とならないよう，又はその疑いを持たれないよう十分留意する必要がある。

　また，共同研究開発は業務提携の一種であるが，公正取引委員会の競争政策研究センターが設置した「業務提携に関する検討会」の報告書[3]においても，共同研究開発を含めた業務提携に関する独占禁止法上の考え方が示されていることから，同報告書を参照することも有益である。

　本章においては，以下，Ⅱにおいて共同研究開発ガイドライン（欧米のガイドライン等を含む。）について概観するとともに，主に共同研究開発に伴う情報交換・共有に関連して業務提携検討会報告書についても触れることとし，Ⅲにおいて共同研究開発ガイドラインを具体的な事例に即して当てはめ，検討し，Ⅳにおいてスタートアップ事業連携ガイドラインのうち共同研究開発契約に関連して問題となり得る契約段階ごとの独占禁止法上の考え方を中心に概観す

---

[2]　以上について，スタートアップ事業連携ガイドライン第1・1。

[3]　公正取引委員会・競争政策研究センター「業務提携に関する検討会報告書」（令和元年7月10日）（以下「業務提携検討会報告書」という。）。

I 共同研究開発と独占禁止法に関するガイドライン

る。

〔宇佐美 善哉〕

☞ 共同研究開発ガイドライン

正式名称：
共同研究開発に関する独占禁止法上の指針（平成5年4月20日公正取引委員会，最終改定：平成29年6月16日）

https://www.jftc.go.jp/dk/guideline/unyoukijun/kyodokenkyu.html　　　　　　　　※巻末に全文を掲載

☞ スタートアップ事業連携ガイドライン

正式名称：
スタートアップとの事業連携及びスタートアップへの出資に関する指針（令和4年3月31日公正取引委員会・経済産業省）

https://www.jftc.go.jp/dk/guideline/unyoukijun/startup.html

Chapter
04
共同研究開発と独占禁止法上の留意点

Ⅱ

共同研究開発ガイドライン

1　研究開発の共同化自体に関する独占禁止法上の留意点

1　基本的な考え方

　前述のとおり，共同研究開発は，一般的には，研究開発に要するコストの軽減，リスクの分散又は期間の短縮，異なる分野の事業者間での技術等の相互補完等により研究開発活動を活発で効率的なものとし，イノベーションを促進するものと考えられる。

　他方，共同研究開発は，複数の事業者による行為であるが，研究開発の共同化によって共同研究開発に参加する当事者間で研究開発活動が制限され，技術市場又は製品市場における競争が実質的に制限されるおそれがある場合には，その研究開発の共同化自体が不当な取引制限（独禁3条）として問題となり得る[4]。

　また，いかなる範囲の事業者間で研究開発を共同化するかは基本的に事業者の自由であるが，共同研究開発への参加制限により，参加を制限された事業者の事業活動が困難となり，市場から排除されるおそれがある場合には，私的独

---

[4]　なお，共同研究開発が事業者団体で行われる場合には事業者団体規制（独禁8条）が，共同出資会社が設立される場合には企業結合規制（独禁10条）が問題となり得る（共同研究開発ガイドライン第1・1）。

II　共同研究開発ガイドライン
1　研究開発の共同化自体に関する独占禁止法上の留意点

占（独禁3条）や不公正な取引方法（独禁19条。共同の取引拒絶〔一般指定1項〕，その他の取引拒絶〔一般指定2項〕）等の問題となることがあり得る[5]。

　さらに，共同研究開発によって，共同研究開発に参加する当事者や他の事業者のイノベーションを阻害する場合に，共同研究開発の参加当事者が行っている研究開発活動，保有している技術や生産している製品，現に活動している市場における他の事業者の研究開発活動等の状況等から，当該共同研究開発によって，どのような技術や製品について，どのような悪影響が生じるかを相当程度具体的に予見できる場合には，競争に与える影響の評価において，これを考慮することができるとされる。例えば，参入障壁が高く，一つの技術や製品の研究開発に高いコストと年月がかかり，プレーヤーも限られ，共同研究開発によってどのような新技術・新商品が世の中に出てくることになるのかについて予測可能性が高いような場合は，そのような新技術・新商品で市場を画定することが可能な場合もあり，当該共同研究開発によって見込まれる競争促進的な効果も勘案しつつ，当該共同研究開発の意欲が減退し，イノベーションへの悪影響が生じることで，当該市場における競争が制限されると評価できる場合もあるとされる。他方，将来生み出される商品やサービスが具体的に予見できるとまではいえない状態であっても，事業者間で活発な研究開発活動が行われているような状況において，共同研究開発の内容が研究開発の意欲を減退させ，イノベーションに悪影響を与えるようなものである場合には，独占禁止法上問題にすべきとも指摘されている[6]。

2　不当な取引制限等に関する留意点

　研究開発の共同化自体が不当な取引制限として独占禁止法上問題となるのは，主として競争関係にある事業者同士が研究開発を共同化する場合である。競争関係にある事業者は，それぞれがその製品，製法等についての研究開発活動を通じて，技術市場又は製品市場において競争することが期待されるところ

---

[5]　共同研究開発ガイドライン第1・2(2)。

[6]　以上について，業務提携検討会報告書第4・3。

143

Chapter 04　共同研究開発と独占禁止法上の留意点

であるが、競争関係にある事業者間が研究開発を共同化することによって、技術市場又は製品市場における競争に影響を及ぼすことがあるからである。この競争関係は、現に競争関係にある場合のみならず、潜在的な競争関係にある場合も含む。他方、競争関係にない事業者間で研究開発を共同化する場合には、通常は、独占禁止法上問題となることは少ない[7]。

このことを 図4-1 でみてみると、部品Zを内蔵する家電XのメーカーH社が部品ZのメーカーC社と研究開発を共同化したとしても、部品Zについて競争関係にあるメーカーは潜在的な競争関係にあるE社を含めて5社のままであり、また、家電Xについて競争関係にあるメーカーも潜在的な競争関係にあるJ社を含めて5社のままであるため、競争関係にある事業者の数に変わりはなく、競争に及ぼす影響は少ない。

他方、家電XのメーカーであるF社・G社・H社が研究開発を共同化した場

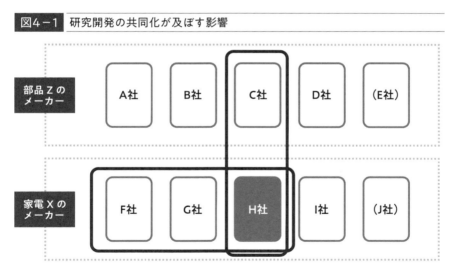

図4-1　研究開発の共同化が及ぼす影響

※（　）内の会社は、部品Zや家電Xを製造していないが、他の部品メーカーや家電メーカーと潜在的な競争関係にある会社を示す。

---

[7] 共同研究開発ガイドライン第1・1。

合，当該研究開発の対象に関しては，家電Ｘについて競争関係にあるメーカーの数が潜在的な競争関係にあるＪ社を含めて3つに減少してしまい，競争に与える影響が大きくなり得ることがわかる。

　共同研究開発は，多くの場合，少数の事業者間で行われており，独占禁止法上問題となるものは多くないものと考えられる。例外的に問題となる場合としては，例えば，寡占産業における複数の事業者が，又は，製品市場において競争関係にある事業者の大部分が，各参加事業者が単独でも行い得るにもかかわらず，当該製品の改良又は代替品の開発について共同して行うことにより，参加者間で研究開発活動を制限し，技術市場又は製品市場における競争が実質的に制限される場合等である。

　研究開発の共同化が独占禁止法上問題となるか否かについては，個々の事案について，競争促進的効果を考慮しつつ，技術市場又は製品市場における競争が実質的に制限されるか否かによって判断されるが，その際には，①参加者の数，市場シェア等，②研究の性格，③共同化の必要性，④対象範囲，期間等を総合的に勘案することとなる。

(1) 参加者の数，市場シェア等

　一般に参加者の市場シェアが高く，技術開発力等の事業能力において優れた事業者が参加者に多いほど，独占禁止法上問題となる可能性は高くなり，反対に参加者の市場シェアが低く，参加者の数が少ないほど，独占禁止法上問題となる可能性は低くなる。

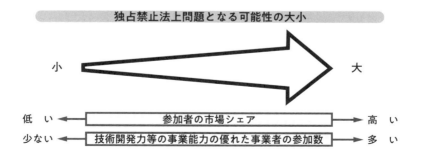

Chapter
04
共同研究開発と独占禁止法上の留意点

　この点，共同研究開発ガイドラインでは，製品市場において競争関係にある事業者間で行う当該製品の改良又は代替品の開発のための共同研究開発については，参加者の当該製品の市場シェアの合計が20％以下である場合には，通常は，独占禁止法上問題とならないとされている。これを一般にセーフハーバーという。なお，仮に参加者の市場シェアの合計が20％を超える場合であっても，直ちに独占禁止法違反と判断されるわけではなく，図4－2の(1)～(4)の事項を総合的に勘案して判断される。

　また，製品とは別に共同研究開発の成果である技術自体が取引される技術市場が考えられるが，技術市場における競争制限の判断にあたっては，参加者の市場シェアによるのではなく，当該技術市場において研究開発の主体が相当数存在するかどうかを基準として判断することとなる。なお，技術はその移転コストが低く，国際的な取引の対象となっていることから，当該技術市場における顕在的又は潜在的な研究開発主体としては，国内事業者だけでなく，外国事業者をも考慮に入れる必要がある。通常は，相当数の研究開発主体が存在する

図4－2	セーフハーバーの考え方

製品市場	参加者の製品市場シェア合計：20％以下	通常，独占禁止法上問題とならない
	参加者の製品市場シェア合計：20％超	以下の事項を総合的に勘案して独占禁止法上問題となるか否かを判断 (1)参加者の数，市場シェア等 (2)研究の性格 (3)共同化の必要性 (4)対象範囲，期間等
技術市場		当該技術市場において研究開発の主体が相当数存在する場合は独占禁止法上問題となる可能性は低い

146

ことが多く，そのような場合には，独占禁止法上問題となる可能性は低いとされる[8]。

(2) 研究の性格

研究開発は，その研究の性格や段階に応じて基礎研究，応用研究及び開発研究に類型化することができる。特定の製品開発を対象としない基礎研究について共同研究開発が行われたとしても，通常は，製品市場における競争に影響が及ぶことは少なく，独占禁止法上問題となる可能性は低い。他方，開発研究については，その成果がより直接的に製品市場に影響を及ぼすものであるから，独占禁止法上問題となる可能性も高くなる[9]。

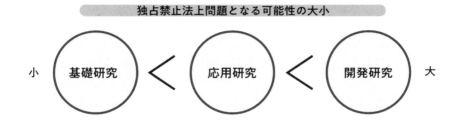

(3) 共同化の必要性

研究に係るリスク又はコストが膨大であり単独で負担することが困難な場合や，自己の技術的蓄積，技術開発能力等からみて他の事業者と共同で研究開発を行う必要性が大きい場合等には，研究開発の共同化は研究開発の目的を達成するために必要なものと認められ，独占禁止法上問題となる可能性は低い[10]。

---

[8] 以上について，共同研究開発ガイドライン第1・2(1)[1]。
[9] 以上について，共同研究開発ガイドライン第1・2(1)[2]。
[10] 共同研究開発ガイドライン第1・2(1)[3]。

Chapter 04

共同研究開発と独占禁止法上の留意点

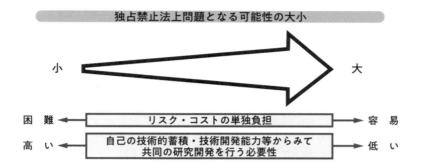

(4) 対象範囲，期間等

　共同研究開発の対象範囲，期間等が明確に画定されている場合には，それらが必要以上に広汎に定められている場合に比して，市場における競争に及ぼす影響は小さい[11]。

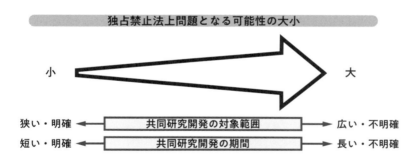

3　私的独占等に関する留意点

　前述のとおり，いかなる範囲の事業者間で研究開発を共同化するかは基本的に事業者の自由であるが，参加者の市場シェアの合計が相当程度高く，規格の統一又は標準化につながる等の当該事業に不可欠な技術の開発を目的とする共同研究開発において，ある事業者が参加を制限され，これによってその事業活

---

[11]　共同研究開発ガイドライン第1・2(1)[4]。

動が困難となり，市場から排除されるおそれがある場合に，例外的に研究開発の共同化が私的独占（独禁3条）や不公正な取引方法（独禁19条。共同の取引拒絶〔一般指定1項〕，その他の取引拒絶〔一般指定2項〕）等の問題となることがある[12]。なお，かかる場合について，不当な取引制限（独禁3条）とすることが妥当な場合もあり得るとの指摘もある[13]。

　もっとも，共同研究開発への参加を制限された事業者に当該共同研究開発の成果に関するアクセス（合理的な条件による成果の利用や成果に関する情報の取得等）が保証され，その事業活動が困難となるおそれがなければ，独占禁止法上問題とはならない[14]。

2　共同研究開発の実施に伴う取決めに関する独占禁止法上の留意点

1　基本的な考え方

　研究開発の共同化自体が独占禁止法上問題とならない場合であっても，共同研究開発の実施に伴う取決めが市場における競争に影響を及ぼし，独占禁止法上問題となる場合がある。すなわち，共同研究開発の実施に伴う取決めによって，参加者の事業活動を不当に拘束し，公正な競争を阻害するおそれがある場合には，不公正な取引方法（独禁19条）の問題となる。また，製品市場において競争関係にある事業者間で行われる共同研究開発において，当該製品の価格，数量等について相互に事業活動の制限がなされる場合には，主として不当な取引制限（独禁3条）の観点から問題となり得る[15]。

　共同研究開発ガイドラインは，共同研究開発の実態をふまえ，共同研究開発の実施に伴う取決めを「共同研究開発の実施に関する事項」，「共同研究開発の

---

[12]　共同研究開発ガイドライン第1・2(2)。

[13]　金井貴嗣ほか編著『独占禁止法〔第6版〕』（弘文堂，2018）99頁。

[14]　共同研究開発ガイドライン第1・2(2)。

[15]　以上について，共同研究開発ガイドライン第2・1。

Chapter 04
共同研究開発と独占禁止法上の留意点

成果である技術に関する事項」及び「共同研究開発の成果である技術を利用した製品に関する事項」の３つに分け，さらに，「原則として不公正な取引方法に該当しないと認められる事項」（白条項），「不公正な取引方法に該当するおそれがある事項」（灰色条項）及び「不公正な取引方法に該当するおそれが強い事項」（黒条項）に分けて，不公正な取引方法の観点から，独占禁止法上の考え方を明らかにしている[16]。

　この点，共同研究開発の円滑な実施のために必要とされる合理的な範囲のものや競争に及ぼす影響が小さいと考えられるものは，原則として不公正な取引方法に該当せず，独占禁止法上問題とならない一方，共同研究開発の実施に必要とは認められず，また，課される制限の内容自体からみて公正な競争を阻害するおそれ（公正競争阻害性）が強いものは，特段の正当化事由がない限り，不公正な取引方法に該当すると考えられる。公正競争阻害性の有無については，参加者の市場における地位，参加者間の関係，市場の状況，制限が課される期間の長短等が総合的に勘案されることとなる。この場合，参加者の市場における地位が有力であるほど，市場における競争が少ないほど，また，制限が課される期間が長いほど，公正な競争が阻害されるおそれが強い[17]。

　また，取決めの内容が，共同研究開発の参加者間で著しく均衡を失し，これによって特定の参加者が不当に不利益を受けることとなる場合には，優越的地位の濫用（独禁２条９項５号）や共同行為における差別取扱い（一般指定５項）が問題となり得る（☞スタートアップとの共同研究開発における優越的地位の濫用についてはⅣを参照）。

　共同研究開発ガイドライン上の黒条項，灰色条項及び白条項の一覧表については，後掲の 図4-4 （156ページ）， 図4-6 （161ページ）， 図4-7 （164ページ）を参照されたい。

---

[16]　なお，共同研究開発の実施に伴う取決めについては共同研究開発ガイドラインが適用されるが，共同研究開発の成果の第三者へのライセンス契約については，公正取引委員会「知的財産の利用に関する独占禁止法上の指針」（平成19年９月28日，最終改正：平成28年１月21日）が適用される。

[17]　以上について，共同研究開発ガイドライン第２・２。

150

II　共同研究開発ガイドライン
2　共同研究開発の実施に伴う取決めに関する独占禁止法上の留意点

❷　共同研究開発の実施に関する事項

(1)　研究開発の目的，期間，分担等の取決め

　共同研究開発の目的や期間を定めることや参加者の分担（業務分担や費用負担等）について取り決めることは，共同研究開発の実施に必要な事項であり，原則として不公正な取引方法に該当しない[18]。

(2)　情報開示，秘密保持義務等の取決め等

(a)　情報開示，秘密保持義務等の取決め

　共同研究開発のために必要な技術等（知見，データ等を含む。以下同じ。）の情報（共同研究開発の過程で得られたものを含む。以下同じ。）を参加者間で開示する義務を課すこと，他の参加者から開示された技術等の情報に関して秘密保持義務を課すこと，技術等の情報以外に共同研究開発に関して他の参加者から得た情報のうち特に秘密とされているもの（共同研究開発の実施自体が秘密とされている場合を含む。）について秘密保持義務を課すこと，分担した研究の進捗状況を参加者間で報告する義務を課すこと等自体は，共同研究開発の実施に必要な事項であり，原則として不公正な取引方法に該当しない[19]。

　また，共同研究開発に際して，他の参加者から開示された技術等を共同研究開発のテーマ（共同研究開発の対象範囲をいう。以下同じ。）以外に流用することを制限することは，技術等の流用防止のために必要な範囲内であれば，共同研究開発の実施に必要且つ合理的な事項であり，原則として不公正な取引方法に該当しない。しかし，開示された技術等をそのまま流用するのではなく，それから着想を得て全く別の技術を開発することまで制限するような場合には，技術等の流用防止のために必要且つ合理的な範囲を超えて，参加者の事業活動を不当に拘束するものであり，不公正な取引方法，具体的には拘束条件付取引（一般指定12項）に該当するおそれがある[20]。

---

[18]　共同研究開発ガイドライン第2・2(1)ア[1]。

[19]　共同研究開発ガイドライン第2・2(1)ア[2]・[3]・[4]・[5]。

[20]　以上について，共同研究開発ガイドライン第2・2(1)ア[6]・イ[1]。

151

Chapter 04
共同研究開発と独占禁止法上の留意点

(b) 情報交換・共有の問題点

　共同研究開発の準備や実施に際しては，参加間で共同研究開発に必要な一定の情報の交換・共有が行われるのが一般的である。共同研究開発の各参加者は，それぞれの持つ技術やノウハウの情報を持ち寄り，新しい技術や製品の開発を目指すことになる。このように，共同研究開発においては，参加者間で，共同研究開発に必要な一定の情報交換・共有を行いつつ，参加者が単独では達成することができない効率的な研究開発活動が実現することを通じて競争促進的な効果をもたらすことが期待されている[21]。

　他方，共同研究開発の参加者間の情報交換・共有に伴って市場の透明性が高まり，参加者相互の行動を予測しやすくなると，参加者間で協調的な行動をとることができる条件について共通認識を持つようになる可能性がある。また，参加者が互いに協調的な行動からの逸脱があったかどうかを監視することができるようになり，逸脱行動に対する報復を適時に行うことが容易になる等，協調的な行動が助長されやすくなるという側面がある。とりわけ，交換・共有される情報が価格，数量，コストや需要等，競争上重要な情報であればあるほど，参加者が相互の行動を予測しやすくなり，情報交換・共有の頻度が高いほど，参加者間で相互の行動を予測しやすくなる。さらに，透明性が高く，寡占的で，需給の変動が少ない，コスト構造・シェア・製造する製品等が同質的といった要素を備える市場においては，一般的に協調的な行動が助長されやすいと考えられる。そのような場合，情報交換・共有により，市場の透明性が高まり，協調的な行動が助長されるおそれも一層高まると考えられる[22]。

　さらにまた，情報交換・共有は，カルテル形成の道具や状況証拠として取り扱われるおそれがあるだけでなく，欧米等では，情報交換・共有それ自体が違法行為とされる場合もあり得る。

　そのため，共同研究開発において，参加者間で情報交換・共有する際には，対象となる情報の内容やその取扱い等に留意が必要となる。具体的には，交換・共有される情報が当該共同研究開発の実施に必要な範囲のものとなってい

---

[21]　以上について，業務提携検討会報告書第4・1⑴。

[22]　以上について，業務提携検討会報告書第4・1⑵。

Ⅱ　共同研究開発ガイドライン
2　共同研究開発の実施に伴う取決めに関する独占禁止法上の留意点

るか（共同研究開発において製品の生産量や販売価格の情報まで共有することになっていないか等）を検討するとともに，競争上重要な意味を持つ情報を交換・共有する必要がある場合には，情報遮断措置を含めた情報の取扱方法も検討する必要がある[23]。例えば，共同研究開発に関与しない部門との間のファイアーウォールの設置，共同研究開発に従事する者との秘密保持契約の締結，共同研究開発に従事する者の情報へのアクセスの制限等が考えられるほか，情報管理者の設置，共同研究開発に従事する者を一定期間他の関係部門に配置しない人事上の対応等をとることが考えられる[24]。

(3)　研究開発の制限等の取決め

(a)　共同研究開発のテーマ以外のテーマの研究開発の制限

共同研究開発のテーマ以外のテーマの研究開発を制限することは，基本的に共同研究開発の実施に必要な事項ではなく，参加者の研究開発活動を不当に拘束するものであって，公正競争阻害性が強いものと考えられる（拘束条件付取引〔一般指定12項〕）[25]。

もっとも，共同研究開発の成果に関する紛争の防止又は参加者を共同研究開発に専念させるために必要と認められる場合に，共同研究開発のテーマと極めて密接に関連するテーマの第三者との研究開発を共同研究開発実施期間中又は共同研究開発終了後の合理的期間（背信行為の防止又は権利の帰属の確定のために必要と認められる期間）に限って制限することは，原則として公正競争阻害性がなく，不公正な取引方法に該当しない[26]。他方，共同研究開発のテーマと極めて密接に関連するテーマであっても，参加者の独自の研究開発を制限することは，通常，背信行為の防止や権利の帰属確定のため合理的に必要な範囲を超えた制限と考えられ，不公正な取引方法に該当するおそれが強いと考えられる。なお，共同研究開発の参加者間の背信行為の防止や権利の帰属確定について

---

[23]　業務提携検討会報告書第4・1(4)。

[24]　業務提携検討会報告書第4・1(5)。

[25]　共同研究開発ガイドライン第2・2(1)ウ[1]。

[26]　共同研究開発ガイドライン第2・2(1)ア[8]・[9]。

153

Chapter
04 共同研究開発と独占禁止法上の留意点

は，後述の成果の帰属の取決め等で解決が可能と考えられる[27]。

(b) 共同研究開発のテーマと同一テーマの研究開発の制限

共同研究開発のテーマと同一のテーマの独自の又は第三者との研究開発を共同研究開発実施期間中について制限することは，参加者を共同研究開発に専念させるために必要な制限であり，原則として不公正な取引方法に該当しない[28]。

他方，共同研究開発のテーマと同一のテーマであっても，共同研究開発終了後について制限することは，参加者の研究開発活動を不当に拘束するものであって，公正競争阻害性が強いものと考えられる（拘束条件付取引〔一般指定12項〕）[29]。ただし，共同研究開発の成果について争いが生じることを防止するため又は参加者を共同研究開発に専念させるために必要と認められる場合に，共同研究開発終了後の合理的期間（背信行為の防止又は権利の帰属の確定のために必要と認められる期間）に限って第三者との研究開発を制限することは，原則として

図4-3 研究開発の制限等

		制限対象テーマ		
		共同研究開発と無関係のテーマ	極めて密接に関連するテーマ	同一テーマ
共同研究開発期間中	独　自	×	×	○
	第三者	×	○	○
共同研究開発終了後	独　自	×	×	×
	第三者	×	△	△

○は原則として不公正な取引に該当しないこと，△は例外的に合理的期間に限って制限することは不公正な取引方法に該当しないこと，×は不公正な取引方法に該当するおそれが強いことを示す。

---

[27] 平林英勝編著『共同研究開発に関する独占禁止法ガイドライン』（商事法務研究会，1993）83～84頁。

[28] 共同研究開発ガイドライン第2・2(1)ア[7]。

[29] 共同研究開発ガイドライン第2・2(1)ウ[2]。

Ⅱ　共同研究開発ガイドライン
2　共同研究開発の実施に伴う取決めに関する独占禁止法上の留意点

公正競争阻害性がなく，不公正な取引方法に該当しない[30]。しかし，参加者の独自の研究開発を共同研究開発終了後も制限することは，通常，背信行為の防止や権利の帰属確定のため合理的に必要な範囲を超えた制限と考えられ，不公正な取引方法に該当するおそれが強いと考えられる。

　上記 (a)・(b) の内容を整理すると，■図4−3■ のとおりである。

(4)　技術の導入，使用，実施許諾等の取決め

(a)　技術の導入の制限

　参加者を共同研究開発に専念させるために必要と認められる場合に，共同研究開発実施期間中において，共同研究開発の目的とする技術と同種の技術を他から導入することを制限することは，共同研究開発の実施に必要な制限であり，原則として不公正な取引方法に該当しない[31]。

　しかし，共同研究開発の参加者が，共同研究開発に関係する知見，成果等に関する権利を放棄するなどして共同研究開発から離脱し，他から優れた技術を導入することを希望する場合にまでそれを認めないといった制限は，共同研究開発の実施のために必要な範囲を超えて参加者の事業活動を不当に拘束するものである。このような取決めは，競合する技術を保有する事業者の取引機会を奪い，又は，参加者の技術選択の自由を奪うものであって，不公正な取引方法（排他条件付取引〔一般指定11項〕・拘束条件付取引〔一般指定12項〕）に該当するおそれがあるものと考えられる[32]。

(b)　既存技術の使用，第三者への実施許諾等の制限

　既存の技術の自らの使用又は第三者への実施許諾等を制限する取決めは，通常，共同研究開発の実施のために必要とは認められないものであって，不公正な取引方法（拘束条件付取引〔一般指定12項〕）に該当するおそれが強いものと考えられる[33]。

---

[30]　共同研究開発ガイドライン第2・2⑴ア[9]。

[31]　共同研究開発ガイドライン第2・2⑴ア[10]。

[32]　共同研究開発ガイドライン第2・2⑴イ[2]。

[33]　共同研究開発ガイドライン第2・2⑴ウ[3]。

Chapter
04　共同研究開発と独占禁止法上の留意点

⑸　競合製品等の生産・販売を制限する取決め

　共同研究開発の成果に基づく製品以外の競合する製品等について，参加者の生産又は販売活動を制限することは，通常，共同研究開発の実施のために必要とは認められないものであって，不公正な取引方法（拘束条件付取引〔一般指定12

図4-4　共同研究開発ガイドラインの概要① ～共同研究開発の実施に関する事項

黒条項	①　共同研究開発のテーマ以外のテーマの研究開発を制限すること ②　共同研究開発のテーマと同一のテーマの研究開発を共同研究開発終了後について制限すること ③　既有の技術の自らの使用，第三者への実施許諾等を制限すること ④　共同研究開発の成果に基づく製品以外の競合する製品等について，参加者の生産又は販売活動を制限すること
灰色条項	①　技術等の流用防止のために必要な範囲を超えて，共同研究開発に際して他の参加者から開示された技術等を共同研究開発以外のテーマに使用することを制限すること ②　共同研究開発の実施のために必要な範囲を超えて，共同研究開発の目的とする技術と同種の技術を他から導入することを制限すること

156

II　共同研究開発ガイドライン
2　共同研究開発の実施に伴う取決めに関する独占禁止法上の留意点

項〕）に該当するおそれが強いものと考えられる[34]。

_____

[34]　共同研究開発ガイドライン第2・2(1)ウ[4]。

_____

白 条 項	①　研究開発の目的，期間，分担等（業務分担，費用負担等）を取り決めること
	②　共同研究開発のために必要な技術等（知見，データ等を含む。以下同じ。）の情報（共同研究開発の過程で得られたものを含む。以下同じ。）を参加者間で開示する義務を課すこと
	③　②で他の参加者から開示された技術等の情報に関する秘密を保持する義務を課すこと
	④　②の技術等の情報以外に共同研究開発に関して他の参加者から得た情報のうち特に秘密とされているもの（共同研究開発の実施自体が秘密とされている場合を含む。）の秘密を保持する義務を課すこと
	⑤　分担した研究の進捗状況を参加者間で報告する義務を課すこと
	⑥　②で他の参加者から開示された技術等を共同研究開発のテーマ（共同研究開発の対象範囲をいう。以下同じ。）以外に流用することを制限すること
	⑦　共同研究開発のテーマと同一のテーマの独自の又は第三者との研究開発を共同研究開発実施期間中について制限すること
	⑧　共同研究開発の成果について争いが生じることを防止するため又は参加者を共同研究開発に専念させるために必要と認められる場合に，共同研究開発のテーマと極めて密接に関連するテーマの第三者との研究開発を共同研究開発実施期間中について制限すること
	⑨　共同研究開発の成果について争いが生じることを防止するため又は参加者を共同研究開発に専念させるために必要と認められる場合に，共同研究開発終了後の合理的期間に限って，共同研究開発のテーマと同一又は極めて密接に関連するテーマの第三者との研究開発を制限すること
	⑩　参加者を共同研究開発に専念させるために必要と認められる場合に，共同研究開発実施期間中において，共同研究開発の目的とする技術と同種の技術を他から導入することを制限すること
	⑪　共同研究開発への他の事業者の参加を制限すること

157

Chapter

04 　共同研究開発と独占禁止法上の留意点

❸　共同研究開発の成果である技術に関する事項

(1)　成果の定義，帰属等の取決め

　　共同研究開発の成果としてどのような内容が含まれるか成果について定義を定めること，また，その成果が共同研究開発の参加者のうち誰に帰属するかについて取り決めることは，共同研究開発の成果に関する紛争防止等のために必要な事項であり，原則として不公正な取引方法に該当しない[35]。

　　ただし，成果の帰属の取決めの場合であっても，その内容において参加者間で著しく均衡を失し，これによって特定の参加事業者が不当に不利益を受けることとなる場合には優越的地位の濫用（独禁2条9項5号）等の不公正な取引方法の問題となるので，注意を要する（☞この点は，Ⅳ4❶のスタートアップ事業連携ガイドラインに関する箇所で改めて論じるので，そちらを参照されたい）。

(2)　成果の利用，実施許諾等の取決め

(a)　成果を利用した研究開発の制限

　　共同研究開発の成果を利用した参加者独自の研究開発を制限することは，参加者の研究開発活動を不当に拘束するものであって，公正競争阻害性が強いものと考えられ，不公正な取引方法（拘束条件付取引〔一般指定12項〕）に該当するおそれが強い[36]。

(b)　成果の第三者への実施許諾等の制限

　　共同研究開発の成果の第三者への実施許諾を制限することや第三者への実施許諾に係る実施料の分配等を取り決めることは，共同研究開発の成果への貢献度の反映等に必要な事項であり，原則として不公正な取引方法に該当しない[37]。

　　ただし，共同研究開発の参加者の市場シェアの合計が相当程度高く，規格の統一又は標準化につながる等の当該事業に不可欠な技術の開発を目的とする共同研究開発において，ある事業者が参加を制限され，これによってその事業活

---

[35]　共同研究開発ガイドライン第2・2(2)ア[1]。

[36]　共同研究開発ガイドライン第2・2(2)イ[1]。

[37]　共同研究開発ガイドライン第2・2(2)ア[2]・[3]。

動が困難となり，市場から排除されるおそれがある場合に，共同研究開発の成果の第三者への実施許諾を制限する行為が，例外的に私的独占（独禁3条）や不公正な取引方法（独禁19条〔共同の取引拒絶（一般指定1項），その他の取引拒絶（一般指定2項）〕）等の問題となることがある[38]。

　また，これらの取決めがその内容において参加者間で著しく均衡を失し，これによって特定の参加事業者が不当に不利益を受けることとなる場合には優越的地位の濫用（独禁2条9項5号）等の不公正な取引方法の問題となることは，上記(1)の場合と同様である。

(3)　秘密保持義務等の取決め

　共同研究開発の成果に係る秘密を保持する義務を課すことは，共同研究開発の成果（ノウハウ等）の価値を維持するために必要な事項であり，原則として不公正な取引方法に該当しない[39]。

(4)　改良発明等に関する取決め

　共同研究開発の成果の改良発明等を他の参加者へ譲渡する義務を課すこと又は他の参加者へ独占的に実施許諾する義務を課すことは，共同研究開発の参加者が成果の改良のための研究開発を行うインセンティブを減殺させるものであって，公正競争阻害性が強いものと考えられ，不公正な取引方法（拘束条件付取引〔一般指定12項〕）に該当するおそれが強い[40]。

　他方，共同研究開発の成果の改良発明等について，単に他の参加者へ開示する義務を課すこと又は他の参加者へ非独占的に実施許諾する義務を課すことは，参加者が成果の改良のための研究開発を行うインセンティブを減殺するものとはいえず，原則として不公正な取引方法には該当しない[41]。ただし，これらの取決めがその内容において参加者間で著しく均衡を失し，これによって特

---

[38]　共同研究開発ガイドライン第2・2(2)ア[2]。

[39]　共同研究開発ガイドライン第2・2(2)ア[4]。

[40]　共同研究開発ガイドライン第2・2(2)イ[2]。

[41]　共同研究開発ガイドライン第2・2(2)ア[5]。

図4−5 改良発明等の取扱い

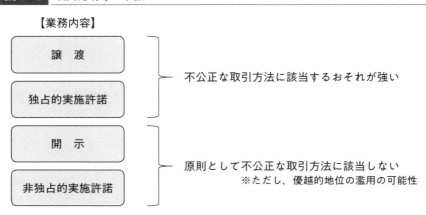

定の参加事業者が不当に不利益を受けることとなる場合には優越的地位の濫用（独禁2条9項5号）等の不公正な取引方法の問題となることは，上記(1)及び(2)(b)の場合と同様である。

4 共同研究開発の成果である技術を利用した製品に関する事項

(1) 成果に基づく製品の第三者への販売価格の制限

共同研究開発の成果である技術を利用した製品の第三者への販売価格を制限することは，制限を課された共同研究開発の参加者の重要な競争手段である価格決定の自由を奪うこととなり，公正競争阻害性が強いものと考えられ，不公正な取引方法（拘束条件付取引〔一般指定12項〕）に該当するおそれが強い[42]。

また，かかる制限が競争事業者間においてなされた場合，当該製品に関する価格カルテルとして不当な取引制限（独禁3条）に該当するおそれもある。

もっとも，かかる取決めは，共同研究開発の成果の参加者間での配分や参加者が投資したコストを回収することを目的として設けられる場合がある。その

---

[42] 共同研究開発ガイドライン第2・2(3)ウ[1]。

Ⅱ 共同研究開発ガイドライン
2 共同研究開発の実施に伴う取決めに関する独占禁止法上の留意点

図4－6	共同研究開発ガイドラインの概要② ～共同研究開発の成果である技術に関する事項
黒条項	① 成果を利用した研究開発を制限すること ② 成果の改良発明等を他の参加者へ譲渡する義務を課すこと又は他の参加者へ独占的に実施許諾する義務を課すこと
白条項	① 成果の定義又は帰属を取り決めること ② 成果の第三者への実施許諾を制限すること ③ 成果の第三者への実施許諾に係る実施料の分配等を取り決めること ④ 成果に係る秘密を保持する義務を課すこと ⑤ 成果の改良発明等を他の参加者へ開示する義務を課すこと又は他の参加者へ非独占的に実施許諾する義務を課すこと

ように目的が正当であり，制限の期間が当該目的に照らして合理的な期間に限定されている場合には，かかる取決めも正当化され，不公正な取引方法に該当しない場合があり得ると思われる。この点，公正取引委員会が公表している「独占禁止法に関する相談事例集（平成16年度）」事例５（☞後述Ⅲ２の事例６参照）では，共同研究開発の参加者が他の参加者に「他社より有利な条件で供給することを義務付けることは，共同研究開発の成果を両者の間で配分する手段として行われる場合においては，制限が合理的な期間にとどまる限り不当性を有するものではない。」と述べられており，かかる制限が一定の場合には認められ得ることを示唆していると思われる。

⑵ 成果に基づく製品の生産・販売の地域・数量の制限

　共同研究開発の成果である技術を利用した製品の生産・販売の地域を制限することや生産・販売の数量を制限することは，本来事業者が自主的に判断すべき製品の生産・販売地域や数量を制限することになるため，事案によっては，不公正な取引方法に該当し得る[43]。その判断にあたっては，共同研究開発の参

---

[43] 共同研究開発ガイドライン第２・２⑶イ[1]・[2]。

Chapter
04 共同研究開発と独占禁止法上の留意点

加者の市場における地位，参加者間の関係，市場の状況，制限が課される期間
の長短等を総合的に勘案し，公正な競争を阻害するおそれがあると判断される
場合には，不公正な取引方法（排他条件付取引〔一般指定11項〕又は拘束条件付取引
〔一般指定12項〕等）が問題となる。

　また，製品の販売地域や生産・販売数量の制限が競争事業者間においてなさ
れた場合，当該製品に関するカルテルとして不当な取引制限（独禁３条）に該
当するおそれもある。

⑶　成果に基づく製品の販売先や原材料・部品の購入先の制限

　共同研究開発の成果である技術を利用した製品の販売先や原材料・部品の購
入先を制限することは，本来事業者が自主的に判断すべき製品の販売先や原材
料・部品の購入先を制限することになるため，事案によっては，不公正な取引
方法に該当し得る[44]。その判断にあたっては，共同研究開発の参加者の市場に
おける地位，参加者間の関係，市場の状況，制限が課される期間の長短等を総
合的に勘案し，公正な競争を阻害するおそれがあると判断される場合には，不
公正な取引方法（排他条件付取引〔一般指定11項〕又は拘束条件付取引〔一般指定12項〕
等）が問題となる。とりわけ，取引関係にある事業者間で行う製品の改良又は
代替品の開発のための共同研究開発については，市場における有力な事業者に
よってこのような制限が課されることにより，新規参入者や既存の競争者にと
って，代替的な取引先を容易に確保することができなくなり，事業活動に要す
る費用が引き上げられる，新規参入や新商品開発等の意欲が損なわれるといっ
た，新規参入者や既存の競争者が排除される又はこれらの取引機会が減少する
ような状態をもたらすおそれが生じる場合には，公正な競争を阻害するおそれ
があるものと考えられる[45]。なお，ここでいう「市場における有力な事業者」
とは，当該製品の市場シェアを基準として判断され，シェアが20％を超えるこ
とが一応の目安とされる[46]。

　他方，共同研究開発の成果であるノウハウの秘密性を保持するために必要な

---

[44]　共同研究開発ガイドライン第２・２⑶イ[3]・[4]。

[45]　共同研究開発ガイドライン第２・２⑶イのなお書。

162

場合又は成果に基づく製品の品質を確保することが必要な場合に，合理的な期間に限って，共同研究開発の成果に基づく製品の販売先や原材料・部品の購入先を他の参加者又はその指定する事業者に制限することは，共同研究開発のために必要且つ合理的な事項であり，公正な競争を阻害するおそれはなく，認められる。ここでいう「合理的な期間」とは，リバース・エンジニアリング等によりその分野における技術水準からみてノウハウの取引価値がなくなるまでの期間，同等の原材料又は部品が他から入手できるまでの期間等により判断されるが[47]，かかる期間は製品サイクル等により異なり得る。また，公正取引委員会が公表している「独占禁止法に関する相談事例集（平成28年度）」事例3（で後述Ⅲ2の事例5参照）では，共同研究開発の成果に基づく製品の販売先を合理的な期間に限って制限することは，共同研究開発の成果である技術の競争者への流出を防止するだけでなく，「共同研究開発に要した投資の回収のために必要とされる範囲のもの」として原則として独占禁止法上問題となるものではないとしており，かかる投資回収の観点からの合理的な期間内の制限も認められ得ることを示唆していると思われる。

⑷　成果に基づく製品の品質・規格の制限

　共同研究開発の成果である技術を利用した製品の品質・規格を制限することは，本来事業者が自主的に判断すべき製品の品質や規格を制限することになるため，事案によっては，不公正な取引方法に該当し得る[48]。その判断にあたっては，共同研究開発の参加者の市場における地位，参加者間の関係，市場の状況，制限が課される期間の長短等を総合的に勘案し，公正な競争を阻害するおそれがあると判断される場合には，不公正な取引方法（拘束条件付取引〔一般指定12項〕等）が問題となる。

　他方，共同研究開発の成果である技術を利用した製品について，共同研究開

---

[46]　公正取引委員会事務局「流通・取引慣行に関する独占禁止法上の指針」（平成3年7月11日，最終改正：平成29年6月16日）第1部3⑷。

[47]　以上について，共同研究開発ガイドライン第2・2⑶ア。

[48]　共同研究開発ガイドライン第2・2⑶イ[5]。

Chapter

04 共同研究開発と独占禁止法上の留意点

発の他の参加者から供給を受ける場合に，成果である技術の効用を確保するために必要な範囲で，その供給を受ける製品について一定以上の品質又は規格を維持する義務を課すことは，取引関係上必要な事項であり，合理的な制約であるから，公正な競争を阻害するおそれはない[49]。

図4-7	共同研究開発ガイドラインの概要③ 〜共同研究開発の成果である技術を利用した製品に関する事項
黒条項	○ 成果に基づく製品の第三者への販売価格を制限すること
灰色条項	① 成果に基づく製品の生産又は販売地域を制限すること ② 成果に基づく製品の生産又は販売数量を制限すること ③ 成果に基づく製品の販売先を制限すること ④ 成果に基づく製品の原材料又は部品の購入先を制限すること ⑤ 成果に基づく製品の品質又は規格を制限すること
白条項	① 成果であるノウハウの秘密性を保持するために必要な場合に，合理的な期間に限って，成果に基づく製品の販売先について，他の参加者又はその指定する事業者に制限すること ② 成果であるノウハウの秘密性を保持するために必要な場合又は成果に基づく製品の品質を確保することが必要な場合に，合理的な期間に限って，成果に基づく製品の原材料又は部品の購入先について，他の参加者又はその指定する事業者に制限すること ③ 成果に基づく製品について他の参加者から供給を受ける場合に，成果である技術の効用を確保するために必要な範囲で，その供給を受ける製品について一定以上の品質又は規格を維持する義務を課すこと

---

[49] 共同研究開発ガイドライン第2・2(3)ア[3]。

3 欧米のガイドライン等

　共同研究開発を行う場合，とりわけ海外企業との間でこれを行う場合には，当該研究開発の共同化自体，また共同研究開発の実施に伴う取決めが参加企業の所在する国・地域や共同研究開発の成果が実施される国・地域の独占禁止法（競争法・反トラスト法）に抵触しないか留意する必要がある。ここでは米国反トラスト法と EU 競争法に関して簡単に触れることとする。

1 米　　国

　米国では，連邦取引委員会（Federal Trade Commission）及び司法省（Department of Justice）という 2 つの連邦レベルの反トラスト法執行機関が連名で競争事業者間における業務提携に関するガイドライン[50]を公表している。同ガイドラインでは競争事業者間の業務提携が競争促進的な場合が多いことを認め，これを前提に，一般的な競争事業者間の業務提携に関するセーフハーバーと共同研究開発に関する技術市場（innovation market）におけるセーフハーバーについて記載している[51]。そして，前者については，業務提携の参加者及び当該業務提携自体の合計の市場シェアが20％以下である場合には，原則として問題としないとし，後者については，当該共同研究開発以外に 3 つ以上の代替的且つ独立し

---

[50]　Antitrust Guidelines for Collaborations Among Competitors（April 2000）.

[51]　ただし，競争事業者間による価格や生産量の合意，入札談合，顧客・供給者・地域・商流等の割当てによる市場分割等の当然違法に該当する場合や，企業結合の分析が妥当する場合（具体的には，①参加者がその関連市場の競争事業者であり，②業務提携の形成が，関連市場における経済活動の効率性を高める統合を伴い，③当該統合により当該市場における参加者間の全ての競争が排除され，④当該業務提携が，独自の具体的且つ明示的な条件により十分に限定された期間内に終了しない場合〔一般的に10年程度の期間であれば企業結合と同様と捉えられるが，この期間は技術のライフサイクル等，業界特有の状況により変わり得る。〕）にはセーフハーバーは適用されない。

165

Chapter

04 共同研究開発と独占禁止法上の留意点

た研究開発が行われている場合[52]には，原則として問題としないとする。

2 欧 州

　欧州では，EUレベルにおいては，共同行為規制として欧州機能条約[53]101条，市場支配的地位の濫用の規制として同102条がそれぞれ競争法の実体規定として定められている。そして共同研究開発については，一括適用免除規則[54]が定められており，競争法の禁止規定の適用を一括で免除している。一括適用免除規則は，研究開発及びその成果の活用における協力は，当事者が補完的な技術，資産又は活動を提供する場合には，技術的・経済的進歩を促進する可能性が高いと評価したうえで，競争事業者間における共同研究開発については，共同研究開発の参加者（資金提供者を含む。）の合計の市場シェアが25％以下である場合，原則として一括免除を適用し，非競争事業者間における共同研究開発については，市場シェアの制限なく一括免除を適用する。また，共同研究開発の成果が共同で利用される場合には当該製品・技術が市場に提供されてから7年間一括免除を適用し，その後も市場シェアが基準以下の場合には一括免除を適用する。なお，一括適用免除規則の対象に含まれない共同研究開発であっても，直ちに違法と判断されるわけではなく，水平的協力協定ガイドライン[55]に従って適法性が判断されることとなる。

〔宇佐美 善哉〕

---

[52] 独立した研究開発が代替的なものであるか否かは，とりわけ，研究開発の性質，範囲及び規模，資金へのアクセス，知的財産，熟練した人材又はその他の専門資産へのアクセス，それらのタイミング，並びに，単独又は他の人を介することによりイノベーションを商業化する能力の有無等を考慮して判断される。

[53] Treaty on the Functioning of the European Union.

[54] COMMISSION REGULATION (EU) 2023/1066 of 1 June 2023 on the application of Article 101(3) of the Treaty on the Functioning of the European Union to certain categories of research and development agreements.

[55] Guidelines on the applicability of Article 101 of the Treaty on the Functioning of the European Union to horizontal co-operation agreements.

Ⅲ　事例検討
1　研究開発の共同化

Ⅲ

事例検討

　前項では，共同研究開発ガイドラインの内容について，研究開発の共同化自体に関する独占禁止法上の留意点と共同研究開発の実施に伴う取決めに関する独占禁止法上の留意点に分けて論じてきたが，以下では，共同研究開発ガイドラインを具体的な事例に即して当てはめ，検討する。なお，以下に列挙する事例は，いずれも公正取引委員会に相談が寄せられ，同委員会が見解を公表している相談事例集を参考として作成したものである。以下に列挙した事例の元となった事例以外にも共同研究開発に関する公表事例が複数あるので，さらに事例を検討したい方は，公正取引委員会のホームページ[56]を参照されたい。

1　研究開発の共同化

事例 1 [57]

　Ａ社は，損害保険市場において有力な地位にある損害保険会社である。Ｂ社も損害保険会社であるが，有力な地位にあるとまではいえない。
　保険業については，従来，生命保険会社のみに営業が認められている第1分野，損害保険会社のみに営業が認められている第2分野及び損害保険会社と生命

---

[56]　https://www.jftc.go.jp/dk/soudanjirei/kyodokenkyu/index.html

[57]　公正取引委員会「独占禁止法に関する相談事例集（平成12年）」事例8を参考に作成。

167

Chapter 04　共同研究開発と独占禁止法上の留意点

保険会社の双方が営業することが可能な第3分野が定められ，第3分野においても，それぞれに取扱い可能な分野が分けられていたが，規制緩和により損害保険会社と生命保険会社はこの第3分野においては自由に営業できるようになる。

　A社とB社は，こうした状況を受けて，第3分野を対象とした新しい保険商品の共同研究開発を行うこととしている。A社とB社が共同研究開発を実施する理由は，双方とも新規の分野で新商品の開発ノウハウを十分には持っていないところ，2社のノウハウを合わせることによって優れた新商品を開発できるからである。

　第3分野におけるA社とB社のシェアについては，第3分野における現在の損害保険会社のみのシェアでみると，2社で20%強であり，生命保険会社を含めた場合には10%程度となる。

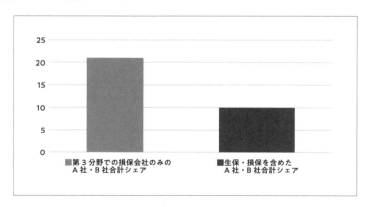

　今回の共同研究開発においては，A社とB社は新商品の認可取得までは共同で行うことを予定しているが，認可を得た後は，各社が独自の判断によって販売し，新商品の改良等も各社が独自の判断で行うこととしている。

Ⅲ　事例検討
1　研究開発の共同化

◆検討◆

　本件は，市場において有力な事業者とその競争者による保険商品の共同研究開発であり，不当な取引制限（独禁3条）の観点から問題となり得る。そして，研究開発の共同化自体についての問題であり，共同研究開発ガイドラインの考慮要素ごとに検討すると，以下のとおりとなる。

参加者の数，市場シェア等

　☞現状の第3分野におけるＡ社及びＢ社のシェアの合計は，損害保険会社のみでみると20%強であり，ガイドライン上通常は独占禁止法上問題とならないとされている共同研究開発の参加者の当該製品の市場シェアの合計が20%を超えている。しかし，生命保険会社を含めた場合のシェアは10%程度にとどまる。また，規制緩和後における第3分野の市場の状況を正確に想定することは困難であるものの，第3分野という市場環境の大きく変わることが前提の市場に対して，新商品を開発して参入するという競争促進的な効果が期待できる。

研究の性格

　☞研究開発の性格は，新商品の開発であり，その成果は直接的に市場に影響を与えるものである。

共同化の必要性

　☞本件は両社にとって新しい市場への参入であり，双方とも新商品開発のノウハウを十分には持っていないことから，双方でノウハウを出し合うことは有効な商品を開発するために必要と考えられる。

対象範囲，期間等

　☞対象範囲は，第3分野の市場全体を対象としたものであるが，対象期間については，第3分野が自由化されるまでに新商品を開発し，新商品が開発された時点で共同研究開発は終了させる予定であることから，期間は限定的であり，競争に与える影響は小さいものと考えられる。

◆結論◆

　本件は，研究開発の性格としては市場に与える影響は直接的なものであり，対象範囲の点からも市場に対する影響があるものといえる一方，第3分野とい

Chapter
04　　共同研究開発と独占禁止法上の留意点

う市場環境が大きく変化することが予想される市場における新商品の開発，すなわち新規参入であり，共同化の必要性が認められ，期間も限定的であり，しかも，現時点の両社の市場シェアからして市場に与える影響も小さいと考えられ，且つ，競争促進的な効果も期待できることから，独占禁止法上問題はない。ただし，今後，市場の状況が変化した場合には，その状況に応じた判断をする必要がある。

事例 2 [58]

> A社及びB社は，金融機関が資金・有価証券の管理運用事務に用いる情報システムの共同開発を予定している。
>
> 当該情報システムは，一般に資金証券系システムと呼ばれており，①フロントオフィスシステム（金融商品の売買に関する支援），②ミドルオフィスシステム（金利や証券の価格変動を予想して将来的な損失に備えるといったリスク管理等に関する支援），③バックオフィスシステム（金融機関が所有する資産状況の管理や事務処理等の支援）に分けられる。
>
> 資金証券系システム市場における地位・シェアは，A社が第3位・約10%，B社が第5位・約5%であり，合算後の両社の地位・シェアは，第3位・約15%となる。また，当該市場には，両社のほかに複数の有力な競争業者が存在する。
>
> 会計制度等の大規模な制度改正により，金融機関の資金証券系システムも大幅な変更が必要となるが，A社及びB社は，大規模な制度改正に対応するような資金証券系システムの開発を単独で行うのは困難なことから，開発費分担による開発コスト削減を目的とし，2社で共同開発を行うこととした。
>
> 共同開発の具体的な内容は，以下のとおりである。
> ①　開発期間は2年間とし，フロントオフィスシステム，ミドルオフィスシステム及びバックオフィスシステムの全てを兼ねる資金証券系システムの総合的なパッケージソフトウェアの開発を行う。
> ②　開発コストの分担は，全体の開発投資額，販売先予定数，システム売上予定額，パッケージ売上予定額等について意見交換したうえで決定する。

---

[58]　公正取引委員会「独占禁止法に関する相談事例集（平成14年1月～平成16年3月）」事例5を参考に作成。

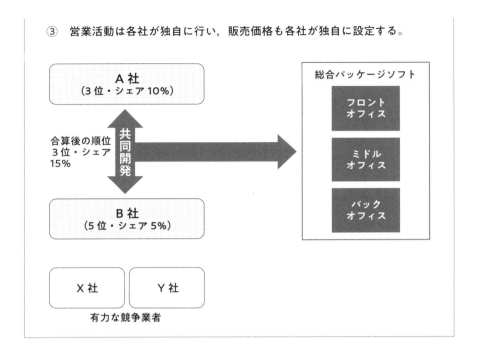

◆検討◆

　本件は,競争事業者同士によるシステムの共同開発であり,不当な取引制限(独禁3条)の観点から問題となり得る。そして,研究開発の共同化自体についての問題であり,共同研究開発ガイドラインの考慮要素ごとに検討すると,以下のとおりとなる。

参加者の数,市場シェア等
　☞A社及びB社の合算後の地位・シェアは,第3位・約15%にとどまる。

研究の性格
　☞次世代に向けたシステムの開発であり,製品の改良に該当するものである。

共同化の必要性
　☞A社及びB社は,大規模な制度改正に対応するような資金証券系システムの開発を単独で行うのは困難であり,共同開発の必要性がある。

Chapter

04　共同研究開発と独占禁止法上の留意点

対象範囲，期間等

☞フロントオフィスシステム，ミドルオフィスシステム及びバックオフィスシステムの全てを兼ねる資金証券系システムの総合的なパッケージソフトウェアの開発であるが，期間は２年間と限定的であり，営業活動についても各社が独自に行い，販売価格も各社が独自に設定するとされている。

◆結論◆

　本件は，フロントオフィスシステム，ミドルオフィスシステム及びバックオフィスシステムの全てを兼ねる資金証券系システムの総合的なパッケージソフトウェアの開発であるが，製品の改良に該当するにすぎず，共同化の必要性も認められ，期間も限定的であり，しかも，両社の市場における地位・シェアからして市場に与える影響も小さいと考えられ，共同開発の計画内容に競争制限的な内容も含まれていないことから，独占禁止法上問題はない。

事例3[59]

　X社ら6社は，いずれも産業用機械Aのメーカーである。産業用機械Aの製造販売分野における6社の市場シェアの合計は約80％である。6社は，いずれも技術開発力に優れている。産業用機械Aは，様々な産業で使用されているほか，新規産業での活用も注目されており，今後の市場拡大が見込まれている。産業用機械Aの基礎技術の研究分野には未知・未解明な領域が多く，さらなる裾野の拡大と研究の深化が求められており，研究に携わる人材の育成も急務となっている。

　しかし，産業用機械Aの基礎技術の研究に関しては，多額の資金を要する上に，製品化して市場への発売に成功するものは一部に限られるため，投資した資金を回収できるかどうかわからないという不確実性があり，メーカーにおいて研究に割くことができるリソースが限定的である。

　そこで6社は，産業用機械Aの基礎技術の研究を共同で実施するため，次の取組みを検討している。

　①　6社は，共同して技術研究組合（以下「本件組合」という。）を設立するが，

---

[59]　公正取引委員会「独占禁止法に関する相談事例集（令和2年度）」事例7を参考に作成。

次の要件を満たせば6社以外の産業用機械Aのメーカーも本件組合に参加することができる。
　(a)　国内に産業用機械Aの生産拠点を置いていること。
　(b)　共同研究のパートナーたり得る相応の技術力を有していること。
② 本件組合における共同研究は，産業用機械Aの基礎技術の研究に関するものとし，共同研究の範囲は，技術α，技術β及び技術γの3項目とする。当該3項目については大学等と連携して研究を進める。
③ 共同研究の実施期間は5年間とし，期間満了の後本件組合は解散する。
④ 共同研究によって得られた成果については，6社は無償で利用することができる。また，6社以外の産業用機械Aのメーカーも無償又は合理的な対価で当該成果を利用することができる。

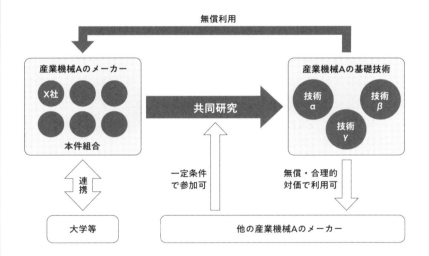

　なお，産業用機械Aの基礎技術に係る研究は，6社のほか海外の産業用機械Aのメーカー，国内外の大学等でも行うことができ，産業用機械Aの基礎技術に係る顕在的又は潜在的な研究開発主体の数は，相当な数に上ると考えられる。
　また，6社は，本件組合における研究の成果である技術を利用した研究開発の制限や成果に基づく産業用機械Aの生産・販売地域，販売数量，販売先，販売価格の制限等を取り決めることはしない。

Chapter
04
共同研究開発と独占禁止法上の留意点

◆検討◆

　本件は，参加者の合計市場シェアの高い競争事業者同士による基礎技術の共同研究であり，技術市場及び製品市場における不当な取引制限（独禁３条）の観点から問題となり得る。また，共同研究の参加者の市場シェアの合計が相当程度高いため，規格の統一又は標準化につながる等，事業に不可欠な技術の開発を目的とする共同研究において，ある事業者が参加を制限され，これによってその事業活動が困難となり，市場から排除されるおそれがある場合には，私的独占（独禁３条）や不公正な取引方法（独禁19条。共同の取引拒絶〔一般指定１項〕，その他の取引拒絶〔一般指定２項〕）等の問題となり得る。

　そして，研究開発の共同化自体の問題については，共同研究開発ガイドラインの考慮要素ごとに検討すると，以下のとおりとなる。

参加者の数，市場シェア等

☞産業用機械Ａの製造販売分野における６社の市場シェアの合計は約80％と高く，セーフハーバーの適用はないものの，共同研究の対象は産業用機械Ａの基礎技術に関するものであり，特定の製品の開発を対象とするものではないため，６社の間で製品の開発競争が損なわれる可能性は低い。

そのうえで，産業用機械Ａの基礎技術に係る顕在的又は潜在的な研究開発主体の数は，相当な数に上ると考えられる。

研究の性格

☞産業用機械Ａの基礎技術の研究に関するものであり，特定の製品の開発を対象とするものではない。

共同化の必要性

☞６社は，いずれも技術開発力に優れているものの，産業用機械Ａの基礎技術の研究に関しては，多額の資金を要するうえに，製品化して市場への発売に成功するものは一部に限られるため，投資した資金を回収できるかどうかわからないという不確実性があり，メーカーにおいて研究に割くことができるリソースが限定的であることから，共同化の必要性がある。

対象範囲，期間等

☞共同研究の範囲は，技術α，技術β及び技術γの３項目に限定されており，共同研究の実施期間は５年間と限定され，期間終了後本件組合は解散

するものとされている。

◆結論◆

　本件は，産業用機械Ａの基礎技術の共同研究という，技術市場における競争制限の判断が問題となるが，その判断にあたっては，参加者の市場シェアによるのではなく，当該技術市場において研究開発の主体が相当数存在するかどうかを基準として判断することとなる。この点，産業用機械Ａの製造販売分野における６社の市場シェアの合計は約80％と高く，セーフハーバーの適用はないものの，産業用機械Ａの基礎技術に係る顕在的又は潜在的な研究開発主体の数は，相当な数に上ると考えられるため，技術市場に与える影響は限定的と思われる。また，本件が産業用機械Ａの基礎技術の研究に関するものであり，特定の製品の開発を対象とするものではないことから，製品の価格，数量，仕様等に関する情報共有による参加者間の協調が生じるおそれも低く，本件組合における研究の成果である技術を利用した研究開発の制限や成果に基づく産業用機械Ａの生産・販売地域，販売数量，販売先，販売価格の制限等を取り決めることもしないとしている。さらに，研究を共同化する必要性も認められるうえ，共同研究の範囲・期間も限定されている。これらを総合的に勘案すれば，本件の共同研究によっても産業用機械Ａに係る技術市場又は製品市場における競争が実質的に制限されることにはならないといえる。

　また，６社以外の産業用機械Ａのメーカーも無償又は合理的な対価で共同研究の成果を利用することができるとされていることから，６社以外の競合事業者が製品市場から排除されるおそれも低い。

　したがって，本件の共同研究は，不当な取引制限又は私的独占等として独占禁止法上問題となるものではない。

Chapter 04 共同研究開発と独占禁止法上の留意点

2 共同研究開発の実施に伴う取決め

事例 4 [60]

X社は電子機器Aのメーカー，Y社はソフトウェアBの開発事業者である。

電子機器Aを作動させるためにはソフトウェアBをインストールする必要がある。ソフトウェアBは特殊なものではなく，これを開発できる技術者は多数存在し，そのような技術者を多数有する事業者もY社をはじめ多数存在する。

X社とY社は，電子機器AにインストールするためのソフトウェアBの共同研究開発を行うことを検討しているところ，開発に係るノウハウの流出を防ぐため，守秘義務契約を締結することとした。

しかし，ソフトウェアBの開発のノウハウは開発担当者個人に蓄積されるため，X社は，守秘義務契約だけではノウハウの流出を防止することはできないと考え，Y社に対し，開発期間中及び開発終了後3年間に限定し，本件開発に携わったY社の技術者を電子機器AのメーカーのうちX社と特に競合する3社の開発業務に従事させることを禁止する内容の契約を締結することを検討している。

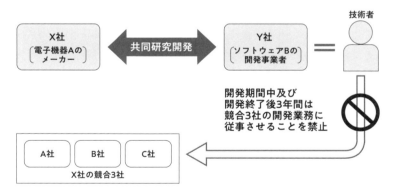

ソフトウェアBの共同研究開発においては，当事者間において，開発終了後3年から5年程度の期間に限って，同一のテーマの第三者との研究開発を禁止することが業界内で一般的とされている。

---

[60] 公正取引委員会「独占禁止法に関する相談事例集（平成23年度）」事例5を参考に作成。

Ⅲ　事例検討
2　共同研究開発の実施に伴う取決め

◆検討◆

　本件は，共同研究開発期間中及び終了後の担当技術者の研究開発の制限であり，不公正な取引方法（拘束条件付取引〔一般指定12項〕）の観点から問題となり得る。そして，共同研究開発の実施に伴う取決めについては，共同研究開発ガイドラインに沿って検討すると，以下のとおりとなる。

制限の内容

☞本件開発に携わったＹ社の技術者を電子機器ＡのメーカーのうちＸ社と特に競合する３社の開発業務に従事させることを禁止する内容であるが，守秘義務契約だけでノウハウの流出を防止することは容易でないこと及び担当技術者のみを対象としており必要最小限の制限と考えられることから，制限の内容について不合理なものとはいえない。

制限の必要性

☞担当技術者が，Ｘ社の協力を得て取得したノウハウを用いて他社との開発を行うという背信行為を防止するものであり，その目的自体は正当なものであり，制限の必要性がある。

制限が課される期間

☞共同研究開発期間中のみならず，共同研究開発終了後も担当技術者による研究開発を制限するものであるが，本件制限の期間（開発終了後３年間）は業界内で一般的とされている期間の中で最も短いものを選択していることから，制限が課される期間についても不合理なものとはいえない。

◆結論◆

　本件の制限は，本件開発に携わったＹ社の担当技術者が電子機器ＡのメーカーのうちＸ社と特に競合する３社の開発業務に従事させることを禁止するのみであって，例えば，Ｙ社は，同担当技術者以外の自社の技術者に従事させて当該３社と共同研究開発を行うこと，Ｙ社が応用技術を開発して当該３社に営業活動を行うこと，当該３社以外の電子機器Ａのメーカーの開発業務に従事させることなどは禁止されておらず，ソフトウェアＢの技術市場及び製品市場への影響は軽微である。

　したがって，本件は，不公正な取引方法（拘束条件付取引〔一般指定12項〕）とし

177

Chapter
04 　　　共同研究開発と独占禁止法上の留意点

て独占禁止法上問題となるものではない。

事例5[61]

　　X社は，日本の家電製品Aの製造販売分野におけるシェア約30％（第2位）
の家電メーカーである。

　　家電製品Aは高機能の高価格機種と必要最低限の機能のみの低価格機種に大別
され，X社は高価格機種を主力製品としている。他方，X社と競合する家電メー
カー4社は家電製品Aの低価格機種を主力製品としている。日本の家電製品Aの
販売市場における4社のシェアは合算で約5％であるが，海外での家電製品Aの
販売市場における4社のシェアは高く，今後日本の家電製品Aの販売市場におい
ても事業活動を拡大していくことが見込まれている。

　　家電製品Aには，装置a1又は装置a2が内蔵されている。装置a1は装置a2よ
り高性能且つ比較的高価であるために高価格機種に用いられることが多く，装置
a2は装置a1より性能が劣り，比較的安価であるために低価格機種に用いられる
ことが多い。

　　X社は，2年後に発売予定である家電製品Aの高価格機種の新モデルに使用す
る装置a1に関する技術αについて，部品メーカーY社との間で共同研究開発を
行うことを予定している。技術αにより装置a1の特定の構成部品が不要となる
ため，装置a1の製造コストは1割程度削減できると見込まれている。

　　X社は，技術αを用いた装置a1の安定供給が可能となり，共同研究開発に要
した投資を回収するまでには開発後3年ないし5年を要すると考えている。ま
た，X社は，技術αを用いた装置a1について供給が安定し，さらなる低コスト
化が実現した場合には，低価格機種にも広く使用されると考えている。

　　X社は，技術αの競争者への流出を防止し，共同研究開発に要した投資を回収
するために，Y社に対し次の条件を課すことを検討している。

　①　Y社は，共同研究開発の成果である技術αの供与及び技術αを用いた装置
　　　a1の販売を第三者に対して一定期間行ってはならない。
　②　「一定期間」は，4社以外の事業者については3年間，4社については5
　　　年間とする。

---

[61]　公正取引委員会「独占禁止法に関する相談事例集（平成28年度）」事例3を参考に作成。

178

Ⅲ　事例検討
2　共同研究開発の実施に伴う取決め

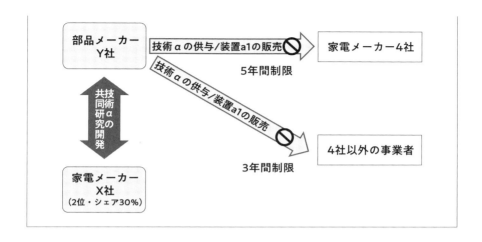

◆検討◆
　本件は，共同研究開発の成果の第三者への実施許諾や共同研究開発の成果である技術を利用した製品の販売先の制限を内容とするものであることから，不公正な取引方法（排他条件付取引〔一般指定11項〕又は拘束条件付取引〔一般指定12項〕）の観点から問題となり得る。そして，共同研究開発の実施に伴う取決めについては，共同研究開発ガイドラインに沿って検討すると，以下のとおりとなる。

参加者の市場における地位
　☞X社は，日本の家電製品Aの製造販売分野におけるシェア約30％（第2位）の家電メーカーであり，シェアが20％を超えていることから「市場における有力な事業者」に該当すると思われる。なお，部品メーカーであるY社の家電製品Aの部品に関する市場シェアは不明である。

参加者間の関係
　☞X社は家電製品Aの製造販売を行う家電メーカーであり，Y社は家電製品Aの部品メーカーであり，両社は取引関係（いわゆる垂直の関係）にある。

市場の状況
　☞家電製品Aには，装置a1又は装置a2が内蔵されており，装置a1は装置a2より高性能且つ比較的高価であるために高価格機種に用いられることが多く，装置a2は装置a1より性能が劣り，比較的安価であるために低価

格機種に用いられることが多い状況にある。しかし，技術aを用いた装置a1について供給が安定し，さらなる低コスト化が実現した場合には，装置a1は低価格機種にも広く使用されるようになるものと考えられる。

制限が課される期間

☞本件においては，Y社による第三者への技術aの供与及び技術aを用いた装置a1の販売が，X社と競合する4社以外の事業者については3年間，競合する4社については5年間制限されており，競合する事業者か否かで制限期間に差が設けられている。

◆結論◆

X社がY社に対し，共同研究開発の成果である技術aの供与及び技術aを用いた装置a1の販売を第三者に行うことを合理的な期間に限って制限すること自体は，技術aの競争者への流出を防止するとともに，共同研究開発に要した投資の回収のために必要とされる範囲のものと考えられる。

しかし，市場における有力な事業者であるX社が取引相手であるY社に対し，競合する4社に対してのみ5年間という長期の販売制限等を課すことについては，①技術aを用いた装置a1が低価格機種にも広く使用される状況になれば，当該装置のコスト削減効果が競争上重要なものとなることが考えられ，低価格機種の販売を主力とする4社がそれ以外の家電製品Aのメーカーよりもさらに2年間使用を制限されることは，4社の取引の機会を減少させ，技術aを用いた家電製品Aの販売市場における競争が阻害されるおそれがある。また，②制限期間に差を設けることに特段の合理的な理由は見当たらない。

したがって，競合する4社に対してのみ共同研究開発の成果である技術aの供与及び技術aを用いた装置a1の販売を制限する期間を長期とすることは，独占禁止法上問題となるおそれがある。

Ⅲ 事例検討
2 共同研究開発の実施に伴う取決め

事例 6 [62]

　A社は業界第12位の総合建設業者，B社は建築資材Xの市場において約10%のシェアを有する建築資材メーカーである。A社及びB社は，ビル建設のための新たな工法について共同で開発し，当該工法について共同で特許を出願している。

　A社に当該工法において使用する建築資材Xについての製造能力はなく，全量をB社から供給されることを前提に上記の共同研究開発が進められてきたが，両社は，当該研究開発の成果をふまえ，以下の契約を締結することを検討している。

① 本件工法で使用される建築資材Xについては，B社が全量を生産し，A社に供給する。

② B社は，両社からライセンスを受けて当該工法を実施しようとする建設業者に対し，建築資材Xを販売することができるが，その際の販売価格は，A社への供給価格を下回らないものとする。

③ 本件契約期間は5年とするが，当該工法に係る特許が取得された場合には，当該特許が有効な期間（出願日から20年間）は，原則として自動更新する。

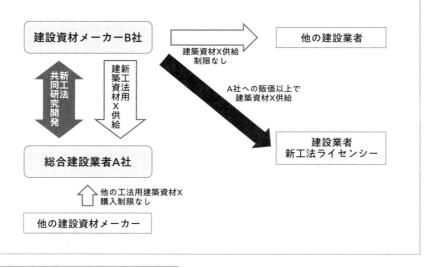

---

[62] 公正取引委員会「独占禁止法に関する相談事例集（平成16年度）」事例5を参考に作成。

Chapter

04

共同研究開発と独占禁止法上の留意点

◆検討◆

　本件では，共同研究開発の成果に基づく製品の原材料の購入先の制限を内容とするものであることから，不公正な取引方法（排他条件付取引〔一般指定11項〕又は拘束条件付取引〔一般指定12項〕）の観点から問題となり得る。そして，共同研究開発の実施に伴う取決めについては，共同研究開発ガイドラインに沿って検討すると，以下のとおりとなる。

参加者の市場における地位

☞A社は業界第12位の総合建設業者，B社は建築資材Xの市場において約10%のシェアを有する建築資材メーカーであり，いずれも市場における地位は限定的と思われる。

参加者間の関係

☞A社は総合建設業者，B社は建築資材メーカーであるから，両社は取引関係（いわゆる垂直の関係）にあるが，A社にはA社及びB社の共同研究開発の結果開発したビル建設のための新たな工法において使用する建築資材Xについての製造能力はなく，全量をB社から供給されることを前提に共同研究開発が進められてきた。

市場の状況

☞市場の状況は事例からは明らかでないものの，当該工法に係る特許が取得された場合には，当然ながらA社以外の建設業者はA社及びB社の許諾なく当該工法を実施することはできなくなる。

制限が課される期間

☞A社とB社との間では，①当該工法で使用される建築資材Xについては，B社が全量を生産し，A社に供給すること，②B社は，両社からライセンスを受けて当該工法を実施しようとする建設業者に対し，建築資材Xを販売することができるが，その際の販売価格は，A社への供給価格を下回らないものとすること，及び，③当該契約期間は5年とするが，当該工法に係る特許が取得された場合には，当該特許が有効な期間（出願日から20年間）は，原則として自動更新することを内容とする契約を締結することが検討されている。

III　事例検討
2　共同研究開発の実施に伴う取決め

◆結論◆

　当該工法で使用される建築資材Xについて，B社が全量生産し，A社に他社より有利な条件で供給することを義務づけることは，共同研究開発の成果を両者の間で配分する手段として行われる場合においては，制限が合理的な期間にとどまる限り不当性を有するものではない。

　さらに，A社は，当該工法以外の工法においてはB社以外の事業者から建築資材Xを購入することが制限されるものではなく，B社も当該工法のライセンス先事業者に対して建築資材Xを販売することは認められ，当該工法向けの販売以外には何ら制約を課されていないことから，これによって競争事業者の取引先が減少し，事業活動が困難になるとは認められない。

　したがって，制限が課される期間が共同研究開発の成果を当事者間で配分するために合理的に必要な範囲にとどまる限りは，直ちに独占禁止法上問題となるものではない。

　しかし，当該工法に係る特許の存続期間にわたり制限が課される期間が自動的に更新されるとの取決めは，当該合理的に必要な範囲を逸脱するおそれもあることから，当初の契約期間である5年を経過後も特許の存続期間は原則として自動更新されるとすることは，独占禁止法上問題となるおそれがある。

〔宇佐美　善哉〕

Chapter

04 共同研究開発と独占禁止法上の留意点

IV

スタートアップ事業連携ガイドライン

1 ガイドラインの概要

　前述のとおり，企業連携によるイノベーションを成功させるため，スタートアップが大企業から一方的な契約上の取決めを求められたりしないよう，問題事例とその具体的改善の方向や独占禁止法の考え方を整理したガイドラインとして，公正取引委員会と経済産業省の連名で策定されたのがスタートアップ事業連携ガイドラインである。タイトルからもわかるとおり，本ガイドラインは，主にスタートアップと大企業等の連携事業者との間の事業連携の場面を想定したものであるが，スタートアップに限らず，中小企業等の規模の小さな事業者と大企業等との事業連携の場面においても参考となるものが多い。

　本ガイドラインでは，①秘密保持契約（NDA），②PoC（技術検証）契約，③共同研究開発契約及び④ライセンス契約の4つの契約段階ごとに事例及び独占禁止法上の考え方を示すとともに，各契約段階における取引上の課題と解決方法を「スタートアップと連携事業者の連携を通じ，知財等から生み出される事業価値の総和を最大化すること」等のオープン・イノベーション促進の基本的な考え方に基づき示している。また，出資者との出資契約について，事例，独占禁止法上の考え方及び取引上の課題と解決方針を示している。

　このようなガイドラインの内容のうち，本書では，主に共同研究開発契約に関連して問題となり得る契約段階ごとの独占禁止法上の考え方を中心にみていくこととする。

184

Ⅳ　スタートアップ事業連携ガイドライン
2　秘密保持契約（NDA）に関する留意点

2　秘密保持契約（NDA）に関する留意点

　スタートアップと連携事業者が共同研究開発を実施する際やその前段階において相互に秘密情報を交換する場合が頻繁にあるが，その際，秘密情報が当事者以外に流出しないように，また，契約で定められた一定の目的以外に情報が流出しないように秘密保持契約（Non-Disclosure Agreement：NDA）を締結することが一般的である（☞秘密保持契約の内容自体については，Chapter02 Ⅱを参照）。

　秘密保持契約に関して，スタートアップ事業連携ガイドラインでは，独占禁止法上問題となり得る場面として，①営業秘密の開示，②片務的な秘密保持契約等の締結，③秘密保持契約違反を挙げている。以下，順にみていく。

１　営業秘密の開示

　スタートアップが，連携事業者から，秘密保持契約を締結しないまま営業秘密（例えば，ソースコード）の開示を要請されることがあり得るが，正当な理由がないのに，秘密保持契約を締結しないままスタートアップの営業秘密が開示された場合には，当該営業秘密が連携事業者によって使用され，又は第三者に流出して当該第三者によって使用されるおそれがある。

　取引上の地位がスタートアップに優越している連携事業者が，営業秘密が事業連携において提供されるべき必要不可欠なものであって，その対価がスタートアップへの当該営業秘密に係る支払以外の支払に反映されている等の正当な理由がないのに，取引の相手方であるスタートアップに対し，秘密保持契約を締結しないまま営業秘密の無償開示等を要請する場合であって，当該スタートアップが，事業連携が打ち切られる等の今後の取引に与える影響等を懸念してそれを受け入れざるを得ない場合には，正常な商慣習に照らして不当に不利益を与えることとなるおそれがあり，不公正な取引方法（優越的地位の濫用〔独禁2条9項5号〕）として問題となるおそれがある[63]。

---

[63]　以上について，スタートアップ事業連携ガイドライン第2・1(2)ア。

Chapter
04
共同研究開発と独占禁止法上の留意点

　ここに「取引上の地位がスタートアップに優越している」とは，「スタート
アップが取引先である連携事業者……との取引の継続が困難になることが事業
経営上大きな支障を来すため，連携事業者……がスタートアップにとって著し
く不利益な要請等を行っても，スタートアップがこれを受け入れざるを得ない
ような場合」を指す[64]。なお，「スタートアップが，事業連携が打ち切られる
などの今後の取引に与える影響等を懸念してそれを受け入れざるを得ない場
合」には，既に継続的な取引関係にある連携事業者との間だけでなく，取引開
始時であっても，経営が厳しい中，いまだ需要が十分に顕在化していない分野
等において事業を展開するスタートアップの特性等により，スタートアップに
とって連携事業者を他の事業者に変更することが困難であるような場合にもこ
れに該当することがあり得ると考えられている[65]。

　このような問題の解決の方向性として，スタートアップ事業連携ガイドライ
ンは，契約交渉が本格化する前に，自社が有する情報のうち，何を秘密情報と
する必要があるかを整理することや，秘密情報の使用目的・対象・範囲を明確
にした秘密保持契約書の締結を指摘している[66]。

2　片務的な秘密保持契約等

　スタートアップが，連携事業者から，スタートアップ側にのみ秘密保持・開
示義務が課され，連携事業者側には秘密保持・開示義務が課されない片務的な
秘密保持契約（以下「片務的なNDA」という。）の締結を要請される場合や，契約
期間が短く自動更新されない秘密保持契約（以下「契約期間の短いNDA」という。）
の締結を要請される場合があり得る。

　片務的なNDAが締結された場合，秘密保持契約の期間内であっても，スタ
ートアップの営業秘密が連携事業者によって使用され，又は第三者に流出して
当該第三者によって使用されるおそれがある。また，契約期間の短いNDAが

---

[64]　スタートアップ事業連携ガイドライン注12。

[65]　スタートアップ事業連携ガイドライン注11。

[66]　スタートアップ事業連携ガイドライン第2・1(2)ア②(ア)・(イ)。

締結された場合には，秘密保持契約の期間後において営業秘密が陳腐化する前に，営業秘密が連携事業者に使用され，又は第三者に流出して当該第三者によって使用されるおそれがある。

　取引上の地位がスタートアップに優越している連携事業者が，取引の相手方であるスタートアップに対し，十分に協議することなく自社の秘密保持契約のひな型を押しつける等，一方的に，片務的なNDAや契約期間の短いNDAの締結を要請する場合であって，当該スタートアップが，将来再度の事業連携がなされる可能性がなくなる等の今後の取引に与える影響等を懸念してそれを受け入れざるを得ない場合には，正常な商慣習に照らして不当に不利益を与えることとなるおそれがあり，優越的地位の濫用（独禁2条9項5号）として問題となるおそれがある[67]。

3　秘密保持契約違反

　連携事業者が，スタートアップと交わした秘密保持契約に違反して，スタートアップの営業秘密を盗用し，スタートアップの商品・役務と競合する商品・役務を販売するようになった場合，かかる営業秘密の盗用は，秘密保持契約上の秘密保持義務や目的外使用の禁止に違反するものであって，民事上の損害賠償責任が問題となるだけでなく，独占禁止法上の観点からは競争手段として不公正なものに該当し得る。

　このように，連携事業者が秘密保持契約に違反してスタートアップの営業秘密を盗用し，スタートアップの取引先に対し，スタートアップの商品・役務と競合する商品・役務を販売することにより，スタートアップとその取引先との取引が妨害される場合には，不公正な取引方法（競争者に対する取引妨害〔一般指定14項〕）として問題となるおそれがある[68]。

　このような問題の解決の方向性として，スタートアップ事業連携ガイドラインは，秘密保持契約書違反の立証のための秘密情報の具体的な特定や，損害立

---

[67]　以上について，スタートアップ事業連携ガイドライン第2・1(2)イ。

[68]　以上について，スタートアップ事業連携ガイドライン第2・1(2)ウ。

Chapter
04　共同研究開発と独占禁止法上の留意点

証の困難性を考慮した損害賠償責任の規定等を指摘している[69]。

3　PoC（技術検証）契約に関する留意点

　スタートアップが連携事業者と共同研究開発契約に入る前の段階において，自社の技術や製品を評価・検証する作業を行うための PoC（Proof of Concept〔技術検証〕）契約やフィージビリティ・スタディ（Feasibility Study）契約を締結することがある（☞それぞれの内容自体の解説については，Chapter02 Ⅳ を参照）。

　PoC 契約等に関して，スタートアップ事業連携ガイドラインでは，独占禁止法上問題となり得る場面として，スタートアップが，連携事業者から，PoC の成果に対する必要な報酬が支払われない場合や PoC の実施後にやり直しを求められ，やり直しに対する必要な報酬が支払われない場合等の無償作業の場面を例示している。

　このように，正当な理由がないのに，無償もしくは著しく低い対価で PoC が行われ，又は，PoC の実施後に減額もしくは PoC のやり直しが行われた場合には，連携事業者が本来負担すべき費用がスタートアップに転嫁されることとなる。

　そして，取引上の地位がスタートアップに優越している連携事業者が，① PoC が事業連携において実施されるべき必要不可欠なものであって，その対価がスタートアップへの当該 PoC に係る支払以外の支払に反映されている等の正当な理由がないのに，取引の相手方であるスタートアップに対し，無償での PoC を要請する場合，②当該スタートアップに対し，十分に協議することなく対価を決定する等，一方的に，著しく低い対価での PoC を要請する場合，③ PoC の実施後に，相当の期間内にスタートアップ側の責に帰すべき事由[70]

---

[69]　スタートアップ事業連携ガイドライン第 2・1⑵ウ②㋐・㋑。

[70]　対価の減額の際に勘案されるスタートアップ側の責に帰すべき事由としては，PoC に瑕疵がある場合や発注内容と異なる PoC が実施された場合等が考えられる（スタートアップ事業連携ガイドライン注20）。

を勘案して相当と認められる金額の範囲内で対価を減額する等の正当な理由が
ないのに，契約で定めた対価を減額する場合，又は，④ PoC の実施後に，
PoC の結果が発注時点で取り決めた条件に満たない等の正当な理由がないの
に，当該スタートアップに対し，やり直しを要請する場合であって，当該スタ
ートアップが，PoC 終了後の共同研究開発契約に進めなくなる等の今後の取
引に与える影響等を懸念してそれを受け入れざるを得ない場合には，正常な商
慣習に照らして不当に不利益を与えることとなるおそれがあり，優越的地位の
濫用（独禁2条9項5号）として問題となるおそれがある[71]。

　このような問題の解決の方向性として，スタートアップ事業連携ガイドライ
ンは，PoC の目的・終了要件の明確化，PoC の対価設定の明確化，共同研究
開発への移行条件の明確化等を指摘している[72]。

4　共同研究開発契約に関する留意点[73]

❶　知的財産権の一方的帰属・名ばかり共同研究

　既に述べたとおり，共同研究開発の成果が共同研究開発の参加者のうち誰に
帰属するかについて取り決めることは，共同研究開発の成果に関する紛争防止
等のために必要な事項であり，原則として不公正な取引方法に該当しない（☞
Ⅱ2❸(1)）。

　しかし，スタートアップと連携事業者の双方が共同研究開発に貢献したにも
かかわらず，その貢献度を超えて，共同研究開発の成果に基づく知的財産権を
一方的に連携事業者のみに帰属させる場合や，共同研究開発の大部分がスター
トアップによって行われたにもかかわらず，その貢献度を超えて，共同研究の
成果に基づく知的財産権を連携事業者のみ又は双方に帰属させる場合には，ス

---

[71]　以上について，スタートアップ事業連携ガイドライン第2・2(2)ア①。

[72]　スタートアップ事業連携ガイドライン第2・2(2)ア②(ア)～(ウ)。

[73]　共同研究開発契約の内容自体の解説については，Chapter03を参照されたい。

Chapter
04 | 共同研究開発と独占禁止法上の留意点

タートアップはその貢献に見合った成果を享受できず，連携事業者は貢献を超えた成果を享受することとなる。

　このような場合において，取引上の地位がスタートアップに優越している連携事業者が，知的財産権が事業連携において連携事業者に帰属することとなっており，貢献度に見合ったその対価がスタートアップへの当該知的財産権に係る支払以外の支払に反映されている等の正当な理由がないのに，取引の相手方であるスタートアップに対し，共同研究開発の成果の全部又は一部の無償提供等を要請する場合であって，当該スタートアップが，共同研究開発契約が打ち切られる等の今後の取引に与える影響等を懸念してそれを受け入れざるを得ない場合には，正常な商慣習に照らして不当に不利益を与えることとなるおそれがあり，優越的地位の濫用（独禁2条9項5号）として問題となるおそれがある[74]。

　このような問題の解決の方向性として，スタートアップ事業連携ガイドラインは，バックグラウンド情報の範囲の明確化，スタートアップへの知的財産権の帰属及び連携事業者に事業領域や期間等の面で一定の限定を付した独占的利用権の設定，事前の役割分担の規定，貢献度に応じた適切なリターンの設定等を指摘している[75]。これらのうち，スタートアップへの知的財産権の帰属及び連携事業者に事業領域や期間等の面で一定の限定を付した独占的利用権の設定に関しては，共同研究開発の成果物について十分な検討をせずに「とりあえず共有帰属」とした場合，スタートアップが他分野や他用途への知的財産権の活用をしようとする都度，連携事業者の承諾を得る必要が生じ，自由な事業展開が損なわれる一方で，連携事業者としては，成果に係る知的財産権を取得せずとも自社に必要な範囲で独占的に利用できれば事業戦略上支障がない場合もあり得ることから，かかる解決策の可能性が示されている。

---

[74]　以上について，スタートアップ事業連携ガイドライン第2・3⑵ア①，同イ①。

[75]　スタートアップ事業連携ガイドライン第2・3⑵ア②(ｱ)・(ｲ)，同イ②(ｱ)・(ｲ)。

2 成果物利用の制限

　上記でも述べたとおり，共同研究開発の成果であるノウハウの秘密性を保持するために必要な場合，連携事業者が取引の相手方であるスタートアップに対し，合理的期間に限り，成果に基づく製品等の販売先を特定の事業者に制限することは，原則として独占禁止法上問題とならない（☞Ⅱ2**4**(3)）。

　しかし，市場における有力な事業者である連携事業者が，取引の相手方であるスタートアップに対し，合理的な期間に限らず，共同研究開発の成果に基づく製品の販売先を制限したり，共同研究開発の経験を活かして新たに開発した成果に基づく製品の販売先を制限したりすることは，それによって市場閉鎖効果が生じるおそれがある場合には，排他条件付取引（一般指定11項）又は拘束条件付取引（一般指定12項）として問題となるおそれがある[76]（☞詳しくは，Ⅱ2**4**(3)）。

5　ライセンス契約に関する留意点

　共同研究開発に関連するライセンス契約としては，通常，共同研究開発の終了後に当該研究開発の成果に基づくノウハウや特許権をライセンスする場面で問題となることが多いと思われるが，共同研究開発に着手する前に参加者が保有していた特許等の利用や共同研究開発の成果の利用について共同研究開発契約の中で他の参加者へのライセンスについて規定することも多い。スタートアップ事業連携ガイドラインは，共同研究開発契約とは別途のライセンス契約に関する留意点について述べているが，共同研究開発契約の中で規定するライセンスについても参考になるものと思われる。

1　ライセンスの無償提供

　正当な理由がないのに，スタートアップの知的財産権のライセンスが無償提

---

[76]　以上について，スタートアップ事業連携ガイドライン第2・3(2)ウ①。

Chapter

04 　共同研究開発と独占禁止法上の留意点

供された場合には，スタートアップは知的財産権の開発に係る費用を回収する
ことができなくなる一方，連携事業者は費用を負担することなく知的財産権を
使用することができることになる。

　取引上の地位がスタートアップに優越している連携事業者が，知的財産権の
ライセンスが事業連携において提供されるべき必要不可欠なものであって，そ
の対価がスタートアップへの当該ライセンスに係る支払以外の支払に反映され
ている等の正当な理由がないのに，取引の相手方であるスタートアップに対
し，知的財産権のライセンスの無償提供等を要請する場合であって，当該スタ
ートアップが，ライセンス契約が打ち切られる等の今後の取引に与える影響等
を懸念してそれを受け入れざるを得ない場合には，正常な商慣習に照らして不
当に不利益を与えることとなるおそれがあり，優越的地位の濫用（独禁2条9項
5号）として問題となるおそれがある[77]。

　このような問題の解決の方向性として，スタートアップ事業連携ガイドライ
ンは，ライセンス許諾範囲の明確化やスタートアップが提供する特許等の希少
性や重要性等個別のケースに応じたライセンス料の決定やライセンス料の種々
の支払方法について指摘している[78]。

2 　特許出願の制限

　スタートアップが連携事業者と共同研究開発をしていたところ，当該共同研
究開発の対象外の研究でスタートアップが開発した新たな技術について，連携
事業者から特許出願を制限された場合等には，スタートアップは連携事業者や
第三者から自ら開発した技術を正当に保護することが困難となるおそれがあ
る。

　このように，取引上の地位がスタートアップに優越している連携事業者が，
取引の相手方であるスタートアップに対し，十分に協議することなく特許取得
を禁ずる契約書のひな型を押しつける等，一方的に，当該スタートアップが開

---

[77] 　以上について，スタートアップ事業連携ガイドライン第2・4(2)ア①。

[78] 　スタートアップ事業連携ガイドライン第2・4(2)ア②(ア)・(イ)。

発した技術の特許出願の制限を要請する場合であって，当該スタートアップが，将来再度の事業連携がなされる可能性がなくなる等の今後の取引に与える影響等を懸念してそれを受け入れざるを得ない場合には，正常な商慣習に照らして不当に不利益を与えることとなるおそれがあり，優越的地位の濫用（独禁2条9項5号）として問題となるおそれがある[79]。

このような問題の解決の方向性として，スタートアップ事業連携ガイドラインは，新たに発明された知的財産の発明主体の明確化を指摘している[80]。

3　販売先の制限

連携事業者が，自社のノウハウの秘密性を保持するために必要な場合，取引の相手方であるスタートアップに対し，製品等の販売先を制限することは，原則として独占禁止法上問題とならない。

しかし，市場における有力な事業者である連携事業者が，取引の相手方であるスタートアップに対し，合理的な範囲を超えて，他の事業者への販売を制限したり，スタートアップ自らによる販売を制限したりすることは，それによって市場閉鎖効果が生じるおそれがある場合には，排他条件付取引（一般指定11項）又は拘束条件付取引（一般指定12項）として問題となるおそれがある[81]。

このような問題の解決の方向性として，スタートアップ事業連携ガイドラインは，双方が自社のビジネスモデルを構築するために必要な知的財産権利用に関する許諾条件（許諾範囲，独占・非独占，ライセンス料等）について利害を調整したうえで設定することを指摘している[82]。

---

[79]　スタートアップ事業連携ガイドライン第2・4(2)イ①。

[80]　スタートアップ事業連携ガイドライン第2・4(2)イ②(ｱ)。

[81]　スタートアップ事業連携ガイドライン第2・4(2)ウ①。

[82]　スタートアップ事業連携ガイドライン第2・4(2)ウ②。

Chapter

04　共同研究開発と独占禁止法上の留意点

6　その他の留意点

❶　報酬の減額・支払遅延

　連携事業者が，スタートアップとの共同研究開発契約において，約束した金額を数年にわたって支払うこととなっていたにもかかわらず，契約期間中に一方的に報酬を減額する等，正当な理由がないのに，報酬の減額又は支払遅延が行われる場合には，連携事業者が本来負担すべき費用がスタートアップに転嫁されることとなる。

　このように取引上の地位がスタートアップに優越している連携事業者が，共同研究開発契約上の義務を履行した後において，相当の期間内にスタートアップ側の責に帰すべき事由を勘案して相当と認められる金額の範囲内で対価を減額する等の正当な理由がないのに，契約で定めた対価を減額する場合，又は，あらかじめスタートアップの同意を得て，且つ，対価の支払の遅延によってスタートアップに通常生ずべき損失を自己が負担する等の正当な理由がないのに，契約で定めた支払期日までに対価を支払わない場合であって，取引の相手方であるスタートアップが，事業連携が打ち切られる等の今後の取引に与える影響等を懸念してそれを受け入れざるを得ない場合には，正常な商慣習に照らして不当に不利益を与えることとなるおそれがあり，優越的地位の濫用（独禁2条9項5号）として問題となるおそれがある[83]。

　このような問題の解決の方向性として，スタートアップ事業連携ガイドラインは，契約締結時における明確な報酬支払条件及び報酬額の設定や製品等に係る保証の有無について明記すべきことを指摘している[84]。

---

[83]　以上について，スタートアップ事業連携ガイドライン第2・5(2)①。

[84]　スタートアップ事業連携ガイドライン第2・5(2)②(ア)・(イ)。

194

Ⅳ　スタートアップ事業連携ガイドライン
6　その他の留意点

2　損害賠償責任の一方的負担

　共同研究開発契約の中で，一方当事者のみが共同研究開発の成果に基づく製品等の損害賠償責任を負担することが求められることがあり得る。スタートアップと連携事業者が事業連携を行ったにもかかわらず，事業連携の成果に基づく製品等の損害賠償責任をスタートアップのみが負担する場合には，スタートアップのみが損害賠償のリスクを負うこととなる一方，連携事業者はそのリスクを一切負わないこととなる。

　取引上の地位がスタートアップに優越している連携事業者が，損害賠償責任が事業連携においてスタートアップが負うべきものであって，その損害賠償責任に応じたリスクがスタートアップへの支払に反映されている等の正当な理由がないのに，取引の相手方であるスタートアップに対し，事業連携の成果に基づく商品・役務の損害賠償責任の一方的な負担を要請する場合であって，当該スタートアップが，事業連携が打ち切られる等の今後の取引に与える影響等を懸念してそれを受け入れざるを得ない場合には，正常な商慣習に照らして不当に不利益を与えることとなるおそれがあり，優越的地位の濫用（独禁2条9項5号）として問題となるおそれがある[85]。

　このような問題の解決の方向性として，スタートアップ事業連携ガイドラインは，責任発生条件の制限や賠償額の制限といった双方が納得できる条件を当事者が模索することが重要である旨を指摘している[86]。

3　最恵待遇条件

　最恵待遇条件は，最恵国待遇，同等性条件，パリティ（Parity）条項等と呼ばれることもあるが，いずれも，一方の事業者が取引の相手方である事業者に対し，自己との取引条件を相手方事業者の他の取引先との取引条件と同等以上に有利にする条件を意味する。

---

[85]　以上について，スタートアップ事業連携ガイドライン第2・3(3)①。

[86]　スタートアップ事業連携ガイドライン第2・3(3)②。

Chapter

04 共同研究開発と独占禁止法上の留意点

　このような最恵待遇条件自体は，直ちに独占禁止法上問題となるものではない。また，共同研究開発契約において盛り込まれることは一般的ではないと思われる。しかし，市場における有力な事業者である連携事業者が，取引の相手方であるスタートアップに対し，最恵待遇条件を設定する場合，例えば，それによって，連携事業者の競争者がより有利な条件でスタートアップと取引することが困難となり，当該競争者の取引へのインセンティブが減少し，連携事業者と当該競争者との競争が阻害され，市場閉鎖効果が生じるおそれがある場合には，拘束条件付取引（一般指定12項）として問題となるおそれがある[87]。

　このような問題の解決の方向性として，スタートアップ事業連携ガイドラインは，利害調整を経たうえでの最恵待遇の設定を指摘している[88]。

〔宇佐美　善哉〕

---

[87] 以上について，スタートアップ事業連携ガイドライン第2・3(5)①。

[88] スタートアップ事業連携ガイドライン第2・3(5)②(ｱ)。

契約書式

〚 契約書式 〛

秘密保持契約 ———————————————————————————— 199

マテリアル・トランスファー契約 ————————————————— 207

フィージビリティ・スタディ契約 ————————————————— 211

レター・オブ・インテント ————————————————————— 230

共同研究開発契約 ——————————————————————————— 235

秘密保持契約

Non-Disclosure Agreement

This Non-Disclosure Agreement (the "**Agreement**") is entered into effective as of _____ (the "**Effective Date**"), by and between ABC Co., Ltd. ("**ABC**") and XYZ Inc. ("**XYZ**") (collectively, the "**Parties**" and individually, "**Party**").

Article 1 Purpose

The Parties shall exchange information held by each Party with each other for the limited purpose of allowing the Parties to consider the possibility of joint research and development of effective pharmaceutical products for ●● disease by the Parties (the "**Purpose**").

Article 2 Confidential Information

"**Confidential Information**" shall mean any and all information relating to the Purpose disclosed by one party ("**Disclosing Party**") to the other party ("**Receiving Party**"), as well as the fact of entering into this Agreement and the terms of this Agreement. The Confidential Information disclosed in written form shall be clearly marked by the Disclosing Party as "Confidential." In order to be considered Confidential Information, any information that is provided orally shall be identified as such by the Disclosing Party at the time of disclosure and identified in writing to the Receiving Party as the Confidential Information within thirty (30) business days after such oral disclosure.

199

契約書式

Article 3 Confidential Obligations

The Receiving Party shall maintain the Confidential Information received from the Disclosing Party in strict confidence and shall not disclose it to any third party without obtaining prior written consent of the Disclosing Party, provided, however, that, the Receiving Party may, to the extent such disclosure is necessary for the Purpose, disclose the Confidential Information to its Affiliates, its and their directors, employees, and attorneys, or other external experts, who are bound by confidentiality and non-use obligations substantially similar to those contained in this Agreement. For the purpose of this Agreement, "**Affiliate**" shall mean, with respect to a Party, any entity that, directly or indirectly, controls, is controlled by, or is under common control with the party.

Article 4 Non-Use Obligations

The Receiving Party shall not use the Confidential Information disclosed to it other than for the Purpose.

Article 5 Excluded Information

Confidentiality and non-use obligations shall not apply to the following, which the Receiving Party can establish by reasonable proof:

i) information that is in the public domain at the time of disclosure by the Disclosing Party;

ii) information that, after disclosure, becomes part of the public domain by publication or otherwise, except by breach of this Agreement;

iii) information that is in the possession of the Receiving Party at the time of disclosure;

iv) information that is subsequently and independently developed by the Receiving Party without use of the disclosed Confidential Information; or

v) information that is received by the Receiving Party from a third party who has

秘密保持契約

the right to disclose it to the Receiving Party.

Article 6 Mandatory Disclosure

In the event that the Receiving Party is obliged by laws or regulations to disclose the Confidential Information to a third party, including an authority, the Receiving Party shall promptly notify the Disclosing Party of such obligation so that the Disclosing Party may take appropriate protective measures or waive the Receiving Party's compliance with the terms of this Agreement.

Article 7 Limited Reproduction

The Receiving Party shall not reproduce the Confidential Information, except to the extent necessary for the Purpose, without obtaining prior written consent of the Disclosing Party, and the reproduced Confidential Information shall be treated as Confidential Information for the purpose of this Agreement.

Article 8 Return or Destruction of the Confidential Information

8.1   Upon completion of the Purpose, or upon request of the Disclosing Party to the Receiving Party at any time, the Receiving Party shall, at the direction of the Disclosing Party, either return to the Disclosing Party all of the Confidential Information (including copies thereof), which is tangible form, or certify that such Confidential Information has been destroyed.

8.2   Notwithstanding the preceding paragraph, the Receiving Party (i) may retain one copy of the Confidential Information solely for the purpose of fulfilling any continuing obligations, and (ii) shall not be required to delete any copies of Confidential Information that are automatically generated or saved in its electronic archival or back-up system, provided, however, that any Confidential Information retained under (i) and (ii) shall remain subject to the Receiving Party's confi-

契約書式

dentiality and non-use obligations set forth in this Agreement.

Article 9 Intellectual Property Rights

Neither this Agreement nor any disclosure hereunder shall be deemed to grant the Receiving Party any rights to the Confidential Information or under any Confidential Information, inventions, patents, know-how, trademarks, or copyrights owned or controlled by the Disclosing Party, nor shall it give the right to the Receiving Party to file any patent application containing or based upon any Confidential Information.

Article 10 Term

This Agreement is made effective on the Effective Date and shall remain in effect for a period of two (2) years thereafter. The confidentiality and non-use obligations hereunder shall survive for ten (10) years from expiry or earlier termination of this Agreement.

Article 11 Remedies

The Parties acknowledge that any breach of this Agreement will result in irrevocable harm to the Disclosing Party. Accordingly, the Disclosing Party shall be entitled to seek not only the monetary damages but also injunctive or other interim relief as remedies for any such breach.

Article 12 Representation and Warranty

12.1   The Disclosing Party represents and warrants to the Receiving Party that it holds the necessary rights in and to its Confidential Information and/or has the right to disclose such Confidential Information to the Receiving Party.

12.2   Except as expressly provided in this Agreement, neither Party makes any representation or warranty regarding the Confidential Information, including its accu-

秘密保持契約

racy or completeness.

Article 13 Governing Law and Settlement of Disputes

13.1   This Agreement shall be governed by and construed in accordance with the laws of Japan without reference to conflict of law principles.

13.2   Any dispute arising out of or in connection with this Agreement shall be finally settled by arbitration in accordance with the Commercial Arbitration Rules of the Japan Commercial Arbitration Association. The seat of arbitration shall be Tokyo, Japan.

IN WITNESS WHEREOF, the Parties have executed this Agreement on the Effective Date.

By: ABC
Name:
Title:

By: XYZ
Name:
Title

契約書式

【対訳】

秘密保持契約

この秘密保持契約（以下「本契約」という。）は，＿＿＿＿＿＿＿＿＿＿＿を発効日（以下「発効日」という。）として，株式会社 ABC（以下「ABC」という。）と XYZ Inc.（以下「XYZ」という。）（以下両者を総称して「両当事者」といい，個別に「当事者」という。）との間で締結される。

第1条　目的
両当事者は，●●病に対する有効な治療薬を両当事者が共同して研究開発することの可能性を検討するための限定的な目的（以下「本目的」という。）で，各当事者が保有する情報を相互に交換するものとする。

第2条　秘密情報
「秘密情報」とは，一方の当事者（以下「開示当事者」という。）が他方の当事者（以下「受領当事者」という。）に対して開示した本目的に関するあらゆる情報，並びに本契約締結の事実及び本契約の内容を意味する。書面により開示された秘密情報は，開示当事者によって「秘密」であることが明示されるものとする。口頭で開示された情報が秘密情報となるためには，開示の時に開示当事者によってそのように特定され，そのような口頭による開示の後30営業日以内に受領当事者に秘密情報として書面で特定されるものとする。

第3条　秘密保持義務
受領当事者は，開示当事者から受領した秘密情報を厳に秘密として管理するものとし，開示当事者の書面による事前の同意を得ることなくいかなる第三者にも開示してはならない。ただし，受領当事者は，本目的のために必要な範囲に限り，本契約に含まれるものと実質的に同様の秘密保持義務及び目的外使用禁止の義務を負う関連会社並びに自ら及びそれらの取締役，従業員及び弁護士その他の外部専門家に対して秘密情報を開示することができるものとする。本契約において「関連会社」とは，当事者に関して，直接的又は間接的に支配し，支配され，又は共通の支配下にある事業体を意味する。

第4条　目的外使用の禁止
受領当事者は，開示された秘密情報を本目的以外の目的で使用してはならないものとする。

第5条　秘密情報からの除外
秘密保持及び目的外使用禁止の義務は，受領当事者が合理的な証拠により立証すること

のできる次のいずれかの情報には適用されないものとする。

i) 開示当事者による開示の時点において公知であった情報,

ii) 開示後,本契約に違反することなく,公表又はその他の方法により公知となった情報,

iii) 開示の時点において受領当事者が既に保有していた情報,

iv) 開示された秘密情報を使用することなく,受領当事者がその後独自に開発した情報,又は

v) 受領当事者に開示する権利を有する第三者から受領当事者が受領した情報

第6条　義務的な開示

受領当事者が法令により秘密情報を当局等の第三者に開示する義務を負うこととなった場合,受領当事者は,開示当事者が適切な保護措置を講じ,又は受領当事者の本契約上の義務を免除することができるよう,開示当事者に対してかかる開示義務について速やかに通知するものとする。

第7条　複製の制限

受領当事者は,開示当事者の書面による事前の同意を得ることなく,本目的のために必要な範囲を超えて秘密情報を複製してはならず,複製された秘密情報は,本契約の適用上,秘密情報として取り扱われるものとする。

第8条　秘密情報の返還又は破棄

8.1　本目的が完了次第,又は開示当事者が受領当事者に要求した場合はいつでも,受領当事者は,開示当事者の指示により,有形である全ての秘密情報（その複製を含む。）を開示当事者に返還し,又は秘密情報が破棄されたことを証明するものとする。

8.2　前項にかかわらず,受領当事者は,(i)継続する義務を履行する目的でのみ秘密情報のコピーを1部保持することができ,(ii)自己の電子アーカイブ又はバックアップシステムに自動的に保存される秘密情報の複製については削除する必要はないものとする。ただし,(i)及び(ii)に基づいて保持される秘密情報は,引き続き本契約に定める受領当事者の秘密保持義務及び目的外使用の禁止義務の対象となるものとする。

第9条　知的財産権

本契約及び本契約に基づくいかなる開示によっても,秘密情報に対する権利又は開示当事者が所有もしくは管理する秘密情報,発明,特許,ノウハウ,商標もしくは著作権に基づく権利を受領当事者に付与するものとはみなされないものとし,秘密情報を含む,

契約書式

又は秘密情報に基づく特許出願を行う権利を受領当事者に与えるものでもないものとする。

第10条　有効期間

本契約は，発効日に効力を生じ，その後2年間有効とする。本契約における秘密保持義務及び目的外使用禁止の義務は，本契約の満了又はそれ以前の終了から10年間存続するものとする。

第11条　救済方法

両当事者は，本契約の違反が開示当事者に回復不能な損害をもたらすことを認める。したがって，開示当事者は，かかる違反に対する救済として，金銭的損害賠償のみならず差止め又はその他の仮の救済を求める権利を有するものとする。

第12条　表明保証

12.1　開示当事者は，受領当事者に対し，自己の秘密情報に関して必要な権利を有し，且つ／又は，当該秘密情報を受領当事者に開示する権利を有することを，表明し，保証するものとする。

12.2　本契約に明示的に規定されている場合を除き，いずれの当事者も，秘密情報の正確性又は完全性を含め，秘密情報に関する表明又は保証を行わないものとする。

第13条　準拠法及び紛争解決

13.1　本契約は，抵触法の原則にかかわらず，日本国法に準拠し，これに従って解釈されるものとする。

13.2　本契約に基づき，又は本契約に関連して発生する紛争については，一般社団法人日本商事仲裁協会の商事仲裁規則に従って仲裁により最終的に解決されるものとする。仲裁地は日本国東京都とする。

以上の証拠として，両当事者は，発効日に本契約を締結した。

ABC

氏名

役職

XYZ

氏名

役職

マテリアル・トランスファー契約

●●（以下「甲」という。）と，■■（以下「乙」という。）とは，甲乙間における有体物の提供に関し，以下のとおり契約を締結する。

（本件有体物の提供）
第1条 甲は，別紙記載の有体物（以下「本件有体物」という。）を乙に無償で提供する。

（本件有体物の使用目的）
第2条 乙は，●●部門において，甲乙間における共同研究開発の可能性の検討の目的（以下「本件目的」という。）のためにのみ，本件有体物を使用しなければならない。
2 乙は，本件目的以外の目的のために，又は前項の部門以外において，本件有体物を使用してはならない。

（本件有体物の使用場所）
第3条 乙は，別紙記載の使用場所において，本件有体物を使用しなければならない。

（本件有体物の処分）
第4条 乙は，本件有体物を第三者に譲渡し，移転し，貸与し，又は担保に供する等本件有体物を処分する行為をしてはならない。

（不保証）
第5条 甲は，本件有体物及び甲が乙に開示する本件有体物に関する情報（以下「本件有体物情報」という。）の正確性，完全性，有効性，特定の目的への適合性その他の一切の特性について，何ら保証しない。

契約書式

2　乙において，本件有体物又は本件有体物情報の使用により損害が発生した場合，甲は，当該損害について，賠償責任その他何らの責任を負わないものとする。

（本件有体物の使用期間）
第6条　乙が本件有体物を使用することができる期間（以下「本件使用期間」という。）は，●●●●年●月●日から■■■■年■月■日までとする。ただし，甲乙協議のうえ，本件使用期間を伸長し，又は短縮することができるものとする。
2　乙は，本件使用期間が終了したときは，甲の指示に従い，余剰となった本件有体物及び本件有体物情報に関する書類その他の資料を甲に返却し，又は廃棄しなければならない。

（検討結果の報告）
第7条　乙は，本件使用期間終了後●日以内に，書面をもって，本件有体物を使用し，乙において検討・評価した結果（以下「本件検討結果」という。）を甲に報告しなければならない。

（知的財産権の取扱い）
第8条　本件有体物の検討・評価の結果発生する知的財産権（ノウハウを含む。）の取扱いについては，甲乙協議のうえ定めるものとする。

（秘密の保持）
第9条　乙は，本件使用期間中及び本件使用期間終了後●年間は，甲の書面による事前の承諾なくして，本件有体物情報を第三者に開示してはならない。ただし，当該情報が，次の各号の一に該当するときは，この限りでない。
(1)　乙が開示を受けた時点において，既に乙が保有していた情報。
(2)　乙が開示を受けた時点において，既に公知となっていた情報。
(3)　乙が開示を受けた後に，乙の責によらず公知となった情報。
(4)　乙が開示を受けた後に，乙が，正当な権限を有する第三者から，秘密保持義務を負うことなく入手した情報。
(5)　甲から開示を受けた情報によることなく，乙が，独自に開発した情報。
(6)　乙が裁判所，行政機関，監督官庁その他の公的機関（金融商品取引所を含む。）から法令，規則等に基づき開示を求められた情報。

（本件検討結果の公表）
第10条　乙は，本件使用期間中及び本件使用期間終了後●年間は，本件検討結果を公表しようとするときは，あらかじめ書面をもって，その公表の時期，方法及び内容を甲に通知のうえ，甲の書面による同意を得なければならない。
2　乙は，前項の公表をしようとするときは，甲が本件有体物を提供したことをあわせて公表しなければならない。

（協議）
第11条　本契約に定めのない事項又は本契約に関する疑義を生じたときは，甲乙協議の上これを解決する。

（裁判管轄）
第12条　本契約に関する紛争については，東京地方裁判所を第一審の専属的合意管轄裁判所とする。

本契約締結の証として本書2通を作成し，甲乙記名捺印のうえ各1通を保有する。

　　　　　　　　　　　甲

　　　　　　　　　　　乙

契約書式

別　紙

1．本件有体物

	内　　容	備　　考
種　　　類		
数　　　量		
重　　　量		
提供する外観		
包 装 形 態		

2．本件有体物の使用場所

使 用 場 所	

フィージビリティ・スタディ契約

フィージビリティ・スタディ契約

Feasibility Study Agreement

This Feasibility Study Agreement (this "**Agreement**") is entered into effective _____ (the "**Effective Date**") between ABC Inc. ("**ABC**") and XYZ Corporation ("**XYZ**") (collectively the "**Parties**" or individually a "**Party**").

RECITALS

WHEREAS, XYZ desires to engage ABC to perform a feasibility study in connection with evaluation of ABC's proprietary technology ("**ABC Technology**");

WHEREAS, ABC desires to accept such engagement; and

WHEREAS, the Parties desire to enter into further discussion for a joint research and development agreement if this engagement results in a favorable outcome for the Parties.

NOW, THEREFORE, the Parties mutually agree to enter into this Agreement in accordance with the terms and conditions set forth herein.

Article 1. Definitions

For purposes of this Agreement, including any Exhibits, the following terms shall have the following meanings:

211

契約書式

1.1   "ABC Pre-Existing Work Product" shall have the meaning set forth in Article 6.2.

1.2   "ABC Technology" shall have the meaning set forth in Recitals.

1.3   "Confidential Information" shall have the meaning set forth in Article 8.1.

1.4   "Disclosing Party" shall have the meaning set forth in Article 8.1.

1.5   "Effective Date" shall have the meaning set forth in preamble.

1.6   "Feasibility Study" shall have the meaning set forth in Article 2.1.

1.7   "Feasibility Study Fee" shall have the meaning set forth in Article 2.3.

1.8   "Option Period" shall have the meaning set forth in Article 7.1.

1.9   "Receiving Party" shall have the meaning set forth in Article 8.1.

1.10   "Study Report" shall have the meaning set forth in Exhibit A.

1.11   "Work Product" shall have the meaning set forth in Article 6.1.

1.12   "XYZ Pre-Existing Work Product" shall have the meaning set forth in Article 6.3.

Article 2. Appointment and Fees

2.1   The scope of the feasibility study to be provided by ABC to XYZ under this Agreement (the "**Feasibility Study**") and the scope of works for the Parties are described in Exhibit A attached hereto, which shall be treated as a part of this Agreement.

フィージビリティ・スタディ契約

2.2 XYZ hereby acknowledges and agrees that in the course of conducting the Feasibility Study, ABC will depend on the accuracy and completeness of the information furnished by XYZ. XYZ represents and warrants that such information is accurate and complete, except as otherwise explicitly documented in written form to ABC.

2.3 In exchange for the provision of the Feasibility Study by ABC as stipulated in this Agreement, XYZ shall remit to ABC a non-refundable fee (the "**Feasibility Study Fee**") of ●● USD within a period of thirty (30) days subsequent to the receipt of an invoice issued by ABC.

2.4 The payment of the Feasibility Study Fee shall be executed via telegraphic transfer to a banking institution as designated by ABC. XYZ shall bear full responsibility for any and all charges or fees incurred as a result of such telegraphic transfer.

Article 3. XYZ Responsibilities

3.1 XYZ shall provide ABC with reasonable access to XYZ's facility, data, records, and information as reasonably requested by ABC in connection with the performance of the Feasibility Study.

3.2 XYZ shall promptly notify ABC in writing of any third-party claims against ABC related to the Feasibility Study within ten (10) days of learning of such claim.

3.3 XYZ shall not reverse-engineer the ABC Technology that is provided by ABC for the Feasibility Study.

Article 4. Term and Termination

4.1 The Agreement becomes effective on the Effective Date and remains valid for ●

213

契約書式

months from the date ABC notifies XYZ of the commencement of the Feasibility Study, following ABC's receipt of all necessary materials, information, and data from XYZ. The Parties may mutually agree in writing to extend this Agreement, with the same conditions applying post-extension. Termination of this Agreement is governed by the conditions outlined below.

4.2   XYZ may terminate this Agreement by delivering written notice to ABC, effective thirty (30) days after ABC receives the notice. Upon termination, XYZ shall pay any non-cancelable, proven costs related to the Feasibility Study within forty-five (45) days of receiving an invoice for such costs from ABC. ABC shall cease all Feasibility Study activities upon receiving the termination notice.

4.3   ABC may terminate this Agreement by delivering written notice to XYZ, effective thirty (30) days after XYZ receives the notice. ABC shall refund any uncommitted portion of the Feasibility Study Fee as evidenced by its records, to XYZ within forty-five (45) days of termination notice.

4.4   In case of a material breach by either Party, if the breaching Party fails to rectify the breach within thirty (30) days of receiving a breach notice from the non-breaching Party, the non-breaching Party may immediately terminate this Agreement with written notice.

4.5   If either Party is incapacitated due to force majeure (as described in Article 15) for over one (1) month, the other Party may terminate the Agreement with thirty (30) days' written notice to the incapacitated Party.

4.6   Following the expiration or termination of this Agreement, Articles 2, 4.6, 6, 7, 9, 10, 11, 12, 13, 14, 16, 17, and 18 remain effective so long as their subject matter is relevant. Article 8 continues to be effective for the duration specified therein.

フィージビリティ・スタディ契約

Article 5. Standard of Feasibility Study/Warranty Disclaimer

5.1   ABC shall use commercially reasonable efforts to perform the Feasibility Study and comply with all reasonable requests given by XYZ.

5.2   In performing the Feasibility Study, ABC shall comply with all relevant laws, regulations, licensing requirements, and other professional standards that apply to the Feasibility Study.

5.3   ABC may use any services of any subcontractor as it deems appropriate to perform the Feasibility Study, provided that, creation of any subcontract relationship shall not relieve ABC of any of its obligations under this Agreement, and ABC shall be fully responsible to XYZ for the acts or omissions of any subcontractor ABC hires as if no subcontract had been made.

Article 6. Intellectual Property

6.1   Except for the Pre-Existing Work Product set forth below, all work product, including the Study Report, prepared in the performance of the Feasibility Study (the "**Work Product**") shall be owned by ABC.

6.2   ABC shall grant XYZ a non-exclusive, world-wide, royalty-free, internal research use license to the Work Product. If the Work Product integrates any work product that was created or possessed by ABC prior to this Agreement or otherwise created by ABC outside the scope of the Feasibility Study ("**ABC Pre-Existing Work Product**"), ABC shall grant XYZ a non-exclusive, world-wide, royalty-free, internal research use license to ABC Pre-Existing Work Products. Notwithstanding the foregoing, ABC shall remain the exclusive owner of the Work Product, including ABC Pre-Existing Work Product.

6.3   XYZ shall grant ABC a free of charge, non-exclusive license to use its work that

契約書式

was created or possessed by XYZ prior to this Agreement or otherwise originally created by XYZ outside the scope of this Agreement ("**XYZ Pre-Existing Work Product**") for the sole purpose of performing the Feasibility Study. Notwithstanding the foregoing, XYZ shall remain the exclusive owner of XYZ Pre-Existing Work Product.

Article 7. Option Grant

7.1 ABC hereby grants to XYZ an exclusive option for the right to negotiate a joint research and development agreement with ABC for further research and development of the Work Product. The option shall expire ●● days after XYZ has received the Study Report (the "**Option Period**"). The option may be exercised by XYZ in writing at any time during the Option Period.

7.2 If XYZ exercises the option to enter into a joint research and development agreement, the Parties shall negotiate in good faith the terms and conditions of such an agreement within ●● days after XYZ exercised the option and shall endeavor to reach a mutually acceptable agreement.

Article 8. Confidentiality

8.1 The Parties acknowledge that in fulfilling this Agreement, they may exchange confidential or proprietary information (collectively, the "**Confidential Information**"). The Party receiving such information (the "**Receiving Party**") agrees to (i) use the Confidential Information solely for the Agreement's purposes, (ii) not disclose the Confidential Information to any third party without prior written consent from the disclosing Party (the "**Disclosing Party**"), and (iii) limit the disclosure of Confidential Information to its employees, directors, contractors, and advisors who require this information and are subject to confidentiality and usage restrictions at least as stringent as those outlined herein. These confidentiality and limited use obligations will persist for five (5) years after the expiration

フィージビリティ・スタディ契約

or termination of this Agreement.

8.2   The confidentiality and limited use obligations do not apply to information that (i) was publicly known at or after first disclosure without fault of the Receiving Party, (ii) was already possessed by the Receiving Party before disclosure, (iii) was obtained from an unrelated third party without confidentiality restrictions, (iv) is released for disclosure by the Disclosing Party in writing, or (v) is required to be disclosed under a governmental or judicial order, provided the Receiving Party shall promptly inform the Disclosing Party of such order and allows it to challenge or seek protection against the public disclosure of such information.

8.3   The Work Product, including the Study Report, and ABC Pre-Existing Work Product shall be regarded as ABC's Confidential Information, so long as they meet the criteria for Confidential Information.

8.4   XYZ Pre-Existing Work Product shall be regarded as XYZ's Confidential Information, so long as they meet the criteria for Confidential Information.

Article 9. Liability

Despite any contrary provisions in this Agreement, ABC's liability to XYZ for any damages, claims, demands, lawsuits, causes of action, losses, costs, expenses, and liabilities related to or arising from the Feasibility Study performed or to be performed under this Agreement shall not exceed the total compensation amount paid by XYZ to ABC as outlined in this Agreement. This limitation applies irrespective of the legal basis of the liability, whether it stems from breach of contract, tort, product liability, contribution, strict liability, or any other legal theory.

Article 10. Notices

All formal notifications regarding this Agreement shall be in writing and delivered either by

217

契約書式

registered or certified airmail, confirmed by a signed return receipt or internet tracking, or via email. These notifications should be sent to the designated addresses or email addresses of the Parties, or to any other addresses or email addresses subsequently specified by the Parties in writing as per this Article. Notices sent by airmail are considered received five (5) business days after the postmark date or on an earlier actual delivery date, as verified by the signed return receipt or internet tracking. Notices sent by email are deemed received on the date of transmission. However, if a notice is received or deemed received outside of normal business hours or on a non-business day at the place of receipt, it is considered received on the next business day.

ABC:

Address:
Attention:
Email:

XYZ:

Address:
Attention:
Email:

Article 11. Amendment

This Agreement shall not be amended or modified except through a written document duly executed by both Parties.

Article 12. Waiver

The failure of either Party to enforce strict adherence to any provision of this Agreement at any given time shall not be interpreted as a waiver of that provision nor shall it affect the

フィージビリティ・スタディ契約

Party's right to enforce that or any other provision of the Agreement at any future time.

Article 13. Severability

Should a court or other competent authority at any time deem any provision of this Agreement illegal or unenforceable, that specific provision shall be severed from this Agreement. The remaining provisions of the Agreement shall remain unaffected and continue to be in full force and effect.

Article 14. Entire Agreement

This Agreement, along with any attached Exhibits, embodies the full and complete understanding of the Parties regarding its subject matter. It replaces and supersedes any prior negotiations, agreements, and understandings between the Parties concerning this subject matter.

Article 15. Force Majeure

Despite any other provision in this Agreement, neither Party will be held responsible for failing to fulfill its obligations if hindered by events outside its reasonable control. These events include but are not limited to riots, epidemics, power or communication disruptions, war (declared or undeclared), terrorist acts, fires, floods, tidal waves, earthquakes, natural disasters, nuclear accidents, strikes, lockouts, labor disputes, actions or inactions of government entities or officials, or any other unavoidable causes. If a Party intends to claim relief under this provision, it shall promptly inform the other Party in writing about the nature of the force majeure and the obligations affected. The Party invoking this clause is obliged to make all reasonable efforts to reduce the impact of the force majeure.

Article 16. No Assignment, Successors and Assignees

16.1   Neither Party is permitted to assign their rights, create a security interest in their

契約書式

rights, or delegate their obligations under this Agreement to a third party without the prior written consent of the other Party. Any attempt to assign, grant of security interest, or delegate in contravention of this clause will be considered null and void. However, a Party may assign all of its rights and delegate all of its obligations under this Agreement without the other Party's consent in the event of a merger, or the sale of substantially all of its assets or stock, provided that the assignee agrees to fulfill all obligations of the assigning Party under this Agreement. No partial assignments or delegations are permitted in such circumstances.

16.2 Within the limits of the assignment restrictions set forth in this Agreement, this Agreement shall benefit and bind both Parties and their respective successor and assignee.

Article 17. Governing Law and Dispute Resolution

This Agreement and all related claims, including tort and non-contractual claims, arising from or connected with this Agreement or its contemplated transactions, shall be governed by the substantive laws of Japan, without reference to conflict of law principles. Any disputes pertaining to this Agreement shall be exclusively resolved by the Tokyo District Court.

Article 18. Execution in Counterparts

This Agreement can be executed in two separate parts, with each Party signing one part. Together, these two parts shall form one complete Agreement. An electronic (scanned) version of an original part shall be considered as valid and effective as the original.

IN WITNESS WHEREOF, the Parties have ensured their duly authorized representatives have signed this Agreement on the dates indicated below their respective signatures.

フィージビリティ・スタディ契約

ABC

By: _____
Name:
Title:
Date:

XYZ

By: _____
Name:
Title:
Date:

Exhibit A

Scope of the Feasibility Study

1.   Scope of the Feasibility Study

ABC will perform the following studies:

a)   prepare Compound provided by XYZ using ABC Technology; and

b)   provide a study report (the "**Study Report**") to XYZ, which shall include ●● .

2.   Scope of work for the Parties

2.1   ABC:

2.2   XYZ:

契約書式

【対訳】

フィージビリティ・スタディ契約

このフィージビリティ・スタディ契約（以下「本契約」という。）は，＿＿＿＿＿＿＿
を発効日（以下「発効日」という。）として，株式会社 ABC（以下「ABC」という。）
及び XYZ Inc.（以下「XYZ」という。）（以下両者を総称して「両当事者」といい，個別
に「当事者」という。）との間で締結される。

前文

XYZ は ABC の独自技術（以下「ABC 技術」という。）の評価に関連して，ABC による
フィージビリティ・スタディの実施を希望している。
ABC はそのような委託を受け入れたいと望んでいる。
本委託が両当事者にとって好ましい結果をもたらす場合，両当事者は共同研究開発契約
についてさらなる協議を行いたいと望んでいる。
したがって，両当事者は本契約に記載された条項及び条件に従って本契約を締結するこ
とに相互に合意する。

第1条　定義

本契約に含まれる各展示物において，以下の用語は以下の意味を持つものとする：

1.1　「ABC 既存成果物」は，第6.2条で規定される意味を持つ。

1.2　「ABC 技術」は，前文に規定される意味を持つ。

1.3　「秘密情報」は，第8.1条で規定される意味を持つ。

1.4　「開示当事者」は，第8.1条で規定される意味を持つ。

1.5　「発効日」は，頭書で記載される意味を持つ。

1.6　「フィージビリティ・スタディ」は，第2.1条で規定される意味を持つ。

1.7　「フィージビリティ・スタディ費用」は，第2.3条で規定される意味を持つ。

1.8　「オプション期間」は，第7.1条で規定される意味を持つ。

1.9　「受領当事者」は，第8.1条で規定される意味を持つ。

1.10　「研究報告書」は，別紙 A で規定される意味を持つ。

1.11　「本成果物」は，第6.1条で規定される意味を持つ。

1.12　「XYZ 既存成果物」は，第6.3条で規定される意味を持つ。

フィージビリティ・スタディ契約

第2条　委託及び費用

2.1　本契約に基づいて ABC が XYZ に提供するフィージビリティ・スタディ（以下「フィージビリティ・スタディ」という。）の範囲及び両当事者の作業範囲は，本契約に添付され，本契約の一部として扱われる別紙 A に記載のとおりとする。

2.2　XYZ は，フィージビリティ・スタディの実施において，ABC が XYZ から提供される情報の正確性及び完全性に依拠することを認め，同意する。XYZ は，そのような情報が正確且つ完全であることを表明し，保証する。ただし，ABC に対して書面で明確に文書化された場合を除く。

2.3　契約に定めるとおりの ABC によるフィージビリティ・スタディの実施の対価として，XYZ は，ABC に対し，払戻不能の手数料（以下「フィージビリティ・スタディ費用」という。）●●米ドルを，ABC からの請求書受領後30日以内に支払う。

2.4　フィージビリティ・スタディ費用の支払は，ABC が指定する銀行機関への電信送金によって行われる。XYZ は，かかる電信送金により発生する全ての手数料や費用を全額負担する。

第3条　XYZ の責任

3.1　XYZ は，フィージビリティ・スタディの実施に関連して ABC が合理的に要求する XYZ の施設への合理的なアクセス，データ，記録及び情報を提供するものとする。

3.2　XYZ は，フィージビリティ・スタディに関連して ABC に対する第三者からの請求がある場合，その請求を知った日から10日以内に ABC に書面で速やかに通知するものとする。

3.3　XYZ は，フィージビリティ・スタディのために ABC から提供された ABC 技術をリバースエンジニアリングしてはならない。

第4条　契約期間及び終了

4.1　本契約は，発効日より発効し，ABC が XYZ から必要な資料，情報及びデータを受領後，ABC が XYZ に対してフィージビリティ・スタディの開始を通知した日から●か月間有効とする。両当事者は，書面の合意により本契約を延長することができ，延長後も同様の条件が適用される。本契約の解約は，以下に規定された条件に従う。

4.2　XYZ は，ABC に対して書面による通知を送付することにより，本契約を解約することができ，解約の効力は，ABC が通知を受領してから30日後に生じる。解約

223

契約書式

後，XYZ は，フィージビリティ・スタディに関連する全ての取消不能な実証済みの費用を，ABC から当該費用に関する請求書を受領後45日以内に支払うものとする。ABC は，解約通知を受領し次第，フィージビリティ・スタディの活動を全て中止する。

4.3　ABC は，XYZ に対して書面による通知を送付することにより，本契約を解約することができ，解約の効力は，XYZ が通知を受領してから30日後に生じる。ABC は，解約通知から45日以内に，その記録に基づいて，フィージビリティ・スタディ費用の未履行部分を，XYZ に返金するものとする。

4.4　いずれかの当事者が重大な違反を犯した場合，違反当事者が非違反当事者から違反通知を受領してから30日以内に違反を是正しない場合，非違反当事者は，書面による通知により直ちに本契約を解約することができる。

4.5　一方当事者が第15条に規定する不可抗力により1か月以上活動できなくなった場合，他方当事者は，活動できなくなった当事者に対し，30日間の書面通知をもって本契約を解約することができる。

4.6　本契約の有効期間経過後又は解約後においても，第2条，第4.6条，第6条，第7条，第9条，第10条，第11条，第12条，第13条，第14条，第16条，第17条及び第18条は，その内容が関連する限り引き続き効力を有する。第8条は，同条中で指定された期間にわたって引き続き効力を有する。

第5条　フィージビリティ・スタディの基準／保証免責

5.1　ABC は，フィージビリティ・スタディを実施するために商業的に合理的な努力を払うとともに，XYZ の全ての合理的な要求に従うものとする。

5.2　フィージビリティ・スタディの実施にあたり，ABC は，フィージビリティ・スタディに適用される全ての関連法，規則，ライセンス要件及びその他の職業的基準を遵守するものとする。

5.3　ABC は，フィージビリティ・スタディを実施するために適切であると判断した下請業者の役務を利用することができるものとする。ただし，下請業者との関係の構築は，本契約上の ABC の義務を免除するものではなく，ABC は，下請けが行われない場合と同様に，下請業者の行為又は不作為について，XYZ に対して全責任を負うものとする。

第6条　知的財産

6.1　既存成果物に関する以下に定める例外を除き，フィージビリティ・スタディの過程で作成された研究報告書を含む全ての成果物（以下「本成果物」という。）は，

フィージビリティ・スタディ契約

ABC に帰属するものとする。

6.2　ABC は，XYZ に対し，本成果物に対する非独占的，世界的，ロイヤルティ無しの，内部研究を目的としたライセンスを付与する。本成果物が本契約以前に ABC が作成し，もしくは所有し，又はフィージビリティ・スタディの範囲外で作成した成果物（以下「ABC 既存成果物」という。）を含む場合，ABC は，XYZ に対し，ABC 既存成果物に対する非独占的，世界的，ロイヤルティ無しの，内部研究を目的としたライセンスを付与する。上記にかかわらず，ABC は，ABC 既存成果物を含む本成果物の独占的所有者であり続けるものとする。

6.3　XYZ は，ABC に対し，本契約以前に XYZ が作成し，もしくは所有し，又は本契約の範囲外で作成した成果物（以下「XYZ 既存成果物」という。）について，フィージビリティ・スタディを実施する目的に限り使用するための無償且つ非独占的なライセンスを付与する。上記にかかわらず，XYZ は，XYZ 既存成果物の独占的所有者であり続けるものとする。

第７条　オプション付与

7.1　ABC は，XYZ に対し，本成果物のさらなる研究開発のための共同研究開発契約について ABC と交渉する権利のための独占的オプションを付与する。当該オプションは，XYZ が研究報告書を受け取ってから●●日後（以下「オプション期間」という。）に失効する。当該オプションは，オプション期間中いつでも，XYZ が書面により行使することができる。

7.2　XYZ が共同研究開発契約を締結するオプションを行使した場合，両当事者は，XYZ がオプションを行使後●●日の間に当該契約の条件について誠実に交渉し，相互に受入可能な合意に達するよう努めるものとする。

第８条　秘密保持

8.1　両当事者は，本契約の履行に伴い，秘密情報又は固有の情報（以下総称して「秘密情報」という。）を交換することがあることを認める。情報を受け取る当事者（以下「受領当事者」という。）は，(i)秘密情報を本契約の目的のためのみに使用し，(ii)情報を開示する当事者（以下「開示当事者」という。）の事前の書面による同意なしに第三者に秘密情報を開示せず，また，(iii)秘密情報開示の開示を，当該情報が必要であり，本条に規定されたものと少なくとも同等の秘密保持及び使用制限を課された従業員，取締役，請負業者及びアドバイザーに限定することに同意する。これらの秘密保持義務及び使用制限の義務は，本契約の終了又は解約後５年間存続する。

225

契約書式

8.2 秘密保持及び使用制限の義務は，(i)初回開示時又はその後に受領当事者の過失なく公知となった情報，(ii)開示前に受領当事者が既に保有していた情報，(iii)秘密性の制限なしに無関係の第三者から取得した情報，(iv)開示当事者による書面による開示許可がある情報，又は(v)政府もしくは裁判所の命令により開示が要求される情報（ただし，受領当事者は，開示当事者に対し，かかる命令について速やかに通知し，そのような情報の公開に対する異議申立て又は保護措置を求める機会を提供しなければならない。）には適用されないものとする。

8.3 研究報告書を含む本成果物及び ABC 既存成果物は，秘密情報の要件を満たす限り，ABC の秘密情報として扱われるものとする。

8.4 XYZ 既存成果物は，秘密情報の要件を満たす限り，XYZ の秘密情報として扱われるものとする。

第9条 責任

本契約中の反対の規定にかかわらず，本契約に基づいて実施された，又は実施されるフィージビリティ・スタディに関連する，又はそれに起因するいかなる損害，請求，要求，訴訟，訴訟原因，損失，費用，経費及び責任に対して，ABC が XYZ に負う責任は，本契約に記載された XYZ から ABC への総報酬額を超えないものとする。この制限は，契約違反，不法行為，製品責任，求償，厳格責任又はその他の法的理論に基づく責任の法的根拠にかかわらず適用される。

第10条 通知

本契約に関する全ての公式通知は，書面により，署名付きの受領書もしくはインターネット追跡により配達が確認される書留航空便もしくは配達証明付航空便で配達され，又は，電子メールを介して送信されるものとする。これらの通知は，当事者の指定住所もしくは電子メールアドレス，又は本条に従い書面によって後に指定された他の住所もしくは電子メールアドレスに送付される。航空便による通知は，郵便消印日から５営業日後，又は署名付きの受領書もしくはインターネット追跡によって確認された早期の実際の配達日に受領されたものとみなされる。電子メールによる通知は，送信日に受領されたものとみなされる。ただし，受領者の通常の営業時間外又は非営業日に通知が受領された場合，又は受領されたとみなされた場合，次の営業日に受領されたとみなされる。

 ABC：

 住所：

 担当者：

Ｅメール：

XYZ：
住所：
担当者：
Ｅメール：

第11条　変更
本契約は，両当事者によって適切に締結された書面を通じてなされる場合を除き，変更又は修正されないものとする。

第12条　放棄
各当事者が，任意の時点で本契約のいずれかの規定について厳格な遵守を強制しないことは，その規定の放棄と解釈されず，当該当事者が将来的にその規定又は本契約の他の規定を強制する権利に影響を与えない。

第13条　分離可能性
裁判所又はその他の権限を有する機関が，任意の時点で本契約のいずれかの条項を違法又は執行不能と判断した場合，当該条項は本契約から分離され，残りの本契約は影響を受けず，完全な効力をもって存続するものとする。

第14条　完全合意
本契約及びこれに添付される全ての別紙には，当事者間の本件に関する完全且つ全面的な合意が示されており，当事者間の本件に関する以前の交渉，契約及び合意を置き換えるものとする。

第15条　不可抗力
本契約の他の規定にかかわらず，当事者は，合理的に制御できない事象によって義務の履行を妨げられた場合，責任を負わない。これらの事象には，暴動，流行病，電力もしくは通信の中断，戦争（宣戦布告の有無を問わない。），テロ行為，火災，洪水，津波，地震，自然災害，核事故，ストライキ，ロックアウト，労働紛争，政府機関もしくは職員の作為もしくは不作為，又はその他の避けられない原因が含まれるがこれらに限定されない。当事者がこの規定に基づく救済を主張する意図がある場合，当該当事者は，不可抗力の性質及び影響を受ける義務について，相手方当事者に対し，速やかに書面で通知するものとする。不可抗力を主張する当事者は，不可抗力の影響を最小限に抑えるためにあらゆる合理的な努力を行う義務を負うものとする。

契約書式

第16条　譲渡不可，承継人及び譲受人

16.1　当事者は，相手方当事者の事前の書面による同意なく本契約に基づく権利を譲渡し，権利に対する担保権を設定し，又は義務を委任することはできないものとする。この条項に反して行われた譲渡，担保権の設定，又は委任は無効とみなされる。ただし，合併，又は資産又は株式の実質的に全部の売却に伴い，譲受人が本契約に基づく譲渡当事者の全ての義務を履行することに同意する場合，当事者は，相手方当事者の同意なしに本契約に基づく全ての権利を譲渡し，全ての義務を委任することができる。そのような状況において，部分的な譲渡や委任はできないものとする。

16.2　本契約に定められた譲渡制限の範囲内で，本契約は，両当事者並びに各々の承継人及び譲受人に利益をもたらし，拘束するものとする。

第17条　準拠法及び紛争解決

本契約及び本契約又はその想定される取引から生じる，又は関連する全ての請求（不法行為及び契約外の請求を含む。）は，抵触法に関する原則にかかわらず，日本の実体法に準拠する。本契約に関する紛争は，東京地方裁判所によって専属的に解決されるものとする。

第18条　原本部数

本契約は，各当事者によって署名された２部の原本により締結され，この２部の原本は合わせて１つの完全な契約を構成するものとする。原本の電子的（スキャンされた）バージョンには，原本と同等の効果を与えるものとする。

これを証するため，両当事者は，以下に示された日付に正式に権限を有する代表者によってそれぞれ本契約に署名させた。

ABC
署名：＿＿＿＿＿＿
名前：
役職：
日付：

XYZ
署名：＿＿＿＿＿＿

フィージビリティ・スタディ契約

名前：

役職：

日付：

別紙 A

フィージビリティ・スタディの範囲

1．フィージビリティ・スタディの範囲

ABC は，以下のフィージビリティ・スタディを実施する。

a) XYZ が提供する化合物を ABC 技術を用いて調製すること

b) ●●を含む研究報告書（以下「研究報告書」という。）の XYZ への提供

2．両当事者の作業範囲

2.1　ABC：

2.2　XYZ：

契約書式

レター・オブ・インテント

Letter of Intent

Dear [Recipient's Name],

This Letter of Intent ("**LOI**") is entered into between ABC Co., Ltd., with its principal place of business at [ABC Co., Ltd.'s Address] ("**ABC**"), and XYZ Inc., with its principal place of business at [XYZ Inc.'s Address] ("**XYZ**") (collectively the "**Parties**" or individually a "**Party**").

1. Purpose:

    The purpose of this LOI is to establish a preliminary understanding between ABC and XYZ regarding a potential collaborative research and development project (the "**Collaboration**"). The Collaboration aims to leverage the combined expertise and resources of both Parties to create innovative products or technologies.

2. Scope of the Collaboration:

    The Collaboration will focus on joint research and development in areas that harness the unique strengths of each Party. Specific fields of collaboration will be defined following further discussion.

3. Responsibilities and Contributions:

    Both Parties agree to contribute their respective expertise, resources, and neces-

230

sary funding. Exact roles and responsibilities will be outlined in a definitive joint research and development agreement.

4.   Confidentiality:

Each Party agrees to maintain the confidentiality of any shared proprietary information of the other Party, adhering to standard industry practices for information protection.

5.   Non-Binding Acknowledgement:

The Parties acknowledge and agree that, except for Article 8 (Exclusivity) and Article 9 (Term), this LOI only constitutes an expression of the current intent of the Parties and is not to be construed as creating any legal obligations by any Party until such time as a definitive joint research and development agreement, reflecting the intentions of this LOI, is executed by the Parties.

6.   Governance:

A steering committee with representatives from both Parties will manage and oversee the Collaboration.

7.   Intellectual Property:

Rights to intellectual property developed during the Collaboration will be defined in the definitive joint research and development agreement.

8.   Exclusivity:

During the term of this LOI as specified in Article 9 (Term), the Parties mutually agree to abstain from engaging in negotiations or discussions with any third par-

契約書式

ty concerning subjects that are identical or similar to the Collaboration outlined herein.

9. Term:

This LOI is valid for [specify duration], subject to extension by mutual consent of the Parties.

10. Next Steps:

The Parties intend to negotiate a definitive joint research and development agreement based on this LOI.

Please confirm your agreement with these terms by signing and returning a copy of this LOI.

Sincerely,

[Sender's Name]
[Sender's Title]
ABC Co., Ltd.
[ABC Co., Ltd.'s Address]
[Contact Information]

Acknowledged and Agreed:

[Recipient's Name]
[Recipient's Title]
XYZ Inc.
[Date of Agreement]

レター・オブ・インテント

【対訳】

レター・オブ・インテント

［受取人の名前］様，

このレター・オブ・インテント（以下「本LOI」という。）は，［株式会社ABCの住所］を主たる事業所とする株式会社ABC（以下「ABC」という。）と，［XYZ Inc.の住所］を主たる事業所とするXYX Inc.（以下「XYZ」という。）（以下両者を総称して「両当事者」といい，個別に「当事者」という。）との間で締結される。

第1条　目的
本LOIは，ABCとXYZが潜在的な共同研究開発プロジェクト（以下「本共同研究開発」という。）に関して初期的な理解を確立することを目的とする。本共同研究開発は，両当事者の専門知識とリソースを組み合わせ，革新的な製品や技術を創出することを目指している。

第2条　本共同研究開発の範囲
本共同研究開発は，各当事者の独自の強みを活用する分野に焦点を当てるものとする。具体的な共同研究開発分野は，今後の協議に基づいて定義するものとする。

第3条　責任と分担
両当事者は，それぞれの専門知識，リソース，必要な資金等を提供することに同意する。具体的な役割と責任は，最終的な共同研究開発契約で明記するものとする。

第4条　秘密保持
各当事者は，共有される相手方当事者の固有の情報に関して秘密を保持することに同意し，情報保護のための業界標準の慣行に従う。

第5条　非拘束性の確認
両当事者は，第8条（独占交渉権）及び第9条（期間）を除き，本LOIが両当事者の現在の意図の表明を構成するにすぎず，本LOIに記載された意図を反映した最終的な共同研究開発契約が両当事者によって締結されるまで，いかなる当事者にも法的義務を生じさせるものではないことを確認し，同意する。

第6条　ガバナンス
本共同研究開発は，両当事者から選出された代表者による運営委員会が管理・監督するものとする。

233

契約書式

第7条　知的財産
本共同研究開発中に開発される知的財産権については，最終的な共同研究開発契約で定めるものとする。

第8条　独占交渉権
両当事者は，第9条（期間）に定められた本LOIの有効期間中，第三者との間で本共同研究開発と同一又は類似する主題に関する交渉や議論に入らないことを，相互に合意する。

第9条　期間
本LOIは，署名日から［期間を指定］の期間有効とするが，相互の合意により延長することができる。

第10条　次段階
両当事者は，本LOIに基づき，最終的な共同研究開発契約の交渉を行うことを企図している。

本LOIの条件に同意される場合は，署名のうえ，本書の写しを返送してください。

敬具

［送り主の名前］
［送り主の役職］
株式会社ABC
［ABC Co., Ltd. の住所］
［連絡先情報］

確認及び同意：

［受取人の名前］
［受取人の役職］
XYZ Inc.
［合意の日付］

共同研究開発契約

Joint Research and Development Agreement

This Joint Research and Development Agreement (the "**Agreement**") is entered into effective _____ (the "**Effective Date**"), between ABC Co., Ltd. ("**ABC**") and XYZ Inc. ("**XYZ**") (collectively, the "**Parties**" and individually, "**Party**").

Article 1 Purpose

The purpose of this Agreement (the "**Purpose**") is to jointly research and develop effective pharmaceutical products for ●● disease using ABC's proprietary technology by the Parties (the "**Joint R&D**").

Article 2 Definitions

Unless otherwise specifically set forth herein, the following terms shall have the following meanings:

2.1 The "**ABC Research Results**" has the meaning set forth in Article 11.2.

2.2 An "**Affiliate**" means, with respect to a Party, any entity that, directly or indirectly controls, is controlled by, or is under common control with the party. For purposes of this definition, "control" means the ownership, directly or indirectly, of more than fifty percent (50%) of the voting rights or other ownership interest of an entity, or the possession, directly or indirectly, of the right to direct the manage-

235

契約書式

ment or affairs of an entity by contract or similar arrangement.

2.3 The "**Confidential Information**" has the meaning set forth in Article 9.1.

2.4 The "**Disclosing Party**" has the meaning set forth in Article 9.1.

2.5 The "**Effective Date**" means the effective date of this Agreement as set forth in the preamble hereto.

2.6 The "**Joint R&D**" has the meaning set forth in Article 1.

2.7 The "**Joint Research Results**" has the meaning set forth in Article 11.4.

2.8 The "**NDA**" has the meaning set forth in Article 9.1.

2.9 The "**Purpose**" has the meaning set forth in Article 1.

2.10 The "**Receiving Party**" has the meaning set forth in Article 9.1.

2.11 The "**Research Activities**" has the meaning set forth in Article 3.

2.12 The "**Research Plan**" has the meaning set forth in Article 3.

2.13 The "**Research Results**" has the meaning set forth in Article 11.1.

2.14 The "**Subcontractor**" has the meaning set forth in Article 8.

2.15 The "**Term**" has the meaning set forth in Article 14.1.

2.16 The "**XYZ Research Results**" has the meaning set forth in Article 11.3.

共同研究開発契約

Article 3 Allocation of Work

The activities with respect to the Joint R&D (the "**Research Activities**") shall be allocated to the Parties as set forth below, provided that the details of the allocation shall be in accordance with the research plan attached hereto as an Appendix (the "**Research Plan**"):

3.1   The Research Activities allocated to ABC
    (1) ●●●●●●
    (2) ●●●●●●

3.2   The Research Activities allocated to XYZ
    (1) ●●●●●●
    (2) ●●●●●●

Article 4 Steering Committee

4.1   Promptly after the Effective Date, the Parties shall establish a steering committee (the "**Steering Committee**" or "**SC**"). Each Party shall designate two (2) persons as members of the SC. From time to time, each Party may substitute one or more of its members of the SC on written notice to the other Party.

4.2   The SC shall be responsible for:
    (1) overseeing and assessing the results of the Research Activities;
    (2) making other decisions on the Research Activities;
    (3) extending the Research Term;
    ・　・　・
    ・　・　・
    (8) establishing other project teams or working groups as needed to fulfill the Purpose of this Agreement; and
    (9) performing such other functions as the Parties may mutually agree in writing.

契約書式

4.3　The SC shall meet quarterly, provided that either Party may call for a meeting of the SC at any time with the consent of the other Party, such consent not to be unreasonably withheld.

4.4　A quorum of the SC shall exist when there is present at a meeting at least one (1) member appointed by each Party. Resolution of the SC shall be made by unanimous consensus of the members of the SC present at a meeting.

4.5　If the SC cannot, or does not, reach unanimous consensus on an issue as set forth in Article 4.4 above, then, (a) if such issue is regarding XX, then it shall be finally and definitively resolved by XYZ; (b) if such issue is regarding YY, then it shall be finally and definitively resolved by ABC; and (c) for all other matters, such issue shall be referred to and resolved by a good-faith consultation of the designated senior management of the Parties, who shall be designated by each Party and notified in writing to the other Party.

4.6　The SC may establish and assign its responsibilities to other project teams or working groups as needed to fulfil the Purpose of this Agreement.

Article 5 Costs

Each Party shall be responsible for and shall bear any and all expenses and costs incurred by it for the performance of the Research Activities allocated to such Party in Article 3.

Article 6 Provision of Information

Each Party shall, without additional compensation other than those agreed upon by and between the Parties in writing, disclose and make available to the other Party any information in its possession, including know-how, that is necessary for the Research Activities immediately after the Effective Date; provided, however, that any information on ●● shall

238

共同研究開発契約

be excluded from the disclosure to the other Party.

Article 7 Reports

Each Party shall provide the SC at least on a quarterly basis with a written report summarizing the status and results of Research Activities being conducted under the Research Plan.

Article 8 Subcontract

Each Party shall have the right to subcontract any of its Research Activities to any third party (the "**Subcontractor**"), provided that (a) the Party obtains a written undertaking from such Subcontractor that it shall be subject to the applicable terms and conditions of this Agreement and (b) the Party obtains the other Party's prior written consent as to the Subcontractor and the relevant Research Activities to be subcontracted, such consent not to be unreasonably withheld, conditioned or delayed.

Article 9 Confidentiality

9.1   "**Confidential Information**" shall mean any and all information relating to the Purpose disclosed by one Party ("**Disclosing Party**") to the other Party ("**Receiving Party**"), whether prior to (including under the Non-Disclosure Agreement entered into by and between the Partis on ●●■■ , ●●●● (the "**NDA**")), on or after the Effective Date. The Confidential Information disclosed in written form shall be clearly marked by the Disclosing Party as "Confidential." Any information provided orally in order to be the Confidential Information shall be identified as such by the Disclosing Party at the time of disclosure and identified in writing to the Receiving Party as the Confidential Information within ● days after such oral disclosure. Notwithstanding the foregoing, the existence and the terms of this Agreement and the Joint Research Results shall be deemed to be the Parties' Confidential Information, the ABC Research Results shall be deemed

239

契約書式

to be ABC's Confidential Information, and the XYZ Research Results shall be deemed to be XYZ's Confidential Information.

9.2 The Receiving Party shall maintain the Confidential Information received from the Disclosing Party in strict confidence and shall not disclose it to any third party or use it, except to the extent such disclosure or use is expressly permitted by the terms of this Agreement, permitted by a prior written consent of the Disclosing Party, or necessary for the Purpose, performance of the Research Activities, or the exercise of the rights hereunder; provided, however, that the Receiving Party may, to the extent such disclosure is necessary for the Purpose, performance of the Research Activities, or the exercise of the rights hereunder, disclose the Confidential Information to its Affiliates and Subcontractors, its and their respective directors, officers, employees, and agents, who are bound by confidentiality and non-use obligations substantially similar to those contained herein.

9.3 Confidentiality and non-use obligations hereunder shall not apply to the following, which the Receiving Party can establish by reasonable proof:
　(1) information that is in the public domain at the time of disclosure by the Disclosing Party;
　(2) information that, after disclosure, becomes part of the public domain by publication or otherwise, except by breach of this Agreement;
　(3) information that is in the possession of the Receiving Party at the time of disclosure;
　(4) information that is subsequently and independently developed by the Receiving Party without use of the disclosed Confidential Information; or
　(5) information that is received by the Receiving Party from a third party who has the right to disclose it to the Receiving Party.

9.4 Notwithstanding the foregoing, in the event that the Receiving Party is obliged by laws or regulations to disclose the Confidential Information to a third party, the Receiving Party may disclose the Confidential Information legally required to

共同研究開発契約

be disclosed to such third party, provided that the Receiving Party shall, to the extent permitted, promptly notify the Disclosing Party of such disclosure so that the Disclosing Party may take whatever action it deemed necessary to protect its Confidential Information.

9.5　The confidentiality and non-use obligations hereunder shall survive for ten (10) years from expiry or earlier termination of this Agreement.

Article 10 Non-competition

Neither Party shall, during the Term of this Agreement, directly or indirectly (including through an Affiliate or a third party), by itself or jointly with any third party, engage in research and development of the same kind as the Purpose, without the prior written consent of the other Party.

Article 11 Research Result, Improvement

11.1　Each Party shall promptly notify the other Party in writing of the result (the "**Research Results**"), including, but not limited to, patents, copyrights, trade secrets, technical information, know-how, and data, obtained in the course of conducting the Research Activities.

11.2　All Research Results that are conceived, discovered, developed, or otherwise made solely by or on behalf of ABC or its Affiliates and are not derived from the Confidential Information of XYZ shall be solely owned by ABC (the "**ABC Research Results**").

11.3　All Research Results that are conceived, discovered, developed, or otherwise made solely by or on behalf of XYZ or its Affiliates and are not derived from the Confidential Information of ABC shall be solely owned by XYZ (the "**XYZ Research Results**").

241

契約書式

11.4 Except for those described in Articles 11.2 and 11.3, all Research Results shall be jointly owned by the Parties in equal shares (the "**Joint Research Results**").

11.5 The Parties shall discuss and agree in good faith on the application for patent or other intellectual property protection of the Joint Research Results and countries to which such protection should be applied.

11.6 Any improvement made outside of the scope of the Joint R&D by a Party to the Research Results shall be solely owned by such Party.

Article 12 Publications

During the Term of this Agreement and ● years after the expiration or termination of this Agreement, neither Party shall publish, present, or otherwise disclose, and shall cause its Affiliates and Subcontractors and its and their directors, officers, employees, and agents not to disclose, any Confidential Information related to the Research Activities and Research Results, without the prior consultation and written consent of the other Party.

Article 13 Use of the Research Results

Each Party shall have the right to exploit its own Research Results and the Joint Research Result without obtaining consent from the other Party, subject to the confidentiality terms of Article 9.

Article 14 Term

14.1 This Agreement shall commence on the Effective Date and, unless earlier terminated in accordance with this Agreement, shall continue in force and effect for a period of ● years (the "**Term**").

14.2 This Agreement may be terminated at any time by written agreement of the Par-

242

共同研究開発契約

ties, regardless of the Term.

14.3 If either Party (the "**Non-Breaching Party**") believes that the other Party (the "**Breaching Party**") has breached its obligation under this Agreement, then the Non-Breaching Party may deliver notice of such breach to the Breaching Party. If the Breaching Party fails to cure such breach within thirty (30) days after receipt of such notice from the Non-Breaching Party, the Non-Breaching Party may terminate this Agreement upon written notice to the Breaching Party.

14.4 Notwithstanding the provisions of Article 14.1 above, Articles 11, 13, 14.4, 15 and 16 shall survive the expiration or termination of this Agreement, and Articles 9 and 12 shall survive the expiration or termination of this Agreement for the time period set forth therein.

Article 15 Effects of Termination

15.1 Upon expiration of the Term, or termination of this Agreement, the Parties shall promptly stop any ongoing Research Activities and clear any unsettled expenses or costs between the Parties incurred for the Research Activities.

15.2 Upon completion of the Purposes, expiration of the Term or termination of this Agreement, the Receiving Party shall, at the direction of the Disclosing Party, either return to the Disclosing Party all of the Confidential Information (including copies thereof), which is tangible form, or certify that such Confidential Information has been destroyed; provided, however, that one copy of the Confidential Information may be retained solely for the purpose of fulfilling any continuing obligations.

Article 16 Miscellaneous

16.1 Force Majeure. Neither Party shall be held liable to the other Party or be deemed

243

契約書式

to have defaulted under or breached this Agreement for failure or delay in performing any term of this Agreement when such failure or delay is caused by or results from events beyond the reasonable control of the non-performing Party. The non-performing Party shall notify the other Party of such force majeure within thirty (30) days after such occurrence.

16.2   Notice. Any notice permitted or required under this Agreement shall be in writing and shall be deemed given only if (a) delivered by registered or certified airmail, with receipt confirmed by a signed returned receipt or internet tracking, or (b) by internationally recognized overnight delivery service that maintains records of delivery, addressed to the Parties at their respective addresses specified below or to such other address as the Party may have provided to the other Party in accordance with this Article 16.2.

ABC:
Address

XYZ:
Address

16.3   No Assignment. Neither Party shall transfer or assign this Agreement or any of its rights or duties hereunder without the prior written consent of the other Party; provided, however, that either Party may make such an assignment without the other Party's consent in connection with the transfer or sales of all or substantially all of its business, whether in a merger, sale of stock, sale of assets or any other transaction. Any purported assignment in violation of this Article 16.3 shall be null and void. The permitted assignee or transferee shall assume all obligations of its assignor or transferor under this Agreement.

16.4   Severability. If any provision of this Agreement is held to be illegal, invalid, or unenforceable under any law, such provision shall be severed from this Agreement and the remaining provisions of this Agreement shall remain in full force and effect.

16.5   Entire Agreement. This Agreement, together with the Appendix attached hereto, sets forth and constitutes the entire agreement and understanding between the Parties with respect to the subject matter hereof and all prior agreements, understandings, promises and representations, whether written or oral, with respect thereto are superseded hereby (including the NDA, which is hereby terminated). No amendment or modification of this Agreement shall be binding upon the Parties unless in writing and duly executed by authorized representatives of both Parties.

16.6   Governing Law. This Agreement as well as all claims arising out of or in connection with this Agreement (including all tort and other non-contractual claims) shall be governed by and construed in accordance with the laws of Japan without reference to conflict of law principles.

16.7   Dispute Resolution. Except for disputes resolved by the procedures set forth in Article 4, any dispute arising out of or in connection with this Agreement (including all tort and other non-contractual claims) shall be finally settled under the Arbitration Rule of ●● in effect at the time of submission. The seat of arbitration shall be Tokyo, Japan. Neither Party nor any arbitrator may disclose the existence, content, or results of any arbitration under this Agreement without the prior written consent of the relevant Party or Parties.

IN WITNESS WHEREOF, the Parties have executed this Agreement on the Effective Date.

By: ABC
Name:
Title:

契約書式

By: XYZ
Name:
Title

共同研究開発契約

【対訳】

共同研究開発契約書

この共同研究開発契約（以下「本契約」という。）は，＿＿＿＿＿＿＿＿＿＿を発効日（以下「発効日」という。）として，株式会社ABC（以下「ABC」という。）とXYZ Inc.（以下「XYZ」という。）（以下両者を総称して「両当事者」といい，個別に「当事者」という。）との間で締結される。

第1条　目的

本契約の目的（以下「本目的」という。）は，ABCの独自技術を用いた●●病に対する有効な治療薬を両当事者が共同して研究開発すること（以下「本共同研究開発」という。）とする。

第2条　定義

本契約に別段の定めがない限り，以下の用語は，次の意味を有するものとする。

2.1　「ABC研究成果」とは，第11.2条に定義する意味を有する。

2.2　「関連会社」とは，当事者に関して，直接的又は間接的に支配し，支配され，又は共通の支配下にある事業体を意味する。この定義の適用上，「支配」とは，直接的又は間接的に，当該事業体の議決権その他の所有権の50%を超える部分を所有すること，又は契約その他これに類する取決めにより企業体の経営もしくは事務を指揮する権利を直接又は間接的に所有することをいう。

2.3　「秘密情報」とは，第9.1条に定義する意味を有する。

2.4　「開示当事者」とは，第9.1条に定義する意味を有する。

2.5　「発効日」とは，前文に定義する本契約の効力発生日を意味する。

2.6　「本共同研究開発」とは，第1条に定義する意味を有する。

2.7　「共同研究成果」とは，第11.4条に定義する意味を有する。

2.8　「本秘密保持契約」とは，第9.1条に定義する意味を有する。

2.9　「本目的」とは，第1条に定義する意味を有する。

2.10　「受領当事者」とは，第9.1条に定義する意味を有する。

2.11　「本研究活動」とは，第3条に定義する意味を有する。

2.12　「本研究計画」とは，第3条に定義する意味を有する。

2.13　「本研究成果」とは，第11.1条に定義する意味を有する。

2.14　「下請業者」とは，第8条に定義する意味を有する。

247

契約書式

2.15 「本契約期間」とは，第14.1条に定義する意味を有する。

2.16 「XYZ研究成果」とは，第11.3条に定義する意味を有する。

第3条　業務分担

両当事者は，本共同研究開発に係る業務（以下「本研究活動」という。）を，以下に定めるとおり，分担するものとする。なお，分担の詳細は，別紙添付の研究計画書（以下「本研究計画」という。）に従うものとする。

3.1　ABCの分担する業務

　　(1)　●●●●●●

　　(2)　●●●●●●

3.2　XYZの分担する業務

　　(1)　●●●●●●

　　(2)　●●●●●●

第4条　運営委員会

4.1　両当事者は，発効日後，速やかに，運営委員会（以下「運営委員会」という。）を設置するものとする。各当事者は，2名の運営委員会の委員を指名するものとする。各当事者は，相手方当事者に書面により通知することにより，適宜，1名又は2名の運営委員会の委員を変更することができる。

4.2　運営委員会は，以下の事項について所管するものとする。

　　(1)　本研究活動の結果の監督・評価，

　　(2)　本研究活動に関するその他の意思決定，

　　(3)　本研究期間の延長，

　　・・・

　　・・・

　　(8)　本契約の本目的を達成するために，必要に応じて他のプロジェクトチーム又はワーキンググループを設立すること，及び

　　(9)　両当事者が書面で相互に合意するその他の事項。

4.3　運営委員会は，四半期ごとに開催するものとする。ただし，各当事者は，相手方当事者の同意を得て，いつでも運営委員会の開催を招集することができるものとし，かかる同意は不合理に留保してはならない。

4.4　運営委員会の定足数は，各当事者の指名した少なくとも1名の委員が会議に出席している場合に満たすものとする。運営委員会の決議は，会議に出席した委員の全会一致によるものとする。

共同研究開発契約

4.5　運営委員会がある事項について上記第4.4条に規定された全会一致の合意に達することができない，又は達しない場合，(a)当該事項がXXに関するものであれば，XYZにより最終的且つ確定的に決定されるものとし，(b)当該事項がYYに関するものであれば，ABCにより最終的且つ確定的に決定されるものとし，(c)その他全ての事項については，各当事者によって指名され，相手方当事者に書面で通知される両当事者の上級管理職に付託され，誠実な協議により決定されるものとする。

4.6　運営委員会は，本契約の本目的を達成するために，必要に応じて他のプロジェクトチーム又はワーキンググループを設置し，権限を委譲することができる。

第5条　費用負担

各当事者は，第3条において当該当事者に割り当てられた本研究活動の遂行のために発生する一切の支出及び費用について責任を負い，これを負担するものとする。

第6条　情報の提供

各当事者は，両当事者間で書面により合意された場合を除き，追加の報酬を支払うことなく，発効日後直ちに，本研究活動に必要な情報（ノウハウを含む。）を相手方当事者に開示し，提供するものとする。ただし，●●に関する情報は，相手方当事者への開示対象から除くものとする。

第7条　報告

各当事者は，運営委員会に対し，少なくとも四半期ごとに，本研究計画の下で行われている本研究活動の状況及び結果を要約した報告書を提出するものとする。

第8条　第三者への業務委託

各当事者は，本研究活動を第三者（以下「下請業者」という。）に委託する権利を有する。ただし，(a)当該下請業者から，本契約の条項に従う旨の誓約書を取得すること，及び，(b)下請業者及び委託される本研究活動について，相手方の事前の書面による同意を得ることを条件とするが，当該同意は不合理に留保，条件付け，又は遅延されないようにするものとする。

第9条　秘密保持

9.1　「秘密情報」とは，発効日前（両当事者間で合意した●●●●年●●月■■日付秘密保持契約（以下「本秘密保持契約」という。）に基づくものを含む。）又は発効日以降を問わず，一方の当事者（以下「開示当事者」という。）が他方当事者（以下「受領当事者」という。）に対して開示した，本目的に関するあらゆる情報を意味する。書面により開示された秘密情報は，開示当事者によって「秘密」であることが明示されるものとする。口頭で開示された情報が秘密情報となるために

249

契約書式

は，開示の時に開示当事者によってそのように特定され，そのような口頭による開示の後●日以内に受領当事者に秘密情報として書面で特定されるものとする。上記にかかわらず，本契約の存在及び内容並びに共同研究成果は両当事者の秘密情報，ABC 研究成果は ABC の秘密情報，XYZ 研究成果は XYZ の秘密情報とみなされるものとする。

9.2 受領当事者は，開示当事者から受領した秘密情報を厳に秘密として管理するものとし，本契約により明示的に許容されている場合，開示当事者の書面による事前の同意を得た場合又は本目的，本研究活動の遂行もしくは本契約に基づく権利の行使のために必要な場合を除き，秘密情報を第三者に開示し，又は使用してはならない。ただし，受領当事者は，本目的，本研究活動の遂行又は本契約に基づく権利の行使のために必要な範囲に限り，秘密情報を，本契約に含まれるものと実質的に同等の秘密保持及び目的外使用禁止義務を負う関連会社及び下請業者並びに自ら及びそれらの取締役，役員，従業員及び代理人に対して開示することができるものとする。

9.3 秘密保持及び目的外使用禁止の義務は，受領当事者が合理的な証拠により立証することのできる次のいずれかの情報には適用されないものとする。

(1) 開示当事者による開示の時点において公知であった情報，

(2) 開示後，本契約に違反することなく，公表又はその他の方法により公知となった情報，

(3) 開示の時点において受領当事者が既に保有していた情報，

(4) 開示された秘密情報を使用することなく，受領当事者がその後独自に開発した情報，又は

(5) 受領当事者に開示する権利を有する第三者から受領当事者が受領した情報。

9.4 上記にかかわらず，受領当事者が法令により第三者に秘密情報を開示する義務を負う場合，受領当事者は，法的に当該第三者に開示する必要がある秘密情報を開示することができる。ただし，受領当事者は，開示当事者がその秘密情報を保護するために必要と考えるあらゆる措置をとることができるように，認められる範囲内で，速やかに開示当事者にその開示を通知するものとする。

9.5 本契約における秘密保持義務及び目的外使用禁止の義務は，本契約の満了又はそれ以前の解除から10年間存続するものとする。

第10条　競業避止

いずれの当事者も，本契約期間中，相手方当事者の事前の書面による承諾なくして，直

共同研究開発契約

接又は間接を問わず（関連会社又は第三者を通じて行う場合を含む。），自ら又は第三者と共同して本目的と同種の研究開発を行ってはならない。

第11条　本研究成果・改良

11.1　各当事者は，本研究活動の遂行の過程において得られた成果（特許，著作権，営業秘密，技術情報，ノウハウ及びデータを含むが，これらに限られない。以下「本研究成果」という。）について，相手方当事者に対し，速やかに書面で通知しなければならない。

11.2　ABCもしくはその関連会社のみにより，又はそれらの代理として考案，発見，開発その他の方法で行われ，XYZの秘密情報に由来しない全ての本研究成果は，ABCが単独で所有するものとする（以下「ABC研究成果」という。）。

11.3　XYZもしくはその関連会社のみにより，又はそれらの代理として考案，発見，開発その他の方法で行われ，ABCの秘密情報に由来しない全ての本研究成果は，XYZが単独で所有するものとする（以下「XYZ研究成果」という。）。

11.4　第11.2条及び第11.3条に規定するものを除き，全ての本研究成果は，両当事者が平等な持分により共有するものとする（以下「共同研究成果」という。）。

11.5　両当事者は，共同研究成果の特許その他の知的財産権の保護の申請及びその保護を適用すべき国について誠実に討議し，合意するものとする。

11.6　本共同研究開発の範囲外において本研究成果についていずれかの当事者によりなされた改良は，当該当事者の単独所有とする。

第12条　成果の公表

本契約期間中及び本契約の終了後●年間は，いずれの当事者も，相手方当事者との事前の協議及び書面による同意なしに，本研究活動及び本研究成果に関連する秘密情報を公開，提示又はその他の方法で開示せず，自ら，関連会社及び下請業者並びにそれらの取締役，役員，従業員及び代理人に開示させないものとする。

第13条　本研究成果の利用

各当事者は，第9条の秘密保持条件に従い，他方当事者の同意を得ることなく，自己に単独で帰属する本研究成果及び共同研究成果を利用する権利を有する。

第14条　期間

14.1　本契約は，発効日から開始し，本契約に従って早期に解除されない限り，●年間（以下「本契約期間」という。）有効に存続するものとする。

14.2　本契約は，本契約期間にかかわらず，両当事者の書面による合意によりいつでも解除することができるものとする。

251

契約書式

14.3 一方当事者（以下「非違反当事者」という。）が相手方当事者（以下「違反当事者」という。）が本契約に基づく義務に違反したと考える場合，非違反当事者は，違反当事者に対し，当該違反について通知することができる。違反当事者が，非違反当事者から当該通知を受領後30日以内に当該違反を是正しない場合，非違反当事者は，違反当事者への書面による通知により，本契約を解除することができる。

14.4 第14.1条の規定にかかわらず，第11条，第13条，第14.4条，第15条及び第16条は，本契約の満了又は終了後も存続し，第9条及び第12条は，本契約の満了又は終了後も，同条に定める期間存続するものとする。

第15条　契約終了後の取扱い

15.1 本契約期間の満了又は本契約の終了後，両当事者は，遂行中の本研究活動を速やかに中止し，本研究活動のために両当事者間で発生した未解決の支出又は費用を清算するものとする。

15.2 本目的の完了，本契約期間の満了又は本契約の終了次第，受領当事者は，開示当事者の指示により，有形である全ての秘密情報（その複製を含む。）を開示当事者に返却し，又は秘密情報が破棄されたことを証明するものとする。ただし，継続する義務を履行する目的でのみ秘密情報の複製を1部保持することができるものとする。

第16条　一般条項

16.1 不可抗力。各当事者は，本契約の条項の不履行又は履行の遅延が，当該当事者の合理的な支配を超えた事象によって引き起こされたか，又はその結果生じた場合，他方当事者に対して責任を負わず，本契約の不履行又は違反とみなされないものとする。当該当事者は，不可抗力の発生後30日以内に相手方当事者に当該事象について通知しなければならない。

16.2 通知。本契約に基づいて認められ，又は要求される通知は，書面によるものとし，(a)署名付きの受領書又はインターネット追跡により配達が確認される書留航空便もしくは配達証明付航空便で配達され，又は(b)配達記録を保持する国際的に認められた配達サービスにより，以下に指定されたそれぞれの所在地又は本第16.2条に従って当事者が他方当事者に提供したその他の所在地に宛てられた場合に限り，行われたものとみなされる。

　　　　　ABC：

所在地

XYZ：
所在地

16.3 譲渡禁止。いずれの当事者も，相手方当事者の事前の書面による同意なく本契約又は本契約に基づく権利もしくは義務を譲渡しないものとする。ただし，いずれの当事者も，合併，株式の売却，資産の売却その他の取引であるかを問わず，事業の全部又は実質的に全部の譲渡又は売却に関連して，他方当事者の同意なしに譲渡することができる。本第16.3条に違反する譲渡は，無効とする。許可された譲受人は，本契約に基づく譲渡人の全ての義務を負うものとする。

16.4 分離可能性。本契約のいずれかの条項が，法律に基づいて違法，無効，又は強制力がないと判断された場合，当該条項は本契約から切り離され，本契約の残りの条項は完全に効力を有するものとする。

16.5 完全合意。本契約は，本契約添付の別紙とともに，本契約の主題に関して両当事者間の完全な合意と確認事項を規定し，構成するものであり，これに関して以前になされた全ての合意，確認，約束，表明は，書面であるか口頭であるかを問わず，本契約により取って代わられるものとする（本契約により解除される本秘密保持契約を含む。）。両当事者の権限を与えられた者が書面により正当に作成しない限り，本契約の修正は両当事者を拘束しないものとする。

16.6 準拠法。本契約及び本契約に基づく，又はこれに関連して発生するあらゆる請求（不法行為その他の非契約上の請求を含む。）は，抵触法の原則にかかわらず，日本国法に準拠し，これに従って解釈されるものとする。

16.7 紛争解決。第4条に定める手続によって解決される紛争を除き，本契約に基づき，又は本契約に関連して発生する紛争（不法行為その他の非契約上の請求を含む。）は，提出時に有効な●●の仲裁規則に従って最終的に解決されるものとする。仲裁地は，日本国東京都とする。各当事者及び仲裁人は，関係当事者の事前の書面による同意なくして，本契約に基づく仲裁の存在，内容，結果を開示することができない。

以上の証拠として，両当事者は，発効日に本契約を締結した。

契約書式

ABC
氏名
役職

XYZ
氏名
役職

参考資料

〖 参考資料 〗
　共同研究開発ガイドライン ——————————————— 257

共同研究開発ガイドライン

共同研究開発ガイドライン

共同研究開発に関する独占禁止法上の指針

平成 5 年 4 月20日
公正取引委員会
改定：平成17年 6 月29日
改定：平成22年 1 月 1 日
改定：平成29年 6 月16日

はじめに

1 基本的視点

　最近の技術革新の一つの特徴として，技術が極めて高度で複雑なものとなり，多く
の分野にまたがるものとなっているため，その研究開発に必要な費用や時間が膨大に
なり，それに必要な技術も多様なものとなることがある。そのため，単独の事業者に
よる研究開発や他の事業者からの技術導入に加えて，複数の事業者による共同研究開
発が増加している。

　共同研究開発は，(1)研究開発のコスト軽減，リスク分散又は期間短縮，(2)異分野の
事業者間での技術等の相互補完等，により研究開発活動を活発で効率的なものとし，
技術革新を促進するものであって，多くの場合競争促進的な効果をもたらすものと考
えられる。

　他方，共同研究開発は複数の事業者による行為であることから，研究開発の共同化
によって市場における競争が実質的に制限される場合もあり得ると考えられる。ま
た，研究開発を共同して行うことには問題がない場合であっても，共同研究開発の実
施に伴う取決めによって，参加者の事業活動を不当に拘束し，共同研究開発の成果で
ある技術の市場やその技術を利用した製品の市場における公正な競争を阻害するおそ
れのある場合も考えられる。

257

参考資料

　この「共同研究開発に関する独占禁止法上の指針」は，以上のような認識の下に，共同研究開発に関し，研究開発の共同化及びその実施に伴う取決めについて公正取引委員会の一般的な考え方を明らかにすることによって，共同研究開発が競争を阻害することなく，競争を一層促進するものとして実施されることを期待して公表するものである。

　公正取引委員会としては，共同研究開発を一般的に問題視するものではなく，それによって競争制限的効果が生じるおそれがある場合に限り，独占禁止法上の検討を行うものであるが，その際に共同研究開発の競争促進的効果を考慮することはもちろんである。

2　指針の適用範囲及び判断時点

(1)　この「指針」が適用される「共同研究開発」は，「複数の事業者が参加して研究開発を共同で行うこと」である。すなわち，この「指針」は，共同研究開発の参加者に着目すれば，「複数の事業者」が参加するものに適用される。また，この「指針」は，我が国市場に影響が及ぶ限りにおいて，参加者が国内事業者であると外国事業者であるとを問わず適用される。

(2)　研究開発の共同化の方法としては，(1)参加者間で研究開発活動を分担するもの，(2)研究開発活動を実施する組織を参加者が共同で設立するもの，(3)研究開発活動を事業者団体で行うもの，(4)主として，一方の参加者が資金を提供し，他方の参加者が研究開発活動を行うもの（一方のみが研究開発活動を行い，他方はその成果を一定の対価ですべて取得する場合のように，単に技術開発を目的とする請負契約類似の関係と考えられ，事業者間の共同行為という性質を持たないものは除かれる。）が考えられるが，この「指針」はそのすべてに適用される。

(3)　研究開発は，その性格に着目すると，段階的に基礎研究，応用研究及び開発研究に一応類型化されるが，この「指針」はこれらすべての段階における共同研究開発に適用される。

(4)　また，この「指針」により共同研究開発に関する独占禁止法上の問題が判断されるのは，原則として共同研究開発契約締結時点であるが，共同研究開発の成果の取扱い等について，その時点においては定められない場合には，それらが取り決められた時点で独占禁止法上の問題が判断される。

258

共同研究開発ガイドライン

第1 　研究開発の共同化に対する独占禁止法の適用について

1 　基本的考え方

　研究開発の共同化によって参加者間で研究開発活動が制限され，技術市場又は製品市場における競争が実質的に制限されるおそれがある場合には，その研究開発の共同化は独占禁止法第3条（不当な取引制限）の問題となり得ると考えられる。共同研究開発が事業者団体で行われる場合には独占禁止法第8条の，また，共同出資会社が設立される場合には独占禁止法第10条の問題となることがある。

　研究開発の共同化が独占禁止法上主として問題となるのは，競争関係（潜在的な競争関係も含む。以下同じ。）にある事業者間で研究開発を共同化する場合である。競争関係にない事業者間で研究開発を共同化する場合には，通常は，独占禁止法上問題となることは少ない。事業者は，その製品，製法等についての研究開発活動を通じて，技術市場又は製品市場において競争することが期待されているところであるが，競争関係にある事業者間の共同研究開発は，研究開発を共同化することによって，技術市場又は製品市場における競争に影響を及ぼすことがある。

　共同研究開発は，多くの場合少数の事業者間で行われており，独占禁止法上問題となるものは多くないものと考えられるが，例外的に問題となる場合としては，例えば，寡占産業における複数の事業者が又は製品市場において競争関係にある事業者の大部分が，各参加事業者が単独でも行い得るにもかかわらず，当該製品の改良又は代替品の開発について，これを共同して行うことにより，参加者間で研究開発活動を制限し，技術市場又は製品市場における競争が実質的に制限される場合を挙げることができる。

2 　判断に当たっての考慮事項

(1)　研究開発の共同化の問題については，個々の事案について，競争促進的効果を考慮しつつ，技術市場又は製品市場における競争が実質的に制限されるか否かによって判断されるが，その際には，以下の各事項が総合的に勘案されることとなる。

[1] 参加者の数，市場シェア等

　参加する事業者の数，市場シェア，市場における地位等が考慮されるが，一般的に参加者の市場シェアが高く，技術開発力等の事業能力において優れた事業者が参加者に多いほど，独占禁止法上問題となる可能性は高くなり，逆に参加者の市場シェアが

259

低く，また参加者の数が少ないほど，独占禁止法上問題となる可能性は低くなる。

　製品市場において競争関係にある事業者間で行う当該製品の改良又は代替品の開発のための共同研究開発についていえば，参加者の当該製品の市場シェアの合計が20%以下である場合には，通常は，独占禁止法上問題とならない。さらに，当該市場シェアの合計が20%を超える場合においても，これをもって直ちに問題となるというわけではなく，[1]から[4]までの事項を総合的に勘案して判断される。

　○　研究開発の共同化に関連する市場としては，製品とは別に成果である技術自体が取引されるので，技術市場も考えられる。技術市場における競争制限の判断に当たっては，参加者の当該製品についての市場シェア等によるのではなく，当該技術市場において研究開発の主体が相当数存在するかどうかが基準となる。その際，技術はその移転コストが低く，国際的な取引の対象となっていることから，当該技術市場における顕在的又は潜在的な研究開発主体としては，国内事業者だけでなく，外国事業者をも考慮に入れる必要があり，通常は相当数の研究開発主体が存在することが多く，そのような場合には，独占禁止法上問題となる可能性は低い。

[2]　研究の性格

　研究開発は，段階的に基礎研究，応用研究及び開発研究に類型化することができるが，この類型の差は共同研究開発が製品市場における競争に及ぼす影響が直接的なものであるか，間接的なものであるかを判断する際の要因として重要である。特定の製品開発を対象としない基礎研究について共同研究開発が行われたとしても，通常は，製品市場における競争に影響が及ぶことは少なく，独占禁止法上問題となる可能性は低い。一方，開発研究については，その成果がより直接的に製品市場に影響を及ぼすものであるので，独占禁止法上問題となる可能性が高くなる。

[3]　共同化の必要性

　研究にかかるリスク又はコストが膨大であり単独で負担することが困難な場合，自己の技術的蓄積，技術開発能力等からみて他の事業者と共同で研究開発を行う必要性が大きい場合等には，研究開発の共同化は研究開発の目的を達成するために必要なものと認められ，独占禁止法上問題となる可能性は低い。

　なお，環境対策，安全対策等いわゆる外部性への対応を目的として行われる共同研究開発については，その故をもって直ちに独占禁止法上問題がないとされるものではないが，研究にかかるリスク，コスト等にかんがみて単独で行うことが困難な場合が少なくなく，そのような場合には，独占禁止法上問題となる可能性は低い。

共同研究開発ガイドライン

[4] 対象範囲，期間等

　共同研究開発の対象範囲，期間等についても共同研究開発が市場における競争に及ぼす影響を判断するに当たって考慮される。すなわち，対象範囲，期間等が明確に画定されている場合には，それらが必要以上に広汎に定められている場合に比して，市場における競争に及ぼす影響は小さい。

⑵　なお，上記の問題が生じない場合であっても，参加者の市場シェアの合計が相当程度高く，規格の統一又は標準化につながる等の当該事業に不可欠な技術の開発を目的とする共同研究開発において，ある事業者が参加を制限され，これによってその事業活動が困難となり，市場から排除されるおそれがある場合に，例外的に研究開発の共同化が独占禁止法上問題となることがある（私的独占等）。

　○　例えば，参加者の市場シェアの合計が相当程度高く，研究開発の内容等からみて成果が当該事業分野における事実上の標準化につながる可能性が高い共同研究開発については，当該研究開発を単独で実施することが困難であり，これによって生産，流通等の合理化に役立ち，需要者の利益を害さず，かつ，当該技術によらない製品に関する研究開発，生産，販売活動等の制限がない場合には，研究開発の共同化は認められる。

　この場合においても，当該共同研究開発について，ある事業者が参加を制限され，成果に関するアクセス（合理的な条件による成果の利用，成果に関する情報の取得等をいう。以下同じ。）も制限され，かつ，他の手段を見いだすことができないため，その事業活動が困難となり，市場から排除されるおそれがあるときには，独占禁止法上問題となる。

　しかしながら，参加を制限された事業者に当該共同研究開発の成果に関するアクセスが保証され，その事業活動が困難となるおそれがなければ，独占禁止法上問題とはならない。

第2　共同研究開発の実施に伴う取決めに対する独占禁止法の適用について

1　基本的考え方

　研究開発の共同化が独占禁止法上問題とならない場合であっても，共同研究開発の実施に伴う取決めが市場における競争に影響を及ぼし，独占禁止法上問題となる場合

261

参考資料

がある。すなわち，当該取決めによって，参加者の事業活動を不当に拘束し，公正な競争を阻害するおそれがある場合には，その取決めは不公正な取引方法として独占禁止法第19条の問題となる。

また，製品市場において競争関係にある事業者間で行われる共同研究開発において，当該製品の価格，数量等について相互に事業活動の制限がなされる場合には，主として独占禁止法第3条（不当な取引制限）の観点から検討される。

なお，共同研究開発は，複数の事業者が参加して共通の目的の達成を目指すものであり，その実施に伴う参加者間の取決めについては，基本的に本指針の考え方によって判断され，技術の利用に係る制限行為を対象とする「知的財産の利用に関する独占禁止法上の指針」（平成19年9月28日公表）の考え方は適用されない。ただし，共同研究開発の成果の第三者へのライセンス契約については，同指針の考え方によって判断される。

2　不公正な取引方法に関する判断

以下では，共同研究開発の実施に伴う取決めを，共同研究開発の実態を踏まえ，「共同研究開発の実施に関する事項」，「共同研究開発の成果である技術に関する事項」及び「共同研究開発の成果である技術を利用した製品に関する事項」に分け，さらに，「原則として不公正な取引方法に該当しないと認められる事項」，「不公正な取引方法に該当するおそれがある事項」及び「不公正な取引方法に該当するおそれが強い事項」に分けて，不公正な取引方法の観点から，独占禁止法上の考え方を可能な限り明らかにしている。

「原則として不公正な取引方法に該当しないと認められる事項」は，共同研究開発の円滑な実施のために必要とされる合理的な範囲のものと認められ，また，競争に及ぼす影響が小さいと考えられることから，このような事項が取り決められたとしても，原則として不公正な取引方法に該当せず，独占禁止法上問題とならないものである。ただし，このような事項であっても，その内容において参加者間で著しく均衡を失し，これによって特定の参加事業者が不当に不利益を受けることとなる場合には，独占禁止法第19条（独占禁止法第2条第9項第5号（優越的地位の濫用）又は一般指定第5項（共同行為における差別取扱い））の問題となる。

「不公正な取引方法に該当するおそれがある事項」は，各事項について，個々に公正な競争を阻害するおそれがあるか否かが検討されるものであるが，この場合，当該

262

共同研究開発ガイドライン

事項が公正な競争を阻害するおそれがあるか否かは，参加者の市場における地位，参加者間の関係，市場の状況，制限が課される期間の長短等が総合的に勘案されることとなる。この場合，参加者の市場における地位が有力であるほど，市場における競争が少ないほど，また，制限が課される期間が長いほど，公正な競争が阻害されるおそれが強い。なお，上記で述べた独占禁止法第2条第9項第5号又は一般指定第5項の問題については，ここでも同様に一定の場合には問題となる。

　「不公正な取引方法に該当するおそれが強い事項」は，共同研究開発の実施に必要とは認められず，また，課される制限の内容自体からみて公正競争阻害性が強いものであるため，特段の正当化事由がない限り，不公正な取引方法に該当すると考えられるものである。

⑴　**共同研究開発の実施に関する事項**

ア　**原則として不公正な取引方法に該当しないと認められる事項**

[1] 研究開発の目的，期間，分担等（業務分担，費用負担等）を取り決めること

[2] 共同研究開発のために必要な技術等（知見，データ等を含む。以下同じ。）の情報（共同研究開発の過程で得られたものを含む。以下同じ。）を参加者間で開示する義務を課すこと

[3] [2]で他の参加者から開示された技術等の情報に関する秘密を保持する義務を課すこと

[4] [2]の技術等の情報以外に共同研究開発に関して他の参加者から得た情報のうち特に秘密とされているもの（共同研究開発の実施自体が秘密とされている場合を含む。）の秘密を保持する義務を課すこと

[5] 分担した研究の進捗状況を参加者間で報告する義務を課すこと

[6] [2]で他の参加者から開示された技術等を共同研究開発のテーマ（共同研究開発の対象範囲をいう。以下同じ。）以外に流用することを制限すること（⑴イ[1]の場合を除く。）

[7] 共同研究開発のテーマと同一のテーマの独自の又は第三者との研究開発を共同研究開発実施期間中について制限すること

[8] 共同研究開発の成果について争いが生じることを防止するため又は参加者を共同研究開発に専念させるために必要と認められる場合に，共同研究開発のテーマと極めて密接に関連するテーマの第三者との研究開発を共同研究開発実施期間中について制限すること（⑴ウ[1]参照）

263

参考資料

[9] 共同研究開発の成果について争いが生じることを防止するため又は参加者を共同研究開発に専念させるために必要と認められる場合に，共同研究開発終了後の合理的期間に限って，共同研究開発のテーマと同一又は極めて密接に関連するテーマの第三者との研究開発を制限すること（(1)ウ[1]及び[2]参照）

　　○　共同研究開発終了後についての研究開発の制限は，基本的に必要とは認められず，参加者の研究開発活動を不当に拘束するものであるので，公正競争阻害性が強いものと考えられる（(1)ウ[1]及び[2]参照）。

　　ただし，共同研究開発終了後の合理的期間に限って，同一又は極めて密接に関連するテーマの第三者との研究開発を制限することは，背信行為の防止又は権利の帰属の確定のために必要と認められる場合には，原則として公正競争阻害性がないものと考えられる。

[10]参加者を共同研究開発に専念させるために必要と認められる場合に，共同研究開発実施期間中において，共同研究開発の目的とする技術と同種の技術を他から導入することを制限すること（(1)イ[2]の場合を除く。）

[11]共同研究開発への他の事業者の参加を制限すること

　　○　共同研究開発への他の事業者の参加を制限すること自体は，原則として問題とはならないが，他の事業者の参加を制限する行為が，例外的に，不公正な取引方法（独占禁止法第2条第9項第1号又は一般指定第1項（共同の取引拒絶），第2項（その他の取引拒絶）等），私的独占等の問題となることがある（第1－2(2)参照）。

イ　不公正な取引方法に該当するおそれがある事項

[1]　技術等の流用防止のために必要な範囲を超えて，共同研究開発に際して他の参加者から開示された技術等を共同研究開発以外のテーマに使用することを制限すること（(1)ア[6]参照）

　　○　開示された技術等をそのまま流用するのではなく，それから着想を得て全く別の技術を開発することまで制限するような場合には，当該研究開発活動の制限は，技術等の流用防止のために必要な範囲を超えて参加者の事業活動を不当に拘束するものであり，公正な競争を阻害するおそれがあるものと考えられる（一般指定第12項（拘束条件付取引））。

[2]　共同研究開発の実施のために必要な範囲を超えて，共同研究開発の目的とする技術と同種の技術を他から導入することを制限すること（(1)ア[10]参照）

　　○　参加者が共同研究開発に関係する知見，成果等に関する権利を放棄するなどし

264

共同研究開発ガイドライン

て共同研究開発から離脱し，他から優れた技術を導入することを希望する場合にまで
それを認めないといった制限は，共同研究開発の実施のために必要な範囲を超えて参
加者の事業活動を不当に拘束するものであり，このような事項は，競合する技術を保
有する事業者の取引機会を奪い又は参加者の技術選択の自由を奪うものであって，公
正な競争を阻害するおそれがあるものと考えられる（一般指定第11項（排他条件付取
引）又は第12項（拘束条件付取引））。

ウ 不公正な取引方法に該当するおそれが強い事項

[1] 共同研究開発のテーマ以外のテーマの研究開発を制限すること（(1)ア[8]及び[9]
の場合を除く。）

[2] 共同研究開発のテーマと同一のテーマの研究開発を共同研究開発終了後について
制限すること（(1)ア[9]の場合を除く。）

　　○　上記[1]及び[2]のような事項は，参加者の研究開発活動を不当に拘束するもの
であって，公正競争阻害性が強いものと考えられる（一般指定第12項（拘束条件付取
引））。

[3] 既有の技術の自らの使用，第三者への実施許諾等を制限すること

[4] 共同研究開発の成果に基づく製品以外の競合する製品等について，参加者の生産
又は販売活動を制限すること

　　○　上記[3]及び[4]のような事項は，共同研究開発の実施のために必要とは認めら
れないものであって，公正競争阻害性が強いものと考えられる（一般指定第12項（拘
束条件付取引））。

⑵ 共同研究開発の成果である技術に関する事項

ア 原則として不公正な取引方法に該当しないと認められる事項

[1] 成果の定義又は帰属を取り決めること

[2] 成果の第三者への実施許諾を制限すること

　　○　成果の第三者への実施許諾を制限すること自体は，原則として問題とはならな
いが，第三者への実施許諾を制限する行為が，例外的に，不公正な取引方法（独占禁
止法第2条第9項第1号（共同の取引拒絶），第2項（その他の取引拒絶）等），私的
独占等の問題となることがある（第1-2⑵参照）。

[3] 成果の第三者への実施許諾に係る実施料の分配等を取り決めること

[4] 成果に係る秘密を保持する義務を課すこと

[5] 成果の改良発明等を他の参加者へ開示する義務を課すこと又は他の参加者へ非独

265

参考資料

占的に実施許諾する義務を課すこと

　○　上記[1]から[5]までのような事項であっても，その内容において参加者間で著しく均衡を失し，これによって特定の参加事業者が不当に不利益を受けることとなる場合には不公正な取引方法の問題となることは前記のとおりである。

イ　不公正な取引方法に該当するおそれが強い事項

[1] 成果を利用した研究開発を制限すること

　○　このような事項は，参加者の研究開発活動を不当に拘束するものであって，公正競争阻害性が強いものと考えられる（一般指定第12項（拘束条件付取引））。

[2] 成果の改良発明等を他の参加者へ譲渡する義務を課すこと又は他の参加者へ独占的に実施許諾する義務を課すこと

　○　このような事項は，参加者が成果の改良のための研究開発を行うインセンティブを減殺させるものであって，公正競争阻害性が強いものと考えられる（一般指定第12項（拘束条件付取引））。

(3)　共同研究開発の成果である技術を利用した製品に関する事項

ア　原則として不公正な取引方法に該当しないと認められる事項

[1] 成果であるノウハウの秘密性を保持するために必要な場合に，合理的な期間に限って，成果に基づく製品の販売先について，他の参加者又はその指定する事業者に制限すること（(3)イ[3]参照）

[2] 成果であるノウハウの秘密性を保持するために必要な場合又は成果に基づく製品の品質を確保することが必要な場合に，合理的な期間に限って，成果に基づく製品の原材料又は部品の購入先について，他の参加者又はその指定する事業者に制限すること（(3)イ[4]参照）

　○　上記[1]及び[2]の「合理的な期間」は，リバース・エンジニアリング等によりその分野における技術水準からみてノウハウの取引価値がなくなるまでの期間，同等の原材料又は部品が他から入手できるまでの期間等により判断される。

[3] 成果に基づく製品について他の参加者から供給を受ける場合に，成果である技術の効用を確保するために必要な範囲で，その供給を受ける製品について一定以上の品質又は規格を維持する義務を課すこと（(3)イ[5]参照）

イ　不公正な取引方法に該当するおそれがある事項

[1] 成果に基づく製品の生産又は販売地域を制限すること

[2] 成果に基づく製品の生産又は販売数量を制限すること

共同研究開発ガイドライン

[3] 成果に基づく製品の販売先を制限すること （(3)ア[1]の場合を除く。）

[4] 成果に基づく製品の原材料又は部品の購入先を制限すること （(3)ア[2]の場合を除く。）

[5] 成果に基づく製品の品質又は規格を制限すること （(3)ア[3]の場合を除く。）

○　上記[1]から[5]までのような事項は，参加者の市場における地位，参加者間の関係，市場の状況，制限が課される期間の長短等を総合的に勘案した結果，公正な競争を阻害するおそれがあると判断される場合には不公正な取引方法の問題となる（一般指定第11項（排他条件付取引）又は第12項（拘束条件付取引））。

なお，上記[3]又は[4]に関し，例えば，取引関係にある事業者間で行う製品の改良又は代替品の開発のための共同研究開発については，市場における有力な事業者によってこのような制限が課されることにより，市場閉鎖効果が生じる場合（注）には，公正な競争が阻害されるおそれがあるものと考えられる（「流通・取引慣行に関する独占禁止法上の指針」（平成3年7月11日公表）第1部の第2の2（自己の競争者との取引等の制限）参照）。

（注）「市場閉鎖効果が生じる場合」とは，非価格制限行為により，新規参入者や既存の競争者にとって，代替的な取引先を容易に確保することができなくなり，事業活動に要する費用が引き上げられる，新規参入や新商品開発等の意欲が損なわれるといった，新規参入者や既存の競争者が排除される又はこれらの取引機会が減少するような状態をもたらすおそれが生じる場合をいう（「流通・取引慣行に関する独占禁止法上の指針」第1部の3(2)ア（市場閉鎖効果が生じる場合）参照）。

ウ　不公正な取引方法に該当するおそれが強い事項

[1] 成果に基づく製品の第三者への販売価格を制限すること

○　このような事項は，制限を課された参加者の重要な競争手段である価格決定の自由を奪うこととなり，公正競争阻害性が強いものと考えられる（一般指定第12項（拘束条件付取引））。

267

キーワード索引

【あ】

意思決定方法 ……………………………098
運営委員会 ………………………………100
営業秘密の開示 …………………………185
オープン・イノベーション …………004
オプション ………………………………074

【か】

外国企業 …………………………………022
開発段階 …………………………………009
改良発明……………………………117，159
学生 ………………………………………020
完全合意条項 ……………………………134
関連会社 …………………………………041
企業間 …………………009，020，118
技術市場……………………………139，146
技術の導入 ………………………………155
既存技術の使用 …………………………155
義務的な開示 ……………………………044
競業避止義務 ……………………………111
競合製品等の生産・販売 ………………156
競争関係にある事業者 …………………143
競争者に対する取引妨害 ………………187
共同化の必要性 …………………………147
共同研究委員会 …………………………100
共同研究開発
　　——終了後の取扱い …………………128
　　——と M&A の比較 ………………005
　　——とは ………………………………003
　　——の典型的フロー …………………032
　　——の目的 ……………………………090
共同研究開発の実施に関する事項
　　…………………………………151，156
共同研究開発の実施に伴う取決め
　　…………………………139，149，176
共同研究開発の成果である技術に関す
　　る事項………………………………158，161
共同研究開発の成果である技術を利用
　　した製品に関する事項………160，164
共同著作物 ………………………………027

共同の取引拒絶……143，149，159，174
業務分担 …………………………………093
契約締結上の過失 ………………………080
契約類型……………………………026，087
研究開発の共同化 ………139，142，167
研究開発の制限 …………153，154，177
研究の性格 ………………………………147
原材料の購入先の制限 …………………182
原則として不公正な取引方法に該当し
　　ないと認められる事項（白条項）…150
検討結果 …………………………………061
検討・評価結果の公表 …………………063
公正な競争を阻害するおそれ…149，150
拘束条件付取引 …………151，153，154
　　　　　　　　155，158，159，160，162，163
　　　　　　　　177，179，182，191，193，196
合理的期間 …112，153，154，161，163
　　　　　　　　191

【さ】

最恵国待遇 ………………………………195
最恵待遇条件 ……………………………195
差別取扱い ………………………………150
市場における有力な事業者 ……………162
下請業者 …………………………………071
実施許諾 …………………………155，158，179
私的独占……………142，148，159，174
支払遅延 …………………………………194
準拠法 ……………………022，052，134
譲渡等の禁止 ……………………………059
情報開示 …………………………………151
情報交換・共有 …………………………152
情報遮断措置 ……………………………153
使用目的・方法の特定 …………………057
新規性喪失 ………………………………015
スタートアップ……021，139，140，184
成果
　　——の帰属………………………114，158
　　——の公表………………………014，117
　　——の利用………………………119，158
生産・販売の地域・数量の制限 ……161

269

製品市場……………………………139，146
セーフハーバー…………………………146，165
潜在的な競争関係 ……………………144
贈収賄規制……………………………016，023
その他の取引拒絶 ………143，149，159

【た】

タームシート …………………………079
大学・公的研究機関…008，011，012，118
第三者への業務委託 …………………105
知的財産権………048，062，071，189
調査・研究段階 ………………………008
同等性条件 ……………………………195
独占交渉権 ……………………………080
特許出願……………………………116，192
とりあえず共有帰属……………116，190

【な】

名ばかり共同研究 ……………………189

【は】

パートナー選定 ………………………007
排他条件付取引……155，162，179，182
　　　　　　　　　　　　191，193
発明者 …………………………………024
パリティ（Parity）条項………………195
販売価格の制限 ………………………160
販売先の制限……………………179，193
販売先や原材料・部品の購入先の制限
　………………………………………162
秘密情報 ………………………………037
　──からの除外 ……………………043
　──の複製 …………………………046
　──の返還・破棄……………046，130
秘密保持義務…039，110，151，159，187
秘密保持契約……………………034，185
　──の目的 …………………………037
　片務的な── ………………………186
費用負担……………………………018，101
表明保証 ………………………………051
品質・規格の制限 ……………………163
フィージビリティ・スタディ ………066

フィージビリティ・スタディ契約
　………………………………………064，188
不公正な取引方法………………149，150
不公正な取引方法に該当するおそれが
　ある事項（灰色条項）………………150
不公正な取引方法に該当するおそれが
　強い事項（黒条項）…………………150
不実施補償 ……………………………012
不当な取引制限……142，143，149，160
　　　　　　　162，169，171，174
不保証 …………………………………060
紛争解決………………………………052，134
報酬の減額 ……………………………194
法的拘束力 ……………………………080

【ま】

マテリアル・トランスファー契約 …055
目的外使用の禁止………………042，187
目的外利用 ……………………………019

【や】

優越的地位の濫用 ………115，150，158
　　　　　　　159，160，185，187，189
　　　　　　　190，192，193，194，195
有効期間 …………………………049，077，123

【アルファベット】

Confidential Disclosure Agreement
　（CDA）………………………………036
Feasibility Study ………………064，188
Joint Research Committee ……………100
Letter of Intent（LOI）………………079
Management Committee ………………100
Material Transfer Agreement
　（MTA）………………………………055
Memorandum of Understanding
　（MOU）………………………………079
Non-Disclosure Agreement
　（NDA）…………………………036，185
PoC（Proof of Concept〔技術検証〕）契約
　………………………………………064，188
Steering Committee ……………………100

判例索引

【最高裁判所】

最判平19・2・27裁判集民223号343頁・判タ1237号170頁‥‥‥‥‥‥‥‥‥‥‥‥‥080

【高等裁判所】

東京高判平4・3・16判時1443号137頁・知財集24巻1号372頁 ‥‥‥‥‥‥‥‥‥‥‥015
東京高判平12・5・31（平成11年（ネ）第635号ほか）WLJ ‥‥‥‥‥‥‥‥‥‥‥‥‥082
知財高判令3・3・17（令和2年（ネ）第10052号）裁判所HP〔オプジーボ事件〕
‥‥‥‥‥‥‥‥‥‥‥‥‥‥‥‥‥‥‥‥‥‥‥‥‥‥‥‥‥‥‥‥‥‥‥‥‥024, 025
名古屋高判令5・10・23（令和5年（う）第59号）LEX/DB〔三重大学オノアクト事
件〕‥‥‥‥‥‥‥‥‥‥‥‥‥‥‥‥‥‥‥‥‥‥‥‥‥‥‥‥‥‥‥‥‥‥‥‥‥‥018

【地方裁判所】

東京地判昭50・3・31判タ328号362頁〔私は貝になりたい事件〕‥‥‥‥‥‥‥‥‥‥027
東京地判平10・12・21判タ1045号194頁・判時1681号121頁 ‥‥‥‥‥‥‥‥‥‥‥‥082
名古屋地判平11・3・31判時1676号155頁‥‥‥‥‥‥‥‥‥‥‥‥‥‥‥‥‥‥‥‥‥017
大阪地判平16・3・25（平成12年（ワ）第5238号）裁判所HP ‥‥‥‥‥‥‥‥‥‥‥013
大阪地判平20・8・28（平成18年（ワ）第8248号）裁判所HP ‥‥‥‥‥‥‥‥‥‥‥125
大阪地判平21・10・8判タ1333号244頁・判時2078号124頁〔モノクローナル抗体事
件〕‥‥‥‥‥‥‥‥‥‥‥‥‥‥‥‥‥‥‥‥‥‥‥‥‥‥‥‥‥‥‥‥‥‥‥‥‥‥019
東京地判平25・9・10（平成23年（ワ）第28592号）D1-Law.com判例体系29026430
‥‥095
津地判令3・6・29（令和3年（わ）第54号）裁判所HP〔三重大学オノアクト事件〕
‥‥018
津地判令5・1・19（令和3年（わ）第16号ほか）裁判所HP〔三重大学オノアクト
事件〕‥‥‥‥‥‥‥‥‥‥‥‥‥‥‥‥‥‥‥‥‥‥‥‥‥‥‥‥‥‥‥‥‥‥‥‥‥018

共同研究開発契約の法律実務

2024年12月20日　初版第1刷印刷
2025年1月20日　初版第1刷発行

Ⓒ編著者　宇佐美　善　哉

Ⓒ著　者　倉賀野　伴　明

鳩　貝　真　理

発行者　逸　見　慎　一

検印
廃止

発行所　東京都文京区　株式　青林書院
　　　　本郷6丁目4の7　会社
振替口座00110-9-16920／電話03(3815)5897／郵便番号113-0033

印刷・製本 星野精版印刷㈱　／　落丁・乱丁本はお取替え致します。

Printed in Japan　ISBN978-4-417-01884-1

JCOPY 〈(一社)出版者著作権管理機構　委託出版物〉
本書の無断複写は著作権法上での例外を除き禁じられています。複写される場合は，そのつど事前に，(一社)出版者著作権管理機構（電話03-5244-5088，FAX 03-5244-5089，e-mail：info＠jcopy.or.jp）の許諾を得てください。